도덕의 계보

하나의 논박서

니체 선집
Nietzsches Werke

도덕의 계보

하나의 논박서

Zur Genealogie der Moral: Eine Streitschrift

프리드리히 니체 | 박찬국 옮김

아카넷

차례

역자 서문

니체는 자신을 다이너마이트라고 불렀다. 자신은 전통사상을 파괴하는 위험하기 짝이 없는 사상가라는 것이다. 니체 사상이 갖는 이러한 파괴적 성격이 가장 잘 드러나 있는 책이 『도덕의 계보』이다. 이 책에서 니체는 그리스도교가 출현한 이후 2000년에 걸쳐서 서양을 지배해온 도덕관념을 해체하고 있다. 이러한 도덕관념을 니체는 노예도덕이라고 부른다.

니체는 그리스도교가 서양을 지배하게 된 이래로 서양철학이 이러한 노예도덕에 의해서 철저하게 규정되어 있다고 본다. 노예도덕에서 선은 남에게 친절하고 약한 자들을 돕는 것이고 악은 남에게 해를 끼치는 것이다. 이러한 도덕관념은 민주주의 시대에 사는 우리가 당연시하는 도덕관념이고 사회주의의 기초가 되는 도덕관념이기도 하다.

현대의 대표적인 사상가들, 예를 들면 하이데거나 하버마스, 데리다, 들뢰즈, 한나 아렌트와 같은 사상가들도 니체와 마찬가지로 서양의 전통 철학에 반기를 들면서 그것의 해체를 주장한다. 그러나 니체는 이들의 철학도 기본적으로는 노예도덕에 입각해 있다고 볼 것이다. 이러한 사실에 비추어볼 때 우리는 니체 철학의 파괴력이 어느 정도인지를 충분히 가늠할 수 있다. 니체는 자신의 철학을 '반시대적인 철학'이라고 불렀지만, 니체의 철학은 오늘날에도 여전히 '반시대적인 철학'인 것이다. 니체야말로 서양철학의 역사에서 진정으로 이단아라고 불릴 만한 철학자이며, 그의 철학이 강력한 매력을 발산하는 것도 그의 철학이 갖는 이러한 예외적인 성격 때문이다.

상식(常識)에 싸움을 걸면서 그것을 전복시키는 니체 철학의 혁명적인 성격이 가장 강력하게 표출되고 있는 책이기에, 이 책은 철학뿐 아니라 인문학과 사회과학 그리고 문학을 비롯한 예술에서도 지속적으로 큰 관심을 끌어왔다. 이러한 사실을 입증하듯이 우리나라에서도 이미 『도덕의 계보』에 대한 7종의 번역본이 출간되었다. 1968년에 박준택에 의해서 휘문출판사에서, 1982년에 김태현에 의해서 청하출판사에서, 2002년에 김정현에 의해서 책세상에서, 2007년에 곽복록에 의해서 동서문화사에서, 2008년에 강영계에 의해서 지식을 만드는 지식에서, 2009년에 강태원에 의해서 다락원에서, 2011년에 홍성광에 의해서 연암서가에서 번역 출간되었다.

이렇게 7종의 번역본이 존재하지만 역자가 다시 번역서를 내는 것은 기존의 번역본들에 만족하지 못했기 때문이다. 역자가 번역한 『선악의 저편』에 부친 옮긴이 서문에서 말했던 것처럼, 니체는 헤겔이나 하이데거와 같은 철학자들에 비하면 자신의 사상을 극히 명료하게 개진한 철학자이다. 흔히 니체 번역서들을 읽고서 사람들이 니체가 무엇을 말하려고 하는지가 분명하지 않다고 하는 경우가 많지만, 이는 니체의 책임이라기보다는 번역서의 책임인 경우가 대부분이다. 니체의 저작들에 대한 기존의 번역서들은 의미가 불분명하고 부자연스러운 번역과 오역으로 인해 니체를 전문적으로 연구한 역자 자신도 읽어나가기가 쉽지 않은 경우가 많다.

역자는 독자들이 니체의 원전과 대조하지 않고서도 니체가 말하려고 하는 바를 분명하면서도 자연스럽게 이해할 수 있도록 번역하려고 했다. 그리고 설령 원전에서 니체가 말하는 바가 애매한 점이 있더라도 최대한 그 의미를 분명하게 전달하려고 했다. 아울러 니체의 철학과 서양철학에 대한 문외한도 이해할 수 있게 상세한 역주와 해제를 덧붙였다. 독자들은 먼저 해제를 읽고 그다음에 본문을 읽은 후, 저자 서문을 맨 나중에 읽기 바란다. 이는 저자 서문은 본문의 내용을 다 파악한 후에야 이해할 수 있기 때문이다.

기존의 번역본 중에서는 다음의 책들을 주로 참고했다.

『도덕의 계보 · 이 사람을 보라』, 김태현 옮김, 청하, 1982

『선악의 저편 · 도덕의 계보』, 김정현 옮김, 책세상, 2002

『도덕의 계보』, 홍성광, 연암서가, 2011

번역뿐 아니라 역주와 관련해서도 이 책들에서 많은 도움을 받았다. 이 자리를 빌려서 위 역자들에게 깊은 감사를 드린다. 다만 번역서라는 성격상 일일이 출처를 표기하지는 않았다.

역자는 이미 니체의 『비극의 탄생』, 『우상의 황혼』, 『안티크리스트』, 『선악의 저편』도 상세한 역주와 해제를 덧붙여서 번역하여 아카넷 출판사에서 출간한 바 있다. 이 번역서들에 대해 독자들의 많은 성원이 있었다. 이번에 출간되는 『도덕의 계보』에 대해서도 많은 관심을 가져주기를 바란다. 앞으로도 역자의 시간과 힘이 허락되는 한, 니체의 저작들에 대한 번역을 계속할 예정이다. 끝으로 출판계의 어려운 사정에도 불구하고 계속해서 좋은 고전들을 출간하는 아카넷 출판사의 임직원 여러분께 깊은 감사를 드린다.

박찬국

저자 서문

1

우리는 우리 자신을 잘 알지 못한다. 우리 인식하는 자들조차 자신에 대해서는 모르고 있다. 여기에는 그럴 만한 이유가 있다. 우리는 우리 자신에 관해서 탐구한 적이 없었던 것이다. 우리가 어느 날 우리 자신을 **발견하는** 일은 어떻게 일어날 수 있을까? "네 보물이 있는 그곳에 네 마음도 있느니라"[1]라는 말은 옳은 말이다. 우리

---

1) 「마태복음」 6장 21절. 「마태복음」 6장 19절에서 21절까지의 내용은 다음과 같다. "너희를 위하여 보물을 땅에 쌓아 두지 말라. 거기는 좀과 동록(銅綠)이 해하며 도둑이 구멍을 뚫고 도둑질하느니라. 오직 너희를 위하여 보물을 하늘에 쌓아 두라. 거기는 좀이나 동록이 해하지 못하며 도둑이 구멍을 뚫지도 못하고 도둑질도 못 하느니라. 네 보물이 있는 그곳에 네 마음도 있느니라."

의 보물은 우리 인식의 벌통이 있는 곳에 있다. 우리는 날개 달린 동물이자 정신을 수집하는 꿀벌로 태어났기에 항상 그 벌통을 향해 가고 있다. 우리가 진정으로 관심을 두는 것은 오직 한 가지, 즉 무언가를 '집으로 가지고 돌아가는' 것뿐이다. 그 외의 삶 자체, 이른바 '체험들'에 관해서 우리 가운데 누가 진지한 관심만이라도 두고 있는가?[2] 아니 그런 것에 신경을 쓸 시간이라도 갖고 있는가? 우리가 그런 일에 '몰두했던' 적은 아마 한 번도 없지 않았을까? 우리는 우리의 마음을 거기에 두지 않는다. 아니 귀마저도 그것으로 향하지 않는다! 오히려 홀린 듯 자기 자신 속에 깊이 몰입해 있는 사람의 귀에 마침 정오를 알리는 열두 번의 종소리가 세차게 쳤을 때 그 사람이 갑자기 깨어나 "방금 몇 시를 친 거지"라고 자문(自問)하는 것처럼, 우리도 때때로 **훨씬 나중에서야** 귀를 비비고는 무척 놀라고 당황해하면서 "도대체 우리는 방금 무엇을 체험했지?"라고 묻게 된다. 더 나아가 "우리는 진정 누구인가?"라고 물으면서, 앞서 말한 것처럼 훨씬 나중에 이르러서야 우리의 체험, 우리의 삶, 우리의 **존재**를 알려주는 열두 번의 진동하는 종소리를 모두 세어 보게 된다. 아아! 그러나 우리는 잘못 세는 것이다. 우리는 필연적으로 우리 자신에게 이방인으로 남는다. 우리는 우리 자신을

---

2) 여기서 니체는 인식하는 자가 지금까지 세계나 사물에 대해서 주로 관심을 가져왔지 자기 자신의 삶, 자신의 체험에 관해서는 관심이 없었다고 말하고 있다.

이해하지 못한다. 우리는 우리 자신을 오해하고 혼동할 수밖에 없다. "모든 사람은 자기 자신에 대해서 가장 먼 존재이다"[3]라는 명제는 우리에게 영원히 타당하다. 우리 자신에 대해서 우리는 결코 '인식하는 자'가 아닌 것이다.

2

우리가 가진 도덕적 편견의 기원 — 바로 이것이야말로 이 논박서에서 다루는 주제이다 — 에 대한 나의 사상들을 나는 『인간적인 너무나 인간적인: 자유정신을 위한 책』이란 제목의 잠언록에서 처음으로 간략하면서도 잠정적으로 개진한 바 있다. 나는 그 책을 소렌토에서 겨울을 나는 동안 집필하기 시작했다. 1876년부터 1877년에 걸친 겨울의 일이었는데, 그때 나는 방랑자가 발걸음을 멈추듯이, 그때까지 나의 정신이 편력해왔던 드넓고 위험한 땅을 조망하는 시간을 가질 수 있었다. 그러나 사상들 자체는 전부터 생각하고 있던 것들이었다. 그것들은 이 책[도덕의 계보]에 실려 있는 논문들에서 다시 수용하고 있는 사상들과 본질적으로 같다. 부디 이 오

---

3) 여기서 "모든 사람은 자기 자신에 대해서 가장 먼 존재이다(Jeder ist sich selbst der Fernste)"는 "모든 사람은 자기 자신에 대해서 가장 가까운 존재이다(Jeder ist sich selbst der Nächste)"라는 독일 속담을 변용한 것이다.

랜 중간 시기 동안에[4] 그 사상들이 더욱 원숙해지고, 명확해지고, 강력해지고, 완전한 것이 되었으면 좋겠다! 그러나 내가 여전히 그 사상들을 고집하고 있다는 **사실**, 또한 그동안 그 사상들이 더욱더 긴밀하게 결합하여 서로 성장하고 유착되었다는 **사실**로 인해 나는 다음과 같은 즐거운 확신을 더욱 강하게 갖게 된다. 그러한 확신이란 처음부터 그 사상들이 내 마음속에서 개별적으로 제멋대로 산발적으로 생긴 것이 아니라, 공통된 하나의 뿌리에서, 즉 [내 마음의] 깊은 곳에서 명령하면서, 갈수록 분명하게 말을 걸고, 갈수록 분명한 것을 요구하는 인식의 **근본 의지**로부터 생겨난 것이라는 확신이다. 왜냐하면 철학자에게는 오직 그런 것만이 어울리기 때문이다. 우리는 어떤 일도 **개별적으로** 다룰 수 없다. 우리는 개별적으로 분리된 실수를 저질러서도 안 되고, 개별적으로 분리된 진리를 파악해서도 안 된다. 오히려 한 그루의 나무에서 필연적으로 많은 열매가 맺히듯이, 우리의 사상들, 가치들, 긍정들과 부정들 및 가정들과 의문들이 우리 내부에서부터 자라나는 것이다. 모두가 서로 친밀하고 밀접한 관계를 맺고 있으며, 또한 하나의 의지, 하나의 건강, 하나의 토양, 하나의 태양을 증언하고 있다. 이들 우리의 열매가 **당신들의** 입맛에 맞을는지? 그러나 이것이 나무에 무슨 상

---

4) 『인간적인 너무나 인간적인』은 1878년에 출간되었고, 『도덕의 계보』는 1887년에 출간되었다. 따라서 두 책의 시점 사이에는 거의 10년의 간격이 있는 셈이다.

관이 있겠는가! 우리에게도, 우리 철학자들에게도 무슨 상관이 있겠는가!

3

나는 도덕을, 다시 말해 이제까지 지상에서 도덕으로 찬양되어 온 모든 것을 의심한다. 이러한 의심은 나로서는 인정하고 싶지 않지만 나에게 특유한 것이다. 이러한 의심은 나 자신은 원하지 않았는데도 내 삶에서 어쩔 수 없이 너무나 일찍부터 나타났다. 그것은 나의 환경, 시대, 범례, 관습과 너무나 모순되는 것이어서 나에게 '선천적으로 존재하는 것'이라고 말해도 될 정도이다. 이러한 의심 때문에 나는 호기심과 의혹에 사로잡혀 때때로 우리가 말하는 선과 악이 진실로 어디에서 유래하였느냐는 물음을 던질 수밖에 없었다. 사실 악의 기원이란 문제는 이미 13살의 소년 시절에도 내 머릿속에서 맴돌았다. "가슴속에 반은 어린이를, 반은 신(神)을"[5] 품고 있을 나이에 나는 이 문제에 나의 최초의 문학적인 유치한 장난이라고 할 수 있는 첫 번째 철학적 습작을 바쳤다. 당연한 일이었지만 당시에 나는 신에게 영예를 돌려 신을 악의 아버지

---

5) 괴테의 『파우스트』 I, 3,781행 이하. 악령이 그레첸에게 하는 말이다. '반은 신을 품고 있다'라는 말은 '신에 대한 신앙심이 깊다'라는 말이다.

로 간주하는 방식으로 그 문제를 해결했다. 나의 '선천성' 때문에 그렇게 했던 것일까? 저 새롭고 부도덕한, 혹은 적어도 비도덕가적인 '선천성'과 그 '선천성'에서 발하는 아이! 너무나 반(反)칸트적이고 너무나 수수께끼 같은 '정언명령[6]' 때문에 그렇게 했을까? 그동안에 나는 이 정언명령에 갈수록 더 귀를 기울이게 되었다. 아니 귀를 기울이는 것만이 아니었다. 다행히도 나는 일찍이 신학적인 편견을 도덕적 편견에서 분리하는 것을 배웠으며, 또한 악의 기원을 더는 이 세계의 **배후**에서 찾지 않게 되었다. 내가 심리학적 문제 일반에 관한 감식력을 타고난데다 어느 정도의 역사학적·문헌학적인 훈련을 쌓게 되면서 나의 문제는 다른 문제로 변형되었다. 즉 인간은 어떤 조건에서 선과 악이란 가치판단을 고안해냈는가? 그리고 그러한 가치판단들 자체는 어떠한 가치를 갖고 있는가? 그것들은 이제까지 인간의 번영을 저지해왔는가 아니면 촉진해왔는가? 그러한 가치판단들은 삶의 위기와 빈곤 그리고 퇴화의 징후인가? 아니면 반대로 그것들에는 삶의 충만함과 힘, 삶의 의지와 용기, 삶에 대한 자신감과 미래가 나타나 있는가? 이 문제에 대해

---

6) 정언명령이란 그 자체를 목적으로 하여 우리가 추구해야만 하는 명령이다. 정언명령의 반대는 가언명령으로 이것은 어떤 목적을 실현하는 데 필요한 수단이 되는 행동을 지시하는 명령이다. 정언명령의 예로는 '모든 인격을 수단이 아니라 목적 자체로 대하라'를 들 수 있고, 가언명령의 예로는 '네가 성공하려면 열심히 공부해야 한다'라는 것과 같은 것을 들 수 있다.

서 나는 내 나름대로 여러 가지 해답을 발견하기도 했고, 또한 감히 여러 가지 해답을 고안하기도 했다. 나는 여러 시대와 여러 민족 그리고 개인들의 등급을 구별했고, 나의 문제를 세분화하여 전개해보았다. 여러 해답으로부터 새로운 물음과 탐구, 추측, 개연성이 나타났고, 마침내 나는 나 자신의 나라와 땅을 갖게 되었으며, 침묵 속에서 성장해가는 꽃이 만발한 세계를, 즉 아무도 알아채지 못하는 은밀한 정원을 갖게 되었다. 오오, 우리 인식하는 자는 얼마나 **행복할** 것인가! 다만 오래도록 침묵을 지킬 줄만 안다면!

4

내가 도덕의 기원에 관한 나의 가설 일부를 발표할 생각을 처음으로 하게 된 것은 명료하고 간략하며 영리하고 시건방지다고도 할 수 있는 조그만 책 때문이었다. 나는 그 책에서 전도되고 비틀린 계보학적인 가설을, 진실로 **영국적인** 유형의 가설을 처음으로 분명하게 접하게 되었다. 그 책은 정반대되는 모든 것, 적대적인 모든 것이 지니는 매혹적인 힘으로 내 마음을 사로잡았다. 그 작은 책의 제목은 『도덕 감정의 기원(*Der Ursprung der moralischen Empfindungen*)』으로, 저자는 파울 레[7] 박사이고, 1877년에 출간되었다. 그 책만큼 명제 하나하나, 추론 하나하나에 대해서 부정하고

싶은 마음을 일으킨 책을 나는 읽어본 적이 없는 것 같다. 그렇다
고 해서 내가 불쾌했거나 견딜 수 없었던 것은 전혀 아니다. 나는
당시 집필 중이던 앞서 언급한 저서[『인간적인 너무나 인간적인』]에
서 이 책의 명제들에 대해서 기회가 있을 때든 없을 때든 언급했지
만, 이는 그 명제들을 반박하기 위해서가 아니라— 내가 반박을 해
보아야 별수 있겠는가! — 오히려 긍정적인 정신에 걸맞게 그럴듯
하지 못한 것을 좀 더 그럴듯한 것으로 바꾸고, 때에 따라서는 하
나의 오류를 다른 오류로 바꾸어놓기 위해서였다. 앞서 얘기한 것
처럼 이 논문들에서 집중적으로 다루고 있는 계보학적인 가설들을
내가 처음으로 제시한 것은 바로 그때였다. 궁극적으로는 나 자신
에게조차 감추고 싶을 정도로 그때 나는 참으로 미숙했다. 왜냐하
면 나는 여전히 [도덕적인 편견들로부터] 자유롭지 못했고, 내가 말
하고 싶은 사태를 제대로 표현할 수 있는 나 자신의 언어를 아직
발견할 수 없었으며, 수없이 후퇴하고 동요하고 있었기 때문이다.
세부에 관해서는 '선악 개념의 이중적인 전사(前史)'(즉 귀족계급에
기원을 가진 것과 노예계급에 기원을 가진 것)에 대해서 서술하고 있는
『인간적인 너무나 인간적인』의 45절을 참조하기를 바란다. 그리고
금욕주의적 도덕의 기원과 가치에 대해서는 136절을 참조하기 바

---

7) 레(Paul Rée, 1849~1901)는 독일의 철학자로, 니체의 친구였다. 니체는 레의
   처녀작인 『도덕에 관한 관찰』을 읽고 저자에게 감사의 편지를 보냈다.

란다. 그리고 이타주의적인 가치평가 방식(영국의 모든 도덕 계보학자와 마찬가지로 레 박사도 이 평가방식을 도덕적 평가방식 그 자체로 보고 있다)과는 하늘과 땅만큼 떨어져 있는, 그것보다 훨씬 오래되고 훨씬 근원적인 도덕, 즉 '풍습의 도덕'에 관해서는 96절과 99절 그리고 제2권 89절을 참조하기를 바란다. 그리고 대체로 동등한 힘을 지닌 사람들 사이의 합의(모든 계약, 따라서 모든 법의 전제로서의 균형)로서의 정의의 기원에 관해서는 92절 및 『방랑자(*Wanderer*)』의 26절, 『아침놀(*Morgenröte*)』의 112절을 참조하기를 바라며, 또한 형벌의 기원에 관해서는 『방랑자』의 23절과 33절을 참조하기를 바란다. 공포심을 불어넣는다는 것은 형벌에서 본질적인 것도 근원적인 것도 아니다(레 박사도 주장하는 것처럼, 그것은 오히려 어떤 특정한 사정에서 그리고 항상 하나의 부수물로서, 하나의 첨가물로서 비로소 형벌에 도입되는 것에 불과하다).

5

바로 그 무렵 도덕의 기원에 관한 나 자신의 가설이나 타인의 가설보다도 훨씬 중요한 것이 나에게 문제가 되었다(더 정확히 말하면 그러한 가설들은 어떤 목표를 위한 많은 수단 중의 하나였을 뿐이다). 나에게 문제가 된 것은 도덕의 가치였다. 이 문제에 대해 나는 나의 위대한 스승인 쇼펜하우어와 거의 홀로 대결해야만 했다. 저 책

『인간적인 너무나 인간적인』의 정열과 은밀한 반박은 마치 바로 눈 앞에 있는 사람에게 향하듯 그에게로 향했다(왜냐하면 저 책도 또한 '논박서'였기 때문이다). 특히 문제가 된 것은 비이기적인 것의 가치, 즉 동정, 자기부정, 자기희생과 같은 본능들의 가치였다. 이 본능들이야말로 쇼펜하우어가[8] 실로 오랫동안 미화하고 신성시하고 피안적인 것으로 만들었던 것이다. 그 결과 그것들은 그에게는 '가치 그 자체'가 되어버렸고, 이것을 근거로 하여 그는 삶을 부정했을 뿐만 아니라 자기 자신조차 **부정했다**. 그러나 바로 **이러한** 본능들에 대해서 내 안에서 훨씬 더 근본적인 불신과 훨씬 더 깊이 파고드는 회의가 항의한 것이다! 바로 그러한 본능들에서 나는 인류를 위협하는 **커다란** 위험을 보았고 인류를 꾀어내고 유혹하는 가장 숭고한 것을 보았다. 그러나 무엇으로 꾀어내고 유혹하는 것인가? 무(無)로인가? 바로 그러한 본능들에서 나는 종말의 시작을, 정체(停滯)를, 과거에 대한 회상에 빠져 있는 피로를, 삶에 **반항하는** 의지를, 부드럽고 우울하게 퍼지고 있는 궁극적인 병을 보았다. 갈수록 더 퍼져나가면서 철학자들마저 사로잡아 병들게 하는 동정의 도덕을, 나는 이미 섬뜩하게 된 우리 유럽문화의 가장 무서운 징조로 해석했으며, 새로운 불교, 유럽적인 불교, **허무주의**로 이끄는 우회로로 해석했다. 왜냐하면 현대 철학자들이 동정을 과대평가하고

---

8) 쇼펜하우어는 동정을 도덕의 기초로 보았다.

편애하는 것이야말로 새로운 현상이기 때문이다. 이제까지 철학자들은 동정이 **무가치하다는** 점에 대해서는 의견이 일치했다. 나는 플라톤, 스피노자, 라로슈푸코와 칸트의 이름만을 들겠다. 이들 네 정신은 서로 너무나 달랐지만, 동정을 경멸한다는 점에서는 일치했다.

6

동정과 동정의 도덕이 갖는 가치라는 이 문제는(— 나는 오늘날에 보이는 감정의 유약화라는 수치스러운 현상에 반대하는 자이다 —) 처음에는 단지 개별적인 문제, 단순히 하나의 독립적인 의문부호처럼 보인다. 그러나 일단 이 문제에 매달려 그것에 대해 의문을 던지는 것을 **배운** 사람은 누구나 내가 경험했던 것을 경험하게 될 것이다. 즉 어마어마하게 새로운 전망이 그에게 열리고, 새로운 가능성이 현기증처럼 그를 사로잡으며, 모든 종류의 불신, 의혹, 공포가 치솟고, 도덕에 대한, 모든 도덕에 대한 믿음이 흔들리게 된다. 마침내는 새로운 요구가 소리를 높이게 된다. 이 **새로운 요구**를 우리는 이렇게 표현할 수 있다. 즉 우리는 도덕적 가치들에 대한 비판을 해야 하지만, 사실은 **이러한 가치들이 갖는 가치 자체가 우선 문제시되어야만 한다**고. 그리고 이를 위해서는 이런 가치들을 발생하게 하고 발전시키고 변화시킨 조건과 환경에 대한 지식이 필요하다고

(결과로서의, 징후로서의, 가면으로서의, 위선으로서의, 질병으로서의, 오해로서의 도덕, 그러나 또한 원인으로서의, 치유로서의, 자극제로서의, 속박으로서의, 독약으로서의 도덕). 그와 같은 지식은 이제껏 결코 존재한 적이 없었을 뿐만 아니라 사람들은 그것을 원하지도 않았다. 사람들은 이러한 '가치들'이 갖는 가치를 주어진 것으로서, 사실로서, 의문의 여지가 없는 것으로 여겨왔다. '선한 사람'을 '악한 사람'보다 훨씬 더 높이 평가하면서 '선한 사람'이 '악한 사람'보다 일반적으로 인간의 진보와 복지 그리고 번영(인간의 미래도 포함하여)에 훨씬 더 이바지한다는 통념을 조금이라도 의심해본 사람은 지금까지 아무도 없었다. 그러나 만일 그 반대가 진실이라면? 즉 '선한 사람'에게 퇴보의 징후가 숨겨져 있다면, 또한 어쩌면 현재를 위해서 **미래를 희생시키는** 위험, 유혹, 독약, 마취제가 숨겨져 있다면? 아마도 현재의 삶은 더 안락해지고 덜 위험해지겠지만 동시에 삶의 양식이 더 범용해지고 더 저열해지는 것은 아닐까? 그리하여 바로 도덕이, 인간이란 유형이 도달할 수 있는 최고의 **강력함과 훌륭함에** 이르지 못하게 되는 것에 책임이 있다면? 그 결과 도덕이야말로 위험한 것들 가운데에서도 가장 위험한 것이라면?

7

하여튼 이러한 전망이 나에게 열린 이래 나에게는 박식하고 대담하며 근면한 친구들을 물색해볼 이유가 생겼다(나는 지금도 물색하고 있다). 이제야말로 나는 전적으로 새로운 물음들과 함께 또한 새로운 눈을 가지고 도덕의 — 실제로 존재했고 실제로 생명을 가졌던 도덕의 — 저 광대하고 멀리 떨어져 있는 그리고 감쪽같이 숨겨진 땅을 여행할 필요가 있다. 그리고 이것은 사실상 이 땅을 처음으로 **발견하는 것**에 해당하는 것이 아닐까? 이 경우 내가 다른 누구보다도 앞서 언급했던 레 박사를 [나와 문제의식을 함께할 친구로] 떠올렸다면, 그것은 그가 가졌던 물음들 자체의 본성상 그가 해답을 얻기 위해서 더 나은 방법을 선택하지 않을 수 없을 것이라고 믿어 의심치 않았기 때문이다. 이 점에서 내가 잘못 생각한 것일까? 어쨌든 내가 원한 바는 그토록 예리하고 공정한 눈을 가진 사람에게 더 올바른 방향, 즉 **도덕의 실제 역사**에 이르는 방향을 제시하는 것이었으며, 그가 **푸른** 허공을 헤매는 것 같은 엉터리 영국식 가설에 빠지지 않도록 제때 경고해주는 것이었다. 왜냐하면 도덕 계보학자에게는 어떤 색깔이 푸른색보다 백배나 더 중요한지가 명백하기 때문이다. 그 색깔은 **회색**이다. 요컨대 문서로 기록된 것, 현실적으로 확증할 수 있는 것, 실제로 있었던 것처럼 회색을 띤 것이 중요한 것이다. 그것은 간단히 말해서 인간의 도덕적 과거에 대한 판독하기 어려운 오래전의 상형문자 전체이다! **이 문자를** 레 박사는 알지 못했다. 그러나 그는 다윈을 읽은 적이 있다. 그래서 그의 가설에는 다윈식의 야수와 '더는 물지 않는' 극히 현대적이고 겸손하며 도덕적인 유약한 인간이 우스꽝스러운 모습으로 점잖게 서로의 손을 잡고 있다. 이 유약한 인간은 얼굴에 비관주의와 피로가 섞여 있는 선량하고 세련되고 무관심한 표정을 띠고 있다. 그는 이 모든 것, 즉 도덕의 문제들은 그렇게 진지하게 생각할 만한 가치가 없다는 듯한 표정을 짓고 있다. 그러나 그와는 반대로 나에게는 그 문제들을 진지하게 다루는 것보다도 더 **보람이 있는** 일은 없는 것 같다. 그러한 보람 중의 하나는 예를 들면 사람들이 언젠가는 그 문제들을 **명랑하게** 취급할 수 있게 될 것이란 점이다. 이러한 명랑함—내 식으로 말하자면 **즐거운 학문**—은 하나의 보상으로, 이것은 오랫동안의 용감하고 근면하고 남모르는 진지함, 물론 몇몇 사람에게서만 볼 수 있는 진지함에 대한 보상이다. 그러나 우리가 언젠가 "전진하라! 우리의 낡은 도덕도 **희극**에 지나지 않는다!"라고 마음껏 외칠 때가 오면, 그때 우리는 '영혼의 운명'이라는 디오니소스적인 희곡을 쓰기 위한 새로운 갈등과 가능성을 발견하게 될 것이다. 그리고 우리 존재의 위대하고 노련하고 영원한 희극 시인은 반드시 그러한 갈등과 가능성을 이용할 것이다! 내기해도 좋다.

8

만약 이 책이 어떤 사람에게는 이해하기 어렵고 귀에 거슬린다고 하더라도, 그 책임이 반드시 나에게 있는 것은 아니라고 생각한다. 만약 독자가 이미 이전의 내 책들을 읽었고 그때 약간의 노고를 아끼지 않았다면 이 책을 매우 분명하게 이해할 수 있을 것이다. 사실상 나의 이전 책들은 이해하기가 쉽지 않다. 예를 들어 나의 『차라투스트라는 이렇게 말했다』에 대해서 말한다면, 그 책의 말 한 마디 한 마디에 때로는 깊게 상처를 입고 때로는 깊이 황홀을 느낀 적이 있는 사람이 아니면 누구도 그 책을 제대로 이해한다고 인정할 수 없다. 왜냐하면 그러한 경험을 한 사람만이 그 작품이 태어난 평온한 경지에, 그 작품의 태양 같은 밝음, 아득함, 드넓음, 확실함에 외경심을 갖고 참여하는 특권을 누릴 수 있기 때문이다. 다른 한편 사람들은 잠언 형식의 글을 이해하는 데 어려움을 느낄 것이다. 이는 오늘날 사람들이 이 형식을 매우 진지하게 다루고 있지 않기 때문이다. 충분히 갈고 닦아서 이루어진 잠언이란 단순히 읽는다고 해서 '해독'되는 것은 아니다. 오히려 읽는 것과 함께 해석이 시작되어야 하지만 이러한 해석을 위해서는 해석의 기술이 필요하다. 여기서 내가 '해석'이라고 부르고 있는 것의 모범 하나를 나는 이 책의 세 번째 논문에서 제시했다. 이 논문 앞에는 하나의 잠언이 붙어 있으며, 논문 자체는 그것에 대한 주석이다. 물론 이처럼 기술로서의 독서를 하기 위해서는, 무엇보다도 먼저, 오늘날 사람들이 가장 깊게 잊고 있는 한 가지 일이 필요하다. 이일을 잊고 있기 때문에 나의 책들을 '읽을 수 있게 되기'까지는 아직 시간이 필요하다. 이 한 가지 일을 위해서 독자들은 거의 소가 되어야 하며, 어떤 경우에도 '현대인'이 되어서는 안 된다. 그 한 가지 일이란 되새김하는 것이다.

오버엥가딘의 실스마리아에서
1887년 7월

······························

'선과 악', '좋음과 나쁨' [1]

1) 독일어 제목은 'Gut und Böse', 'Gut und Schlecht'로 되어 있다. 니체는 도덕을 노예도덕과 주인도덕으로 나누고 있는데, 각각의 도덕에서 선(Gut)이 의미하는 바는 완전히 다르다. 노예도덕에서 선은 다른 사람들, 특히 약한 자들에게 친절하고 선행을 베푸는 것을 의미하지만, 주인도덕에서 선은 용기나 지혜 등에서의 탁월함을 의미한다. 노예도덕에서 선에 대립하는 것은 남에게 해를 끼치는 것으로 이는 악(Böse)이라고 불리는 반면에, 주인도덕에서 선에 대립하는 것은 비겁하고 어리석다는 의미에서의 나쁨(Schlecht)이다. 따라서 'Gut und Schlecht'는 니체가 말하는 취지에 따르면 '탁월함과 저열함'을 의미한다고 할 수 있다. 여기에서는 'Gut und Böse'를 '선과 악'으로, 'Gut und Schlecht'를 '좋음[탁월함]과 나쁨[저열함]'으로 번역했다.

1

이 영국의 심리학자들[2]이야말로 이제까지 유일하게 도덕의 발생사를 탐구하려고 시도했던 사람들이다. 우리는 이 점에서 그들에게 감사해야만 한다. 그들 자신은 우리에게 작지 않은 수수께끼이다. 솔직히 말해서 그들은 살아 있는 수수께끼로서 그들의 책보다도 본질적인 어떤 점을 가지고 있다. **그들 자체가 흥미로운 존재인 것이다!** 이 영국의 심리학자들이 본래 원하는 것은 무엇인가? 우리는 그들이 자의적이든 비자의적이든 항상 같은 일에만 몰두하고 있는 것을 본다. 즉 그들은 우리 내면세계의 치부를 전면에 드러내면서, 인간의 지적 자부심이 결코 들춰내고 **싶어 하지** 않았던 것들에서(예를 들면 습관의 타성에서, 망각에서, 관념들의 맹목적이고 우연한 연결과 역학에서, 또는 순전히 수동적이고 자동적이며 반사적이고 분자적이며 극히 우둔한 것에서) [도덕의] 본래적인 동인과 주도적인 요인을, [도덕의] 발전을 규정하는 결정적인 요인을 찾으려고 한다. 도대체 무엇이 이 심리학자들을 항상 **이런 방향으로** 몰고 가는가? 그것은 인간을 왜소한 존재로 만들고 싶어 하는 은밀하면서도 악의적이고 천박하며 아마도 자기 자신도 모르는 본능인가? 아니면 어쩌면 염세주의적인 의혹, 환멸에 차 있고 음울해하면서 독기에 차

---

2) 흄과 같은 철학자를 가리킨다.

서슬이 퍼런 이상주의자들[3]의 불신인가? 아니면 아마도 의식의 문턱[4]을 결코 넘어선 적이 없는 그리스도교(그리고 플라톤)에 대한 사소하고 은밀한 적대감과 원한인가? 아니면 심지어 낯선 것, 고통스러울 정도로 역설적인 것, 존재의 문제적인 성격과 부조리한 성격에 대한 호색적인 취미인가? 아니면 마지막으로, 이제까지 거론한 모든 것이 약간씩 포함된 것인가? 즉 약간의 천박함, 약간의 음울함, 약간의 반(反)그리스도교성, 자극을 바라는 약간의 근질거리

---

3) 니체에서 이상주의자들은 신이나 이데아와 같은 초감각적인 세계를 참된 실재로 보는 자들을 가리킨다. "염세주의적인 의혹, 환멸에 차 있고 음울해하면서 독기에 차 서슬이 퍼런 이상주의자"는 원래는 이상주의자로서 그러한 초감각적인 세계의 존재를 믿었지만, 그러한 세계가 한갓 허구에 불과하며 실제로 존재하는 것은 아무런 의미도 목표도 없이 모든 것이 끊임없이 생성 소멸하는 차안의 세계일 뿐이라는 사실을 깨닫게 된 자를 가리킨다. 그 결과 이들은 염세주의적 의혹과 환멸에 차서 음울해하면서 그러한 초감각적인 피안의 세계를 독기에 차서 공격한다는 것이다. 이들은 도덕의 기원도 더는 신의 계율이나 플라톤이 말하는 이데아 혹은 칸트가 말하는 인간 내면의 순수한 도덕률에서 찾지 않고 인간들의 경험적 심리에서, 즉 습관 등에서 찾는다.

4) '의식의 문턱'이란 자극으로 인해 의식이 각성하는 경계를 가리킨다. 따라서 "의식의 문턱을 넘지 못한"이란 말은 '의식하지 못한' 혹은 '무의식적인'이라는 의미로 해석할 수 있다. 영국의 심리학자들은 도덕은 인간의 지적 자부심이 결코 들춰내고 싶어 하지 않았던 것들, 즉 습관의 타성이나 망각 등에서 비롯되었다고 본다.

니체는 영국 심리학자들의 이러한 견해는 도덕의 기원을 신이나 이데아에서 찾는 그리스도교(그리고 플라톤)에 대한 '무의식적인' 사소하면서도 은밀한 적대감과 원한에서 비롯된 것일 수 있다고 본다.

는 욕망인가? 그러나 사람들은 나에게 말한다. 이 영국의 심리학자들은 개구리들이 자신의 고유한 영역인 늪에서 잘 지내듯 인간들의 주위를 그리고 인간들 속으로 기어 다니고 뛰어다니는 늙고 차가우며 권태에 사로잡힌 개구리들일 뿐이라고.[5] 나는 그런 의견에 반대할 뿐만 아니라 그것을 믿지도 않는다. 그리고 정확한 사정은 모르지만 바라는 것이 허용된다면, 나는 진정으로 영국의 심리학자들이 정반대의 인간이기를 바란다. 즉 영혼을 현미경 들여다보듯이 탐구하는 이 사람들이 근본적으로 용감하고 관대하며 긍지를 지닌 동물이자 자신의 마음과 고통을 통제할 줄 아는 동물이기를 진심으로 바라며, 진리를 위해서 — 심지어 단순하고 쓰디쓰고 추하고 불쾌하며 반그리스도교적이고 부도덕한 진리를 위해서까지도 — 모든 소망을 희생할 정도로 자신을 단련했으면 하고 진심으로 바란다.[6] 왜냐하면 그러한 진리가 분명히 존재하기 때문이다.

---

5) 니체는 여기서 영국의 심리학자들에게 가해졌던 비난에 대해서 언급하고 있다. 이러한 비난에 따르면 인간의 비천한 경험적 심리에서 도덕의 기원을 찾고 있는 영국의 심리학자들은 더러운 늪지에서 노는[초감각적인 세계로 나가려고 하지 않는] 개구리와 같은 자들이다. 이들은 신이나 이데아와 같은 초감각적인 것에서 더 이상 도덕의 기원을 찾지 않는다는 점에서 냉정하며, 이러한 초감각적인 이상세계를 인정하기에는 너무나 현실적이고 늙어버렸으며, 또한 이상세계를 인정하지 않고 천박한 현실만 존재하는 것으로 받아들이다 보니 권태에 사로잡히게 되었다는 것이다.

6) 영국의 심리학자들이 그리스도교적인 도덕과 같은 기존 도덕을 파괴할 정도로 용감하고, 다른 종류의 도덕을 받아들일 정도로 관대하며, 삶에서 겪는 고통 때

따라서 이 도덕사가들을 지배하고 있는 저 훌륭한 정신에 경의를 표하자! 그러나 그들에게는 **역사적 정신** 자체가 결여되어 있으며, 그들이 역사 자체의 모든 훌륭한 정신에게서 버림을 받았다는 점은 유감스럽지만 확실하다! 그들 모두는 옛 철학자들이 그랬듯

문에 허구적인 신이나 피안을 소망하지 않도록 자신을 통제할 수 있게 강하게 단련하기를 바란다는 말이다. 또한 니체는 이들이 허구적인 신이나 피안을 소망하면서 진리를 희생하지 않고, 오히려 진리를 위해서 그러한 소망을 포기하는 인간이 될 것을 바란다. 니체는 영국의 심리학자들이 기존의 도덕 개념에 얽매이지 않고 경험적인 사실에 충실하려고 한다는 점에서 위와 같은 인간이 될 수 있는 소지가 있다고 본다.

니체는 소망과 관련해서 『우상의 황혼』 「어느 반시대적 인간의 편력」 32절에서 이렇게 말하고 있다.

"**비도덕주의자가 말한다.** ― 소망하는 인간보다도 철학자의 비위를 거스르는 것은 없다. […] 철학자는 소망하는 인간을 경멸하며, 또한 '바람직한' 인간도 경멸한다. ― 그는 소망할 만한 모든 것, 인간의 모든 **이상**을 경멸한다. 철학자가 허무주의자가 될 수 있다면 이는 그가 인간의 모든 이상의 배후에서 무를 보기 때문일 것이다. 혹은 무조차도 발견하지 못하며 오직 무가치한 것, 터무니없는 것, 병든 것, 비겁한 것, 피로한 것, 인간이 자신의 삶을 다 **마셔버린** 후 인생의 잔에 남아 있는 온갖 종류의 찌꺼기를 보기 때문이다. […]"

이 인용문에서 '소망하는 인간'은 피안이나 공산주의와 같은 유토피아 세계를 소망하거나 신이 자신의 소원을 들어주기를 기대하는 인간을 가리킨다. 이러한 인간은 삶의 현실을 스스로 짊어지지 못하는 병들고 비겁하고 피로한 자다. 그러한 인간은 삶의 현실에서 도피하여 피안이나 미래의 유토피아에서 위안을 찾는다.

이 **본질적으로** 비역사적으로 생각한다. 이 점에 관해서는 의심할 여지가 없다. 그들이 도덕의 계보를 서투르게 추적하고 있다는 사실은 '선'이라는 개념과 판단의 유래를 탐구할 때 바로 드러난다. 그들은 이렇게 선언한다. "원래 비이기적 행위란 그 행위가 고려했던 사람들, 즉 그 행위로 인해 **이익을 얻는** 사람의 관점에서 찬양되었으며 선한 것으로 불렸다. 그 후 사람들은 이 찬양의 기원을 **망각하게 되었고** 비이기적 행위가 **습관적으로** 항상 선한 것으로서 찬양되었다는 이유만으로 이 행위를 또한 선한 것으로 느끼게 되었다. 마치 그 행위가 그 자체로 선한 어떤 것이라도 한 것처럼." 이러한 최초의 추론에 이미 영국 심리학자들이 갖는 전형적인 기질상의 특징이 포함되어 있다는 사실을 우리는 즉시 알 수 있다. '유용성', '망각', '습관' 그리고 최종적으로 '오류', 이 모든 것이 더 높은 인간[7]이 지금까지 인간 일반의 특권인 양 긍지를 가져왔던 가치평가[8]의 기초가 되고 있다는 것이다. 이러한 긍지는 **마땅히** 꺾여야 하고 이러한 가치평가는 가치를 상실해야만 한다. 그런데 그렇게 되었는가? 나에게 무엇보다도 분명한 것은 [영국 심리학자들의] 이 이론이 '좋음'이라는 개념의 기원을 그릇된 곳에서 찾고 있고 설정하고 있다는 사실이다. 무엇이 '좋음'인가에 대한 판단은 '호의'

---

7) '더 높은 인간'은 첫 번째 논문의 각주 3번에서 설명한 이상주의자를 가리킨다.
8) '비이기적인 행위'를 선한 것으로 보는 가치평가를 말한다.

를 받은 사람들로부터 비롯되는 것이 아니다. 오히려 그러한 판단은 '좋은[탁월한] 인간들' 자신에게서 비롯된 것이다. 즉 모든 저급한 자, 열등한 자, 범속한 자, 천민적인 자들에 비해서 자기 자신과 자신의 행위를 '좋은[탁월한] 것'으로서, 즉 최상의 것으로 느끼고 평가하는 고귀한 자, 강한 자, 드높은 자, 고매한 자들에서 비롯된 것이다. 그들은 이러한 **거리의 파토스**[9]에서 가치를 창조하고 그것의 이름을 새길 권리를 비로소 획득하게 되었다. 그들에게 공리(功利)라는 것이 무슨 상관이 있다는 말인가! 공리의 관점은 위계를 정하고 위계를 분명히 하는 최고의 가치판단이 뜨겁게 용솟음치는 곳에서는 극히 낯설고 부적절한 것이다. 이 경우 이 감정[거리의 파토스]은 온갖 타산적인 영리함과 공리 계산의 전제가 되는 저 미온적인 것과는 정반대되는 것이기 때문이다. 그것도 한 번만 그렇다

---

9) '거리의 파토스'와 관련하여 니체는 『우상의 황혼』「어느 반시대적 인간의 편력」 37절에서 이렇게 말하고 있다.
"인간과 인간, 신분과 신분 사이의 거리, 유형의 다양성, 자기 자신으로 존재하려는 의지, 탁월한 존재가 되고 싶어 하는 의지, 즉 내가 **거리의 파토스**라고 부르는 것은 모든 **강한** 시대에 특유한 것이다. 오늘날에는 양극단 사이의 긴장과 거리가 점점 더 줄어들고 있다. 극단 자체가 사라지고 마침내 유사한 것이 되고 있는 실정이다."
또한 『선악의 저편』「고귀함이란 무엇인가」257절에서는 '거리의 파토스'를 "영혼 자체 내에서 거리를 항상 새롭게 확대하려고 하는 열망, 보다 드높고 보다 희귀하며 보다 멀고 보다 넓으며 보다 포괄적인 상태를 형성하려는 열망"으로 규정하고 있다.

거나 예외적인 순간에만 그런 것이 아니라 영구적으로 그렇다. 고귀함과 거리의 파토스, 즉 앞에서 언급한 것처럼, 더 높은 지배 종족이 더 낮은 종족인 '하층민'에 대해서 가지고 있는 지속적이면서 지배적인 전체적 감정과 근본적 감정, 바로 **이것이야말로** '좋음[탁월함]'과 '나쁨[저열함]'이라는 대립의 기원이다. (지배자가 갖는 명칭 부여의 권리는 너무나 강력하여 언어 자체의 기원을 지배자의 권력 표현으로 볼 수 있을 정도이다. 그들은 '이것은 이러저러하다'라고 말한다. 그들은 모든 사물과 사건 각각을 하나의 소리로 봉인(封印)하고 이를 통해서 그것을 소유해버린다.) 따라서 '좋음'이라는 용어가 저 도덕 계보학자들의 미신이 주장하는 것처럼 처음부터 필연적으로 '비이기적' 행위와 결부된 것이 절대로 **아니라는** 사실은 이러한 기원을 고려해볼 때 분명하게 된다. 오히려 이러한 '이기적'과 '비이기적'이라는 전체적인 대립이 인간의 양심을 갈수록 더 짓누르게 되는 것은 귀족적 가치판단의 **몰락**을 계기로 하여 비로소 일어난다. 이러한 대립과 함께 마침내 발언권을 얻게 되는 것은— 내 용어로 표현하자면—**무리 본능**이다. 이 경우에도 무리 본능이 지배하게 되면서 도덕적인 가치평가가 저 대립['이기적'과 '비이기적'의 대립]에 매달리고 고착될 때까지는 상당히 오랜 세월이 필요하다. (도덕적인 가치평가가 저 대립에 매달리고 고착되는 현상은 예를 들면 오늘날의 유럽에서 뚜렷하게 보인다. 오늘날의 유럽에서는 '도덕적', '비이기적', '사욕 없는'을 동일한 가치를 갖는 개념들로서 받아들이는 선입견이 이미 '고정 관념'이나 정신이상처럼 강력하게 지배하고 있다.)

3

'좋음'이라는 가치판단의 기원에 관한 [영국 심리학자들의] 저 가설이 역사적인 근거가 없다는 점은 전적으로 차치하더라도, 그 가설은 자체 내에 심리학적 모순을 포함하고 있다. [저 가설에 따르면] 비이기적 행위의 공리성이 그 행위에 대한 찬양의 근원이고 이러한 근원이 **망각**되었다는 것이지만, 이러한 망각이 도대체 어떻게 **가능하다는** 말인가? 그러한 행위의 공리성이 언젠가 한 번이라도 소멸한 적이 있던가? 사실은 정반대이다. 오히려 공리성은 모든 시대에서 일상적으로 경험할 수 있던 것이며 따라서 항상 거듭하여 지속적으로 강조되어왔다. 그 결과 그것은 의식에서 사라져버리고 망각되기는커녕, 갈수록 더욱 명료하게 의식에 새겨질 수밖에 없었다. 예를 들어보자면 허버트 스펜서[10]가 주창한 저 반대되는 이론이 얼마나 더 합리적인가(그렇다고 해서 그의 이론이 더 참된

---

10) 스펜서(H. Spencer, 1820~1903)는 영국의 철학자로, 다윈의 진화론을 사회 연구에 적용하여 강한 인간과 집단만이 살아남는다는 사회진화론을 주장했다. 진화를 우주의 원리라고 보았으며 적자생존(適者生存, survival of the fittest) 이라는 말을 처음으로 사용했다.

것은 아니다).[11] 스펜서는 '선'이라는 개념을 '공리적', '합목적적'이라는 개념과 본질적으로 동일한 것으로 상정하고 있다. 이와 함께 그는 '선'과 '악'에 대한 판단을 통해서 인류는 '공리적이고 합목적적인 것'과 '해롭고 비합목적적인 것'에 관한 잊히지 않고 잊힐 수도 없는 바로 그들 자신의 경험을 요약하고 재가(裁可)했다고 본다. 이러한 이론에 따르면 선이란 항상 공리성이 증명된 것이며, 이와 함께 자신을 '최고의 가치를 갖는 것', ' 그 자체로 가치 있는 것'으로서 주장할 수 있는 것이다. 앞에서 언급한 것처럼 이러한 설명 방식은 잘못된 것이지만, 그 설명 자체는 적어도 합리적이며 심리학적으로 근거가 있다.

4

'좋음(gut)'은 여러 언어에서 각기 다르게 표현되고 있다. 그러한 표현들이 어원학적 관점에서 원래 무엇을 의미하는가를 탐구함으로써 나는 그러한 표현들을 올바르게 설명할 수 있게 되었다. 나는 그러한 표현들 모두가 **동일한 개념 변화**에서 비롯된다는 사실을 발견했다. 즉 모든 언어에서 신분을 나타내는 의미에서의 '고

---

11) 니체는 H. Spencer, *Die Tatsachen der Ethik*(Stuttgart, 1879)(B. Vetter에 의한 독일어 번역본)을 참조했다.

귀한', '귀족적인'이 근본개념에 해당하고, 이것이 '정신적으로 고귀한', '기품 있는', '정신적으로 특권을 지난'이라는 의미의 '좋음'으로 필연적으로 발전해가는 것이다. 이러한 의미 발전은 '비속한', '천민의', '저급한'을 마침내는 '나쁨[저열함]'이라는 개념으로 이행하게 하는 다른 의미 발전과 항상 평행하여 진행된다. 후자에 대한 가장 웅변적인 예는 'schlecht(나쁜)'라는 독일어 자체이다. 이것은 schlicht(소박한)와 동일한 말이며 — schlehtweg(단지), schlechterdings(단순히)와 비교해보라 — 근원적으로 아무런 비난의 의미도 없이 그냥 귀족과 대립하는 단순한 자, 평민을 가리켰다. 대략 30년 전쟁[12] 무렵에, 즉 매우 뒤늦게, 이러한 의미는 오늘날 사용되는 의미로 바뀌게 된다. 이러한 사실에 대한 통찰은 나에게는 도덕의 계보에 관한 하나의 **본질적인** 통찰로 여겨진다. 이러한 통찰이 이처럼 뒤늦게 이루어지게 된 것은 현대 세계의 민주주의적 선입견이 기원에 관한 모든 물음에 해로운 영향을 끼쳤기 때문이다. 이러한 영향은 겉보기에는 극히 객관적인 자연과학과 생리학의 영역에까지 미치고 있지만, 이러한 사실에 대해서는 여기서는 단지 시사하는 데 그칠 수밖에 없다.[13] 그러나 이러한 선입견

---

12) 1618~1648년에 독일에서 신교(프로테스탄트)와 구교(가톨릭) 사이에 일어난 종교전쟁이다. 이 전쟁으로 독일 인구의 3분의 1이 사망했다고 한다.

13) 니체는 근대 자연과학의 원자라는 개념도 민주주의적인 선입견의 산물이라고 본다. 니체는 무기물들도 서로 힘을 겨루는 힘에의 의지들이라고 본다. 힘에의

이 고삐가 풀려 증오에까지 이르게 될 때 특히 도덕과 역사에 어떤 폐해를 초래할 수 있는지는 저 극히 악명 높은 버클[14]의 경우가 보여주고 있다. 영국에서 유래된 현대 정신의 평민주의는 [버클과 함께] 다시 한 번 그 본토에서, 진흙으로 뒤덮인 화산처럼 격렬하게, 또한 모든 화산이 이제까지 그렇게 파괴적이고 시끄럽고 저속하게 떠벌였던 것처럼 폭발한 것이다.

5

나름의 타당한 근거로 하나의 내밀한 문제라고 부를 수 있으며 선택된 소수의 귀만이 이해할 수 있는 우리의 문제와 관련해서 '좋

의지들은 서로 위계를 이루고 있다. 이에 반해 근대 자연과학은 모든 것을 동질적인 원자로 본다. 아울러 다윈에서 보는 것처럼 생물학도 모든 생물의 근본 욕망을 생존 욕망으로 본다. 이에 반해 니체는 모든 생물의 근본 욕망을 더 강한 힘을 갖고 싶어 하는 힘에의 의지로 본다. 이 점에서 니체는 근대 자연과학에까지 민주주의적인 선입견이 영향을 미치고 있다고 보는 것이다.

14) 버클(Henry Thomas Buckle, 1821~1862)은 기후, 토지, 식물 등의 자연조건을 문화발달의 중요한 요인으로 간주하는 일종의 유물론적인 역사철학을 주창했던 문명사가이다. 그는 위대한 개인들이나 종교나 예술 등도 그것들이 속하는 시대의 산물에 불과하다고 보았다. 이에 반해 니체는 위대한 개인들과 그들의 업적은 시대를 뛰어넘는다고 본다. 니체는 1887년에 버클의 『영국문명사』를 읽고서 "나와 가장 적대되는 인물이다"라고 말했다(1887년 5월 20일에 페터 가스트에게 부친 편지).

음'을 가리키는 저 단어들과 어근들에서, 고귀한 인간들이 자신들이야말로 더 높은 위계의 인간이라고 느꼈던 근거가 된 것들의 주요한 뉘앙스가 아직도 자주 내비치고 있다는 사실을 확인하는 것은 적지 않게 흥미로운 일이다. 실로 그들 대부분은 자신들이 단순히 우월한 권력을 갖는다는 점에서 자신들을 ('강력한 자, 지배하는 자, 명령하는 자'라고) 지칭한다. 혹은 이러한 우월함이 가장 가시적(可視的)으로 드러나는 징표에 따라서 예를 들면 '부자' 혹은 '재산가'라고 자신을 부른다(이것이 아리아[15]라는 말이 원래 의미했던 것이며, 이에 해당하는 말이 이란어나 슬라브어에도 있다). 그러나 그들은 **전형적인 성격적 특징**에 따라서 자신들을 부르기도 하는데, 이 것이야말로 우리의 관심을 끄는 점이다. 예를 들어 그들은 스스로를 '진실한 자'라고 부른다. 무엇보다도 그리스 귀족계급이 자신들을 그렇게 불렀으며, 이들의 대변자가 메가라의 시인 테오그니스[16]이다. 그리스 귀족들을 가리키기 위해서 만들어진 용어인 ἐσθλός (에스틀로스)[17]라는 말은 어원적으로는 **존재하는** 자, 실재성을 갖는

---

15) 아리아는 산스크리트어로 '고귀한'이나 '주인·귀족'을 의미하는데, 아리아계 종족과 이 종족의 특성을 가리키기 위해서 사용되었다.

16) 테오그니스는 기원전 6세기에 활동했던 그리스 메가라 태생의 시인으로 귀족주의적인 시를 남겼다.

17) 에스틀로스는 그리스어로 '귀족적인, 고상한, 유능한, 용감한, 탁월한, 행복한' 등을 의미한다.

자, 실제로 존재하는 자, 참으로 존재하는 자를 의미한다. 그다음 에 ἐσθλός는 주관적인 의미로 전환되어 진실한 자로서의 참된 자 를 의미하게 되었다. 개념 변화의 이 단계에서 그것은 귀족계급의 좌우명이자 표어가 되며 '귀족적'이라는 의미로 완전히 이행하게 된 다. 즉 그것은 테오그니스가 받아들여 묘사한 것처럼 귀족계급을 거짓말 잘하는 평민과 구별하는 말이 되었다. 마침내 이 말은 귀족 계급이 몰락한 후부터는 영혼의 고상함을 가리키는 말로 남게 되 었다. 말하자면 성숙하고 달콤하게 된 것이다. 카코스(κακός)와[18] 데일로스(δειλός, [19] 아가토스(ἀγαθός)[20]와 대립하는 천민)라는 단어 에서는 비겁함이 강조되고 있다. 아마도 이것은 여러 가지로 해석 될 수 있는 아가토스(ἀγαθός)라는 말의 어원을 어떤 방향에서 찾 아야만 하는지에 대한 하나의 암시가 될 수 있다. 라틴어 말루스 (malus)[21]란 단어(이 단어 옆에 멜라스(μέλας)[22]를 두고 싶다)에서 알 수 있는 사실이지만 평민은 검은 피부를 가진 자들로서, 특히 검은 머리카락을 가진 자들로(hic niger est)[23] 특징지어지고 있다. 이들은

---

18) 그리스어로 '나쁜, 추한, 태생이 천한, 저열한, 해로운, 겁 많은, 수치스러운, 불행한' 등을 의미한다.

19) 그리스어로 '나쁜, 위험한, 폭력적인, 영악한, 야비한' 등을 의미한다.

20) 그리스어로 '좋은, 태생이 좋은, 고결한, 용감한, 유능한' 등을 의미한다.

21) '악한, 신뢰할 수 없는, 교활한, 무능한, 추한, 비겁한' 등을 의미한다.

22) 그리스어로 '검은, 어두운 색깔의'를 가리킨다.

23) hic niger est는 '이 자는 검다'라는 의미로 호라티우스의 『풍자(Satire)』의 I장

지배자가 된 금발의 아리아계 정복 종족과는 색깔을 통해서 가장 분명하게 구별되는, 이탈리아에 살았던 아리아계 이전의 토착 주민이었다. 최소한 게일어[24]는 정확히 이에 상응하는 예를 보여주고 있다. 즉 fin이란 단어는 (예를 들어 Fin-Gal[25]이라는 이름에서처럼) 귀족을 특징짓는 단어였다. 그 단어는 최종적으로는 훌륭하고 고결하며 순수한 혈통을 가진 자를 의미하게 되었지만, 원래는 검은 피부와 검은 머리털의 원주민과 반대되는 금발 종족을 의미했다. 덧붙여 말하자면, 켈트족이 금발의 종족이었다는 것은 분명하다. 독일의 비교적 정밀한 인종학적 지도에서 볼 수 있는 원래 흑발의 종족이 사는 지역을 켈트족에 기원을 두고 있다거나 켈트족과의 혼혈에서 비롯되는 것으로 보는 것은 부당하다. 피르호(Virchow)[26]는 여전히 그렇게 보고 있지만 말이다. 오히려 이 지역은 **아리아계**

4절 85행에서 인용된 것이다. "친구가 없는 데서 험담하며, 비밀을 지킬 수 없는 이 자는 검다. 오, 로마인이여, 조심하라."

24) 게일어는 게일족이 사용했던 언어이다. 게일족은 켈트족의 일파로 현재의 스코틀랜드 북부 고원지대와 아일랜드 서부에 거주하는 사람들의 선조로 알려져 있다. 게일어는 아일랜드 고어(古語)에서 발전한 것으로 13세기부터 독자적인 언어로 인정받게 되었다.

25) Fingal은 아일랜드에 남아 있는 영웅전설에 나오는 영웅의 이름으로 Finn이라고도 불린다. 핀인이라든가 핀란드인이라는 말의 어원으로 추정된다.

26) 피르호(Rudolf Virchow, 1821~1902)는 독일의 병리학자이자 인류학자로, 독일 인류학회의 창시자이기도 하다. 인류학 분야에서 두개골의 측정, 트로이 전쟁의 유물 연구 등의 업적이 있다.

이전의 독일 원주민이 주로 사는 지역이다. (이러한 사실은 거의 유럽 전역에서 볼 수 있다. 본질적으로 피지배 종족이 피부색과 작은 두개골에서, 아마도 심지어 지적 · 사회적 본능에서 최종적으로 다시 우위를 점하게 되었다. 현대의 민주주의, 훨씬 더 현대적인 무정부주의, 그리고 특히 오늘날 유럽의 모든 사회주의자에게 보이는 저 '코뮌(Commune[공동체])'과 가장 원시적인 사회형태에 대한 애착이 근본적으로 하나의 거대한 **후타음**(後打音)[27]을 의미하는 것이 아니라고, 또한 정복 종족과 **지배 종족**인 아리아족이 생리학적으로도 생리적으로조차도 패배하지 않았다고 누가 감히 말할 수 있겠는가?) 나는 라틴어 보누스(bonus[좋은])를 전사라고 해석할 수 있다고 믿는다. 만일 보누스라는 단어를 더 오래된 두오누스(duonus)[28]라는 단어로 소급하는 것이 옳다면 말이다(벨룸(bellum) = 두엘룸(duellum) = 두엔−룸(duen−lum)[29]을 비교해보라. 내게는 이 단어들에 저 두오누스가 포함되어 있는 것 같다). 따라서 보누스란 투쟁하고 분쟁하는(duo) 자, 즉 전사를 의미한다. 이러한 사실로부터 고대 로마에서 남자의 '좋음'을 구성하는 것이 무엇이었

---

27) 후타음(Nachschlag)은 바로 앞의 음에 이어지는 장식음을 의미한다. 여기서는 민주주의나 무정부주의 그리고 사회주의는 유럽 전역에서 갈수록 피지배 종족이 우세하게 된 결과라는 것을 의미한다.

28) 라틴어 두오누스(duonus)는 보누스(bonus)의 고어형이며, 이것은 전쟁을 의미하는 용어 bellum과 연관되어 있다. 두엘룸(duellum)은 벨룸의 고어체이자 시어적인 형태이다.

29) duen−lum은 두 사람 간의 투쟁을 의미한다.

는지를 알 수 있다. 독일어 'gut[좋은]'라는 단어 자체도 '신과 같은 자, 신적인 종족의 인간'을 의미하는 것은 아닐까? 그리고 그것은 고트인(Goths)이라는 민족(원래는 귀족)의 이름과 동일한 것이 아닐까? 이렇게 추측하는 근거를 밝히는 작업을 여기서는 하지 않기로 한다.

6

최고의 세습계급이 동시에 **성직자** 계급이며 따라서 그 계급을 전체적으로 특징짓기 위해 성직자의 기능을 상기시키는 술어를 선호하게 되는 경우에도, 정치적 우위를 나타내는 개념이 언제나 정신적 우위를 나타내는 개념으로 귀착된다는 이러한 규칙에는 지금까지 어떠한 예외도 존재하지 않는다(예외가 나타날 수 있는 계기는 있을지라도). 이 경우 예를 들어 처음에는 '순수함'과 '불순함'이 신분적인 차별의 표시로서 서로 대립한다. 그리고 여기에서도 '좋음'과 '나쁨'이 나중에는 더는 신분을 나타내지 않는 의미로 전개된다. 덧붙여서 하는 말이지만 '순수함'과 '불순함'이라는 개념들을 처음부터 너무 심각한 의미로 혹은 너무 넓은 의미로 받아들여서는 안 된다. 상징적인 의미로 받아들여서는 더욱 안 된다. 왜냐하면 고대인의 모든 개념은 오히려 처음에는 우리가 거의 상상할 수 없을 정도로 거칠고 서투르며 표면적이고 좁게, 직선적이고 특히 **비상징적으**

로 이해되었기 때문이다. '순수한 자'란 원래는 단지 몸을 씻는 자, 피부질환을 초래할 수 있는 음식들을 스스로 금하는 자, 낮은 신분의 더러운 여자들과는 자지 않는 자, 피에 대해서 혐오감을 느끼는[30] 자에 지나지 않았다. 그 이상의 다른 의미를 갖지 않았다! 다른 한편 바로 성직자적 귀족사회에서 가치평가의 대립이 왜 그렇게 일찍 위험한 방식으로 내면화되고 첨예화될 수 있었는지가[31] 본질적으로 성직자적인 귀족사회의 전체적인 성격에서 분명하게 밝혀진다. 그리고 사실상 이러한 가치평가의 대립 때문에 마침내 인간과 인간 사이에는 자유 정신의 아킬레우스조차도 전율하지 않고서는 뛰어넘을 수 없는 간격이 생겨나게 되었다.[32] 그러한 성직자

---

30) 고대인들은 시체와 피를 불결한 오염원으로 보았다. 따라서 시체나 피를 다루는 계급은 가장 낮은 계급이었다.

31) 원래 정복 민족이 지배계급이 된 귀족사회에서 인간들 사이의 대립은 강하고 용감하며 자신에 대해 긍지를 갖는 자와 약하고 비겁하며 비굴한 자 사이의 대립으로 나타났다. 이에 반해 성직자들이 지배하는 사회에서 인간들 사이의 대립은 성욕이나 물욕, 명예욕과 같은 모든 욕망에서 벗어난 순수한 성직자들과 그렇지 못한 세속적인 인간들 사이의 대립이 된다. 그리고 이러한 대립은 개인의 차원으로 전이되어 욕망들과 그것들을 부정하고 억압하려는 양심 사이의 대립으로 내면화되었다. 이러한 내면화와 함께 각 개인은 양심의 가책에 시달리면서 자신을 학대하는 식으로 병들게 되었다. 이 점에서 니체는 성직자적 귀족사회에서 가치평가의 대립은 위험한 방식으로 내면화되고 첨예화되었다고 말하고 있다.

32) 성직자적 가치평가에서 성직자들은 가장 순수한 영혼을 소유한 신의 대리인으로 간주되며 일반 신자들은 이들에게 무조건적으로 순종해야 한다.

적 귀족주의와 그것을 지배하는 행동 기피적이고 부분적으로 침울하며 부분적으로 감정을 폭발하는 습관에는 처음부터 **건강하지 못한 것**이 있다. 그러한 습관의 결과 모든 시대의 성직자는 거의 불가피하게 내장질환과 신경쇠약을 겪게 된다. 그러나 이러한 질환에 대한 치료법으로서 성직자들 자신이 고안한 방법은 결국 그것으로 치료해야만 하는 질환보다 그 부작용이 백배나 위험한 것으로 입증되었다고 말할 수밖에 없다. 인류는 이렇게 순진하기 짝이 없는 성직자적 치료법의 부작용 때문에 여전히 병들어 있다! 예를 들어 식이요법(육식의 금지), 단식, 성적인 금욕, '황야'로의 도피(이것은 웨어 미첼[33]식의 격리요법이지만 그 경우 웨어 미첼의 격리요법에 따르는 비만요법과 식사요법은 배제한다. 이러한 비만요법과 과식요법이야말로 금욕주의적 이상(理想)이 초래하는 모든 히스테리에 대한 가장 효과적인 치료법이라는 것은 말할 나위도 없다)를 생각해보라. 그에 덧붙여, 사람들을 감각을 적대시하고 게으르고 섬약하게 만드는 성직자들의 형이상학 전체와 이슬람교 성직자와 브라만승 — 브라만을 [자기최면에 이용하는 도구인] 수정구슬과 고정관념으로써 사용한다 — 의 방식에 따르는 자기최면을 생각해보라. 그리고 근본적

---

33) 미첼(Silas Weir Mitchell, 1829~1914)은 미국의 의학자이자 소설가로 격리, 침대 감금, 다이어트, 마사지 등을 이용한 신경병 치료요법인 '웨어 미첼법'을 창안했다.

인 치료법인, 무(혹은 신. 신과의 신비적 합일에 대한 열망은 무, 즉 열
반을 향한 불교도의 열망일 뿐이며 그 이상의 것이 아니다!)에 의한 최후
의 너무나도 당연하고 전반적인 포만 상태를 생각해보라. 성직자
들에서는 그야말로 모든 것이 더 위험하게 된다. 치료제와 치료술
뿐 아니라 오만, 복수, 명민함, 방종, 사랑, 지배욕, 덕, 병을 비롯
한 **모든 것이** 더욱 위험하게 된다. 물론 어느 정도의 공정함을 위해
서 다음과 같은 사실을 덧붙일 수 있을 것이다. 바로 이렇게 **본질적**
으로 위험한 인간의 존재 방식, 즉 성직자적 존재 방식의 토양 위에
서 인간 일반은 비로소 **흥미로운 동물**이 되었으며, 여기에서 비로
소 인간의 영혼은 좀 더 높은 의미에서 **깊이**를 갖게 되었고 **사악하**
게 된 것이다.[34] 이것[깊이와 사악함]이야말로 정녕 인간이 이제까지

---

34) 인간의 영혼이 깊이를 갖게 되었다는 것은 앞에서 언급한 내면화와 연관이 있
다. 성직자적인 가치평가가 지배하게 되면서 인간은 성욕이나 소유욕과 같은
자연스러운 욕망들을 불순한 것으로 보고 그것들과 투쟁하는 내면의 싸움에
몰두하게 된다. 원래 인간은 다른 동물과 마찬가지로 사냥을 비롯한 갖가지 활
동을 통해서 자신의 에너지를 외부로 분출해야 하지만, 이제 인간은 그 에너
지를 자신을 억압하고 학대하는 데 사용하는 것이다. 이와 함께 인간은 자신
을 악하고 이기적인 존재로 단죄하면서 고통스러워한다. 이러한 현상은 동물
세계에서는 볼 수 없는 것이다. 전통 형이상학이나 그리스도교는 이러한 내면
화를 인간이 동물 세계를 초월하는 것으로 보면서 긍정적으로 본다. 이에 반해
니체는 이러한 내면화와 함께 인간은 동물적인 건강함을 상실하고 병적인 존
재가 되었다고 본다.
    니체는 성직자적 가치평가가 지배하면서 인간이 또한 사악하게 되었다고 말하
고 있는데, 이 말이 무엇을 의미하는지는 7절에서 분명하게 드러난다. 니체는

다른 짐승들에 대해서 지녀온 우월함의 두 가지 형식이다!

7

성직자적 평가방식이 얼마나 쉽게 기사적 · 귀족적인 평가방식에서 분리되어 그것과는 정반대의 것으로 발전해나갈 수 있는지를 이미 잘 알았을 것이다. 특히 성직자적인 계급과 전사 계급이 서로 질투하면서 대립하고 승자가 누구인지에 대해서 서로 합의를 보려 하지 않을 때마다, 성직자적 평가방식은 기사적 · 귀족적인 평가방식과 정반대의 것으로 전개되었다. 기사적 · 귀족적 가치판단은 강한 육체, 젊고 왕성하며 넘쳐흐르기까지 하는 건강, 그러한 건강을

기사적인 귀족계급은 정직하지만, 성직자들은 교활하고 위선적이라고 본다. 기사적인 귀족계급은 자신이 설령 전투에서 패배했더라도 자신의 역량이 부족해서 패배했다고 인정하며, 때에 따라서는 자신의 적을 존경하기도 한다. 이에 반해 성직자적 귀족계급은 사회의 지배자들을 다른 인간들을 억압하는 악한 자들로 단죄하면서 자신은 민중을 사랑하는 선한 자들로 자처한다. 그러나 이들도 사실은 기사적인 귀족계급과 마찬가지로 이기적이고 권력을 갖고 싶어한다. 이 점에서 이들은 위선적인 자들이다. 또한 성직자적 귀족계급은 '신 앞에서 모든 인간이 평등하다'라는 식의 거짓말로 민중을 선동하여 기사적인 귀족계급에게서 권력을 빼앗고 자신들이 지배자가 된다. 니체는 성직자적인 귀족계급이 보여주는 이런 식의 위선과 교활함은 동물 세계에서 볼 수 없는 사악함이라고 본다. 또한 니체는 성직자적 귀족계급이 보여주는 이러한 사악함을 사회주의자들이나 무정부주의자들이 이어받고 있다고 본다.

유지하는 데 필요한 조건들, 즉 전쟁, 모험, 사냥, 춤, 투기(鬪技)와 강하고 자유로우며 쾌활한 행동을 포함하고 있는 모든 것을 그 전제로 한다. 이에 반해 우리가 앞에서 보았듯이 성직자 귀족의 평가 방식은 다른 전제를 갖는다. 전쟁은 그들에게 가장 불리한 것이다! 성직자들은 잘 알려져 있듯이 가장 **사악한** 적이다. 왜 그런가? 그들은 가장 무력한 자들이기 때문이다. 그들에게서 증오는 무력함으로부터 생겨나서 기이하고 섬뜩한 것, 가장 정신적이고 가장 해로운 것이 된다. 세계사에서 가장 증오로 가득 찼던 자들은 항상 성직자들이었고, 또한 이들은 증오하는 자 중에서 가장 영리한 자들이었다. 성직자의 복수심에 비하면 다른 모든 정신은 거의 문제도 되지 않는다. 무력한 자들로부터 인류의 역사 속으로 들어오게 된 정신이 없었다면 인류의 역사는 극히 어리석은 것이 되었을 것이다. 가장 현저한 예를 하나 들어보자. 이 지상에서 '고귀한 자', '강력한 자', '지배자', '권력자'에 대항하여 행한 그 어떤 것도 유대인들이 이들에 대항하여 행한 것에 비하면 언급할 만한 가치가 없다. 성직자적인 민족인 유대인들은 궁극적으로 자신의 적과 정복자들의 가치를 철저하게 전도시킴으로써, 즉 **가장 정신적인 복수를** 하는 방식으로 보복할 줄 알았다. 오직 이것만이 성직자적 민족, 즉 가장 뿌리 깊은 성직자적 복수심을 지닌 민족에게 어울리는 것이었다. 유대인이야말로 두려울 정도의 논리 정연함으로 귀족적인 가치 등식(좋은=고귀한=강력한=아름다운=행복한=신의 사랑을 받는)의 전도를 감행했으며 가장 깊은 증오(무력함에서 비롯되는 증오)의 이빨로 귀족적인 가치 등식을 물고 늘어진 것이다. 유대인들은 이렇게 말한다. "비참한 자만이 선한 자이고, 가난하고 무력하며 비천한 자만이 선한 자이다. 고통받고 가난하며 추한 자만이 경건한 자이고 신의 축복을 받는 자이며 오직 그들에게만 더없는 행복이 있다. 이에 반해 그대들, 그대 고귀하고 강력한 자들, 그대들은 영원히 사악한 자, 잔인한 자, 음탕한 자, 탐욕스러운 자, 신을 부정하는 자이고, 그대들이야말로 또한 영원히 축복받지 못하는 자, 저주받은 자, 유죄판결을 받은 자가 될 것이다!" 이러한 유대적 가치전환을 이어받은 자가 누구인지는[35] 잘 알려져 있다. 유대인이 모든 선전포고 가운데 가장 근본적인 선전포고를 통해 행사한 거대하면서 헤아릴 수 없이 치명적인 주도권과 관련하여 내가 다른 기회(『선악의 저편』, 195절)[36]에 말했던 문구를 상기시키고 싶다. 즉 유대인

---

35) 다음 절에서 보겠지만 예수를 말한다.
36) 니체는 『선악의 저편』 195절에서 이렇게 말하고 있다.
"유대인, 타키투스나 고대 세계의 모든 사람이 말한 대로 '노예로 태어난' 민족, 그리고 그들 자신이 말하고 믿는 바로는 '모든 민족 중에서 선택된 민족'인 유대인들은 가치 전도라는 저 기적적인 일을 해냈다. 이 덕분에 지상에서의 삶은 이삼천 년에 걸쳐서 하나의 새롭고 위험한 매력을 갖게 되었다. 그들의 예언자들은 '부(富)', '신에 대한 부정', '악', '폭력', '관능'과 같은 것들을 하나로 융합했으며, 맨 처음으로 '세상'이라는 단어를 더럽고 욕된 것을 가리키는 용어로 만들어버렸다. 그러한 가치전도 — '가난'이라는 말을 '성스러움'과 '친구'라는 말과 동의어로 쓴 것은 그 한 예에 속한다 — 에 유대민족의 의의가 존재한

과 더불어 **도덕에서의 노예반란**이 시작된다. 이 반란은 2000년의 역사를 가지고 있다. 우리가 오늘날 그러한 반란을 의식하지 못하게 된 것은[37] 그 반란이 계속해서 승리해왔기 때문이다.

8

그러나 그대들은 이러한 사실을 이해하지 못하겠다고? 그대들은 승리하기 위해서 2000년을 필요로 한 저 사건을 보는 눈을 가지고 있지 못하다는 말인가? … 그렇다고 해서 이상할 것은 없다. 오랜 세월 동안 **계속되는** 사건은 조망하고 통찰하기 어렵기 때문이다. [승리하기 위해서 2000년을 필요로 한] 그 사건이란 다음과 같은 것이다. 복수와 증오, 유대적인 증오 — 일찍이 지상에서 유례(類例)가 없던 가장 깊고 숭고한 증오, 즉 이상을 창조하고 가치를 변조하는 증오 — 의 저 나무줄기에서 똑같이 전례가 없는 어떤 것이, 즉 하나의 **새로운 사랑**이, 모든 종류의 사랑 중에서 가장 깊고 숭고한 사랑이 자라난 것이다. 이것 또한 다른 어떤 줄기에서 자라날 수 있

다. 이 민족과 더불어 **도덕에서의 노예반란**이 시작된 것이다.”
이 인용문에서 '친구'라는 말은 '신의 친구'를 의미하는 것 같다.
37) 오늘날 지배하는 노예도덕이 원래부터 지배적인 지위를 가지고 있었던 것이 아니라 반란에 의한 것이라는 사실을 의식하지 못하는 이유는 그 반란이 2000년 전부터 승리해왔기 때문이라는 것이다.

었겠는가? … 그러나 그러한 사랑이 복수에 대한 저 갈망을 참으로 부정하는 것으로서, 즉 유대적 증오에 대립하는 것으로서 생겨났다고 생각해서는 안 된다! 아니다. 사실은 정반대이다! 이러한 사랑은 저 증오의 나무줄기로부터 그것의 꽃봉오리로서, 가장 순수한 광명과 넘치는 햇빛 속에서 의기양양하게 뻗어나가는 꽃봉오리로서 자라난 것이다. 이 꽃봉오리는 저 증오의 뿌리가 모든 심오하고 사악한 것 속으로 갈수록 더 깊고 탐욕스럽게 파고들었던 것과 동일한 충동과 함께, 빛으로 넘치는 드높은 왕국에서 저 증오의 목표인 승리와 약탈물, 유혹을 추구했던 것이다. 사랑의 복음의 화신인 이 나사렛의 예수. 가난한 자, 병든 자, 죄인에게 축복과 승리를 가져다준 이 '구세주'[38] — 그야말로 바로 가장 섬뜩하고

---

38) 니체는 『안티크리스트』에서 예수의 참된 정신과 제도화된 그리스도교의 교리를 서로 대립하는 것으로 보면서 제도화된 그리스도교의 교리를 고안해낸 사람을 바울이라고 말하고 있다. 니체는 예수의 진정한 정신을 다음과 같이 보고 있다. 첫째로 예수를 구세주로 보는 바울과 제도화된 그리스도교의 교리와 반대로 예수는 자신뿐 아니라 모든 사람이 하느님의 아들이라고 믿었으며 서로 동등하다고 믿었다. 또한 예수는 모든 싸움을 거부하고 다른 사람을 시기하거나 적대시하는 마음을 버릴 것을 가르쳤다. 심지어 예수는 악에도 저항하지 않을 뿐 아니라 애초부터 저항할 생각조차 하지 말라고 가르쳤으며, 그 결과 얻어지는 평화, 온유함, 모든 사람을 형제처럼 사랑하는 상태에서 영원하고 완전한 행복을 발견하라고 가르쳤다. 따라서 예수는 완전한 행복이 우리가 죽어서 가는 '하느님 나라' 내지 천국에 있다고 보지 않고 우리의 마음속에 있다고 보았다. '하느님 나라는 너희 안에 있다'라는 것이다.

둘째로 이 점에서 니체는 예수가 위대한 상징주의자라고 말하고 있다. 그는 오

저항하기 어려운 형태의 유혹이자 이상을 유대적으로 혁신하는 것

직 내적 실재만을 실재로서, 즉 '진리'로서 간주했고, 자연적인 것, 시간적인 것, 공간적인 것, 역사적인 것은 모두 상징으로만, 즉 비유를 위한 수단으로만 이해했다. 예를 들어 위에서 본 것처럼 '하느님 나라' 내지 '천국'이라는 것은 마음의 한 상태일 뿐이며 '지상을 넘어서' 존재하는 특정한 공간적인 차원이나 '죽음 후에' 오는 특정한 시간적인 차원과는 전혀 무관한 것이다. 그리고 '신의 아들', '아버지인 신', '천국'은 모두 어떤 심리적 상태를 가리키는 상징일 뿐이다. '신의 아들'이라는 말은 모든 사물이 성스럽게 총체적으로 변용되는 더없는 행복의 마음 상태로 진입하는 사건을 상징하고 있으며, '아버지인 신'이라는 말은 이러한 마음 상태 자체, 즉 영원과 완성의 느낌을 상징하고 있다.

셋째로 '기쁜 소식을 가져온 자'인 예수는 '인류를 구원하기' 위해서가 아니라 우리가 어떻게 살아야만 하는지를 보여주기 위해서 십자가에서의 죽음을 택했다. 그는 자신에 대한 모든 중상과 탄압에 대해서 저항하지 않았고 분노하지도 않았으며 자신의 권리를 변호하지도 않았고 오히려 자신을 죽이려는 자들을 사랑했다. 예수가 인류에게 남긴 것은 특정한 교리 체계가 아니라 이러한 삶의 모습이었다.

니체는 예수의 죽음 이후에 득세하게 된 실제의 그리스도교는 바울에 의해서 정립된 것이라고 보면서 예수와 대비해서 바울을 다음과 같이 묘사하고 있다. 첫째로 바울은 예수와는 정반대 유형의 인물이었으며, 증오와 증오의 환상과 증오의 냉혹한 논리를 만들어내는 데 천재였다. 바울이 자신이 품고 있던 증오의 희생물로 삼은 자가 예수였다. 예수의 삶과 모범, 가르침과 죽음, 그리고 복음 전체를 바울은 자신이 이용할 수 있는 것으로 만들어버렸다. 바울은 사회의 지배층에 대한 증오에 사로잡혀서 예수를 믿지 않는 자들은 지옥에 떨어질 것이라는 교리를 만들어냈다. 예수를 이렇게 이용하기 위해서 그는 예수의 가르침을 왜곡했고 예수를 보통 인간이 아닌 구세주로 격상시켰다. 그뿐만 아니라 그는 예수 이전의 이스라엘 역사 전체를 구세주인 예수의 출현을 위한 전사(前史)로 보이도록 왜곡했다. 즉 구약성서의 모든 예언자가 '구세주'에 대해 이야기하도록 만들었다.

과 저 **유대적** 가치로 이끄는 유혹이며 우회로가 아니었던가? 이스라엘은 겉으로는 이스라엘에 적대하는 자이자 이스라엘을 해체하는 자로 보이는 바로 이 구세주라는 우회로를 통해서만 그들의 숭고한 복수심이 궁극적으로 목표했던 것을 달성한 것이 아닌가? 이스라엘 전체가 실제로는 자신의 복수의 도구였던 것을 마치 불구

둘째로 바울은 존재 전체의 중심을 존재의 배후로, 즉 내세의 피안 세계로 옮겨놓아 버렸다. 이와 함께 그는 예수의 부활을 날조했다.

셋째로 바울은 힘을 갖고 싶어 했으며 이에 따라 대중을 마음대로 지배하고 가축으로 만들 수 있는 개념과 가르침과 상징을 이용할 수 있었다. 이러한 개념과 가르침과 상징 중에 영혼의 불멸이나 최후의 심판과 같은 것들만큼 좋은 수단은 없었다. 사람들은 최후의 심판에서 지옥에 떨어지지 않기 위해서 신의 권력을 위탁받은 자들로 간주되는 바울을 비롯한 성직자들의 지배에 복종해야만 했다.

예수의 정신과 바울이 정립한 그리스도교의 교리 사이의 차이를 니체가 강조하고 있기 때문에, 언뜻 보기에는 니체가 예수를 긍정적으로 본 것처럼 보인다. 따라서 심지어 니체 연구자 중 어떤 이들은 니체가 말하는 초인이 예수와 동일하다는 주장을 펴기도 했다. 그러나 니체는 예수를 '숭고한 것과 병적인 것과 유치한 것이 기이하게 결합하여 있는 가장 흥미 있는 데카당'이라고 보고 있다. 니체는 예수의 정신을 생리적인 허약함으로 인해서 현실에 대한 모든 저항과 투쟁을 포기하고 내면적인 평화로 도피해 들어가려고 하는 정신이라고 보고 있는 것이다.

이런 맥락에서 니체는 『도덕의 계보』 첫 번째 논문 8절에서 예수의 이념도 바울에서 보이는 유대적인 증오와 분리된 것이 아니라 그것의 정화(精華)라고 보고 있다. 예수 역시 궁극적으로는 가난한 자, 병든 자, 죄인에게 축복과 승리를 가져다준 '구세주'로서, 예수의 이른바 사랑의 복음에는 지상의 강력한 자들에 대한 원한이 승화된 형태로 깃들어 있다는 것이다.

대천의 원수였던 것처럼 전 세계 앞에서 부인하고 십자가에 못 박을 수밖에 없었던 것, 이와 함께 '세계 전체'가, 즉 이스라엘의 모든 적대자가 아무런 의심도 없이 바로 이 미끼를 물게 된 것, 이것이야말로 참으로 **위대한** 복수 전략이자 멀리 내다보면서 지하에서 사전계획에 따라서 서서히 손을 뻗치는 복수의 은밀한 흑마술(黑魔術)이 아닌가? 다른 한편 정신이 아무리 섬세해도 이보다 더 **위험한** 미끼를 생각해낼 수 있을까? 유혹하고 도취시키고 마비시키고 타락하게 만드는 힘이란 면에서 '신성한 십자가'라는 저 상징에, '십자가에 매달린 신'이라는 저 전율할 만한 역설에, **인간을 구원하기 위해서** 신이 자신을 십자가에 못 박는다는 상상할 수도 없을 정도로 잔인함의 극을 달리는 저 신비에 비견할 만한 것이 있을까? … 적어도 확실한 것은, 이러한 표시 아래(sub hoc signo)[39) 이스라엘이 복수하고 모든 가치를 전환함으로써 모든 다른 이상, 모든 고귀한 이상에 대해서 지금까지 거듭해서 승리를 거두어왔다는 점이다.

---

39) in hoc signo vinces. "이 표적에 의해 그대는 승리하리라"라는 말을 빗대어 한 말로, 콘스탄티누스 대제가 전쟁에 나가기 전에 하늘에서 이 문자들로 둘러싸인 십자가를 보았다고 한다. 그는 이 전쟁에서 승리했다.

9

"그러나 당신은 왜 아직도 더 고귀한 이상에 대해서 떠들고 있는가! 사실을 직시하자. 민중이 승리했다. 당신이 원한다면 '노예'라거나 '천민'이라고 불러도 좋지만 어떻든 그들 민중이 승리한 것이다.[40] 그리고 이러한 승리가 유대인들에 의해서 일어났다고 한다한들 어떻단 말인가! 그들보다 더 큰 세계사적 사명을 지닌 민족은 일찍이 없었다. '주인'은 제거되었고 평민의 도덕이 승리했다. 이러한 승리를 [귀족의] 피에 독을 섞는 것으로 보는 사람도 있을 수 있을 것이다(이러한 승리로 인해 종족의 혼합이 일어났기 때문이다).[41] 그 점을 부인하지는 않겠다. 그러나 [귀족의] 피에 독을 섞는 것이 **성공했**다는 것은 의심할 여지가 없다. 인류의 (즉 '영주들'로부터의) '구원'은 극히 순조롭게 진행되었다. 모든 것은 현저하게 유대화되거나 그리스도교화되고 있으며 혹은 천민화되고 있다(어떤 표현을 사용하든 상관없다!). 이 독이 인류의 몸 구석구석까지 침투하는 것은

---

40) 여기서 이야기하는 사람은 민주주의자나 사회주의자라고 할 수 있다. 이 사람은 민중의 승리가 이미 확실해진 이 시대에는 니체가 내세우는 주인도덕이나 고귀한 이상은 이미 시대착오적인 것이 되었다고 주장한다.

41) 종족의 혼합이 일어났다는 것은 민주주의가 승리하면서 귀족계급과 평민계급의 혼인이 확산하고 두 계급의 피가 혼합되었다는 것을 의미한다. 귀족의 피에 독을 섞는다는 것도 귀족의 피가 평민계급의 피에 의해서 더럽혀졌다는 것을 의미한다.

멈출 수 없는 것으로 보이며, 그것의 속도와 행보는 이제부터는 갈수록 더 완만하고 미묘해지며 조용해지고 신중해져도 좋겠다. 시간은 충분하다. … 이러한 목표에 비추어볼 때 교회는 오늘날에도 여전히 **필연적인** 사명을 가지고 있는 것일까? 그것은 과연 아직도 존재할 권리를 갖고 있을까? 아니면 교회 없이도 우리는 살아갈 수 있을까? Quaeritur[이 점이야말로 우리가 문제 삼아야만 하는 것이다]. 교회는 저 독의 침투를 촉진하기보다는 오히려 방해하고 저지하는 것 같다. 그런데 바로 이 점 때문에 교회가 아직도 유용할 수도 있다. … 교회가 더 섬세한 지성과 진정으로 현대적인 취미에 반하는 조야하고 촌스러운 것이 된 것은 실로 분명하다. 교회는 적어도 좀 더 세련되어야만 하지 않을까? … 교회는 사람들을 유혹하기보다는 오히려 소외시키고 있다. … 교회가 없다면 우리 가운데 누가 자유로운 정신이 될 것인가? 우리에게 거슬리는 것은 교회이지 그것의 독이 **아니다**. … 교회를 도외시한다면, 우리 역시 그것의 독을 사랑하는 것이다. …" 이것이 어느 '자유로운 정신'[42]이,

---

42) '자유로운 정신'이란 니체가 원래는 긍정적으로 사용하는 용어로서 어떤 사태를 특정한 이념이나 관점에 얽매이지 않고 다양한 관점에서 볼 수 있는 정신을 가리킨다. 여기서 언급되고 있는 자유로운 정신은 교회를 비판하고 그리스도교를 받아들이지 않는다는 점에서 자신을 '자유로운' 정신이라고 자처하고 있다. 그러나 니체가 보기에 그것은 그리스도교에 기원을 둔 민주주의나 사회주의 그리고 무정부주의를 지향한다는 점에서 아직 진정한 의미의 자유로운 정신이 아니다.

[위에서 보듯이] 자기 자신을 충분히 드러냈던 한 정직한 동물이, 더 나아가 한 민주주의자가 내 말에 덧붙인 에필로그이다. 그는 그때

여기서 언급되고 있는 '자유로운 정신'은 니체를 향해서 이미 노예들의 승리는 기정사실이 되었기 때문에 더 고상하고 귀족적인 이상에 대해서 말하는 것은 무의미하다고 말하고 있다. 이 '자유로운 정신'은 오늘날에는 교회가 민중의 승리를 촉진하기보다는 방해한다고 말하면서도, 이러한 방해가 오히려 자유로운 정신이 더 자유롭게 되는 데 이바지할 수 있다고 본다. 이 점에서 이 '자유로운 정신'은 교회가 아직 유용할 수 있다고 본다. '자유로운 정신'은 교회와 대항하면서 자신들의 이념을 더 철저하면서도 더 일관성 있게 개진할 수 있기 때문이다. 이 점에서 이 '자유로운 정신'은 교회가 더 세련되어야 한다고 말한다. 그러면 '자유로운 정신'은 교회와 대결하면서 자신도 더 정치(精緻)하게 될 수 있기 때문이다.

맥락은 다르지만, 니체는 『우상의 황혼』「자연에 반(反)하는 것으로서의 도덕」 3절에서 심지어 자신의 사상이 성장하고 발전하기 위해서도 교회와 그리스도교가 계속해서 존재해야 한다고 말하고 있다.

"관능의 정신화는 **사랑**이라고 불린다. 이것은 그리스도교에 대한 하나의 큰 승리다. 또 다른 승리는 우리처럼 **적의**를 정신화하는 것이다. 이러한 정신화는 사람들이 적을 갖는다는 것의 가치를 깊이 파악함으로써, 요컨대 사람들이 과거에 행하고 생각했던 것과는 정반대로 행동하고 생각함으로써 가능하게 된다. 교회는 시대를 막론하고 자신의 적을 절멸하려 했다. 비도덕주의자들이자 반(反)그리스도교인인 우리는 교회의 존립을 우리에게 이로운 것으로 본다. … 정치에서도 적의는 이제 보다 정신적인 것이 되었고,— 훨씬 더 현명하고 훨씬 더 사려 깊고 훨씬 더 **관대**하게 되었다. 거의 모든 정당이 반대당이 힘을 상실하지 않는 것이 자신을 보존하는 데 유리하다는 사실을 파악하고 있다. 동일한 사실이 위대한 정치에 대해서도 타당하다. 이를테면 새로 건립되는 국가는 친구보다도 적을 더 필요로 한다. [다른 국가들과] 대립하는 가운데서만 그것은 자신을 필연적인 것으로 느끼게 되며 또한 대립하는 가운데서만 비로소 필연적인 것이 **된다**."

까지는[에필로그를 덧붙이기 전까지는] 내 말에 귀를 기울이고 있었지만, 내가 침묵하자 견딜 수 없었던 것이다. 그러나 나에게는 이 시점에서 침묵해야 할 점이 많다.

10

원한 자체가 창조적인 것이 되고 가치를 낳게 됨으로써 도덕에서의 노예반란은 시작된다. 여기서 원한이라고 하는 것은 본래적인 반작용, 즉 행위상의 반작용은 금지되고 있기 때문에 단지 상상의 복수를 함으로써 자신들이 입은 손해를 보상하려는 자들의 원한이다. 모든 고귀한 도덕이 자신에 대한 의기양양한 긍정에서 자라나오는 반면에, 노예도덕은 애초부터 '외부적인 것', '다른' 것, '자기 자신이 아닌' 것을 부정한다. 그리고 이러한 부정이야말로 노예도덕의 창조적 행위이다. 가치를 정립하는 시선을 이렇게 전도하는 것―이렇게 시선을 자신에게 향하는 대신에 밖으로 향할 수밖에 없는 것―이 바로 원한의 속성 중 하나이다. 즉 노예도덕이 발생하기 위해서는 우선 항상 어떤 적대적인 외부세계가 필요하다. 생리학적으로 말하자면 그것이 행동하기 위해서는 외부로부터의 자극이 필요한 것이다. 따라서 그것의 행동은 근본적으로 반작용이다. 고귀한 가치평가에서는 사정이 정반대이다. 그것은 자발적으로 행동하고 성장한다. 그것은 더 감사하는 마음으로 기뻐하면서 자기 자신을 긍정하기 위해서 자신의 대립물을 찾을 뿐이다. 그러한 가치평가의 부정적인 개념인 '저급함', '범속함', '저열함'은 철저히 생명과 정열로 가득 차 있는 그것의 긍정적인 근본 개념인 '우리 고귀한 자', '우리 좋은 자', '우리 아름다운 자, 우리 행복한 자'에 비하면 나중에 태어난 창백한 대조 이미지일 뿐이다. 고귀한 가치평가 방식이 현실을 잘못 파악하면서 왜곡할 때 이것은 그러한 평가방식에 친숙하지 **않은** 영역과 관련해서 일어난다. 심지어 그러한 평가방식은 그 영역을 제대로 알게 되는 것을 냉담하게 거부한다. 때에 따라 그것은 그것이 경멸하는 영역, 즉 평민과 하층민의 영역을 오인한다. 다른 한편으로 우리가 고려해야 하는 사실은 설령 경멸감이나 멸시감, 우월감으로 인해 고귀한 평가방식이 경멸당하는 자의 상을 왜곡하더라도, 이러한 왜곡은 무력한 자의 억눌린 증오와 복수심이 자신의 적에 대해서―물론 자신의 적에 대해서 그리는 상과 관련하여―행하는 왜곡에 훨씬 못 미친다는 점이다. 사실 그러한 경멸에는 너무나 많은 무관심과 경시, 너무나 많은 무시와 성급함, 심지어는 자신에 대한 너무나 많은 희열이 섞여 있어서 자신의 대상을 희화화하지 못하며 괴물로 왜곡시킬 수도 없다. 예를 들어 그리스 귀족이 자신과 하층민을 구별하기 위해서 이들을 가리키는 데 사용하는 모든 단어에 부여하는 거의 호의적이라고까지 할 수 있는 뉘앙스를 흘려들어서는 안 된다. 그 단어들에 지속해서 일종의 동정, 배려, 관용이 섞여들고 가미된 결과, 마침내 평민을 가리키는 거의 모든 단어는 결국 '불행한', '가련한'이라는 의미를 갖게 되었다. (데이로스(δειλός)[겁 많은, 가치 없는, 비열한], 데이라이오스(δείλαιος)[하찮은, 불쌍한], 포네로스(πονηρός)[일에 찌든, 피로한, 병든], 모크테로스(μοχθηρός)[고통받는, 힘든, 가련한, 경멸할 만한]라는 말을 참조해보라. 마지막 두 단어는 원래는 평민을 일하는 노예와 짐 나르는 짐승으로 특징짓는 말이었다.) 다른 한편으로 '저열한', '저급의', '불행한'은 그리스인들의 귀에는 하나의 음으로 들렸지만, 이러한 음에서는 '불행한'이 지배적인 음색을 지니고 있었다. 이것은 [평민을] 경멸하는 가운데서도 자신의 본성을 부인하지 않는 고대의 고귀한 귀족적 평가방식의 유산이다. (문헌학자들은 오이치로스(οἰζυρός)[비참한, 고통받는], 아놀보스(ἄνολβος)[불쌍한, 불행한], 틀레몬(τλήμων)[비참한, 불우한], 디스티케인(δυστχεῖν)[운 없는, 불행한], 킴포라(ξυμφορά)[불행]와 같은 단어들이 어떤 의미로 사용되는지를 상기해야만 한다.) '태생이 좋은 사람들'은 자신들을 '행복한 자'라고 느꼈다. 그들은 먼저 자신들의 적에게로 눈길을 보내면서 자신들의 행복을 인위적으로 꾸미거나, 경우에 따라서 자신들이 행복하다고 스스로를 설득하거나 기만할(원한에 찬 모든 사람이 습관적으로 그러하듯이) 필요가 없었다. 또한 그들은 넘쳐날 정도로 힘으로 가득 차 있고, 따라서 필연적으로 능동적인 인간이므로 행복으로부터 행동을 분리할 수 없다는 사실을 알고 있었다. 그들에게는 활동적이라는 것이 필연적으로 행복의 일부였다(여기서 에우 프라테인

(εὖ πράττειν), 즉 '순조롭게 살아간다는 의미에서 잘 행동한다'는 말이 나왔다). 이 모든 것은 무력한 자, 억압받는 자, 유독한 적대심이 들끓는 자들의 '행복'과는 정반대의 것이다. 이들에게 행복은 본질적으로 마취 상태, 마비 상태, 휴식, 평화, '안식일', 긴장을 풀고 사지를 펴고 쉬는 것으로, 요컨대 **수동적인 것으로** 나타난다. 고귀한 인간이 자기 자신에 대해서 신뢰하면서 솔직하게 살아가는 반면에 (겐나이오스(γενναῖος), 즉 '고귀한 태생의'라는 단어에서는 '솔직한'이란 뉘앙스와 '순진한'이란 뉘앙스가 강조되고 있다), 원한에 찬 인간은 솔직하지도 순진하지도 않으며 자기 자신에 대해서 진실되지도 정직하지도 않다. 그의 영혼은 **곁눈질한다.** 그의 정신은 은신처, 샛길, 뒷문을 사랑한다. 그는 은폐되어 있는 모든 것을 **자신의** 세계로 여기며 안전을 보장하고 생기를 주는 것으로 여긴다. 그는 침묵하는 법, [원한을] 잊지 않는 법, 기다리는 법, 잠정적으로 자신을 왜소한 존재로 만들고 굽히는 법을 알고 있다. 원한에 찬 이러한 인간 종족은 궁극적으로 어떠한 고귀한 종족보다도 **영리할** 수밖에 없게 된다. 또한 그들은 영리함을 [고귀한 종족의 경우와는] 전적으로 다른 정도로, 즉 제일 중요한 생존조건으로서 중시하게 된다. 이에 반해 고귀한 인간의 경우에 영리함은 사치나 세련됨과 같은 미묘한 뒷맛을 갖기 쉽다. 영리함은 고귀한 인간에게는 중요한 것이 아니기 때문이다. 고귀한 인간에게 중요한 것은 **무의식적 본능들의** 기능이 완전히 확실하게 작동하는 것, 혹은 위험이나 적을 향해서 용감하

게 돌진하는 것과 같은 어떤 어리석음, 혹은 그 어떤 시대에도 고 귀한 영혼이 서로를 인지하는 표지가 된 저 분노, 사랑, 외경, 감사 그리고 복수심의 열광적인 분출이다. 고귀한 인간에게 원한이 나 타나는 경우가 있을지라도 그것은 즉각적인 반작용의 방식으로 수 행되고 이러한 반작용과 함께 소진되어버리기 때문에 그것은 **해독** 을 끼치지 않는다. 다른 한편으로, 약하고 무력한 자들에게서는 원 한이 생길 수밖에 없는 무수한 경우에도 귀족적 인간은 원한을 전 혀 느끼지 않는다. 자신의 적, 자신의 재난, 자신의 **비행**(非行) 자체 도 오랫동안 심각하게 생각할 수 없다는 것 — 이것이야말로 조형 하고 형성하며 치유하고 망각하는 힘을 넘칠 정도로 가지고 있는 강하고 완전한 인간들의 표지이다(현대에서 이에 대한 좋은 예는 미라 보[43]이다. 그는 사람들이 자기에게 행한 모욕과 비열한 행위를 전혀 기억 하지 못했다. 그는 그것들을 이미 잊어버렸기 때문에 남을 용서할 필요조 차 느끼지 못했다). 이런 사람은 다른 사람들이라면 마음 깊숙한 곳 까지 파고들 많은 벌레를 단 한 번에 흔들어 털어버린다. 이 지상 에서 정녕 '적에 대한 **사랑**'이 가능하다면 그것은 오직 그러한 인간 에게만 가능하다. 고귀한 인간은 자신의 적에 대해서 얼마나 많은

---

43) 미라보(Honoré Gabriel Victor Riqueti, Comte de Mirabeau, 1749~1791)는 프랑스 혁명 당시의 유명한 정치가이자 문필가이다. 입헌군주제를 옹호한 온 건파에 속했으며 프랑스 혁명이 급진화되기 전에 사망했다.

외경심을 지니고 있는 것인가! 그리고 이러한 외경심이야말로 바로 사랑에 이르는 가교이다. … 그는 실로 자신을 위해서, 자신의 영예를 위해서 자신의 적을 필요로 한다. 그는 경멸할 점이 전혀 없고 존경할 점이 매우 많은 자만을 자신의 적으로 삼는다! 이에 반해 원한에 찬 인간이 생각하는 적을 상상해보라. 바로 여기에서 그는 창조적인 작업을 행한다. 그는 우선 '사악한 적', 즉 '악인'을 생각해내고, 이것을 기본개념으로 하여 그다음에 그것과 대조되는 상으로서 '선인'이라는 것을 생각해내면서 이 선인을 자기 자신이라고 생각한다!

11

이러한 사고방식은 고귀한 인간의 경우와는 정반대이다. 고귀한 인간은 '좋음[탁월함]'이라는 근본개념을 우선 자발적으로, 즉 자기 자신으로부터 생각해내고 그것으로부터 비로소 '나쁨[저열함]'이라는 관념을 만들어낸다! 고귀한 기원에서 비롯된 이 '나쁨[저열함]'과 한없는 증오의 도가니에서 비롯된 저 '악함'에서, 전자는 나중에 만들어진 것이고 지엽적인 것이며 보색(補色)임에 반해서, 후자는 원형이고 출발점이며 노예도덕을 구상할 때 본래적인 행위에 해당하는 것이다. 겉으로 보기에는 '좋음'이라는 개념에 대립되는 두 개의 단어이지만 '나쁨[저열함]'과 '악함'은 얼마나 판이하게 다른가! 그리고 '좋음'이라는 개념도 실은 [주인도덕과 노예도덕에서] 동일한 의미를 갖지 않는다. 오히려 원한에 찬 도덕의 관점에서 본 '악한' 자가 본래 누구인가라는 물음이 제기되어야 한다. 이에 대해서 극히 엄격하게 답하자면, 그 악한 자는 바로 다른 도덕에서의 '좋은[탁월한] 인간', 즉 고귀한 자, 강력한 자, 지배자이며, 이자가 다만 원한에 찬 독기 어린 눈에 의해서 변색되고 반대로 해석되고 왜곡되었을 뿐이다. 여기에서 우리는 다음과 같은 사실 하나는 부인하고 싶지 않다. 즉 저 '탁월한 인간들'을 단지 적으로만 여기는 사람은 그들을 또한 악한 적으로만 알게 된다는 것이다. 관습, 존경, 습관, 감사하는 마음에 의해서, 더 나아가 동등한 자들 사이에서의 상호 감시와 질시에 의해서 극히 엄격하게 구속되어 있는 인간들, 다른 한편으로는 서로에 대한 태도에서 배려, 자제, 부드러움, 충실, 긍지와우정이 매우 풍부하다고 입증된 사람들, 바로 이 사람들이 일단 외부로 향하게 되면, 즉 낯선 이방의 것이 시작되는 곳에서는 고삐 풀린 맹수와 다를 바 없게 된다. 그들은 그곳에서 모든 사회적 강제에서 벗어나 자유를 만끽한다. 그들은 공동체의 평화 속에 오랫동안 감금되어 있던 상태에서 비롯되는 긴장을 황야에서 보상받는다. 그들은 끔찍하기 그지없는 일련의 살인, 방화, 능욕, 고문을 자행한 후 의기양양하면서도 태연자약하게 귀환하는 환희 작약하는 괴물처럼 맹수의 순진무구한 양심으로 되돌아간다. 그들은 [자신들의 만행(蠻行)을] 흡사 학생들이 장난친 것 정도로 생각하면서 자신들 덕분에 시인들이 오랫동안 노래하거나 기릴 수 있는 어떤 것을 다시 갖게 되었다고 확신한다. 우리는 이 모든 귀족적인 종족의 근저에서 맹수, 즉 전리품과 승리를 탐욕스럽게 찾아 헤매는 화려한 **금발의 야수**를 보지 않을 수 없다. 이렇게 근저에 숨겨져 있는 것은 가끔 발산할 필요가 있다. 야수는 다시 풀려나 황야로 되돌아가야만 한다. 로마, 아라비아, 게르만, 일본의 귀족, 호메로스의 영웅, 스칸디나비아의 바이킹은 그러한 것을 필요로 한다는 점에서 모두 동일하다. 고귀한 종족은 그들이 지나간 모든 곳에 '야만인(Barbar)'이라는 개념을 남겨놓았다. 심지어 그들의 문화가 최고의 수준에 도달한 곳에서도 이러한 사실에 대한 의식이나 그에 대한 긍지마저 드러나고 있다(예를 들어 페리클레스는 저 유명한 추도연설에서 아테네 사람들에게 이렇게 말하고 있다. "우리는 대담한 용기로 모든 육지와 바다에 길을 열었고 도처에 **좋게든 나쁘게든** 불멸의 기념비를 세웠다"[44]). 미치광이 같고 비이성적이고 갑작스럽게 표출되는 고귀한 종족들의 이러한 '대담함', 무슨 일을 저지를지 모르는 그들이 행하는 모험의 예측 불가능함 — 페리클레스는 아테네 사람들의 무사려함(ῥαθυμία)을 특히 찬양했다 —, 안전, 육체, 생명, 안락에 대한 그들의 무관심과 경멸, 온갖 파괴를 자행하고 승리와 잔인함을 탐닉

---

44) Thukidides, 『펠로폰네소스 전쟁사(*Geschichte der peloponnesischen Kriegs*)』 (Stuttgart, 1861/66)(II, Adolf Wahmund에 의한 독일어 번역), 39쪽.

하면서 그들이 보여주는 전율할 정도의 쾌활함과 깊은 쾌감, 이 모든 것이 그것으로 인해 고통받았던 사람들에 의해서 '야만인', '악한 적', '고트인', '반달인'의 모습으로 그려졌다. 독일인이 권력을 장악하자마자 언제나 ― 오늘날에도 그렇지만 ― 야기되는 깊고 차가운 불신은 몇 세기 동안이나 금발의 게르만 야수의 광포함을 목격해온 유럽이 경험했던 저 지워버릴 수 없는 공포의 여운인 것이다(비록 고대 게르만족과 현대의 독일인 사이에는 혈연관계는 물론이고 개념상의 관계도 거의 없지만). 일찍이 나는 헤시오도스가 문화 시대들의 순서를 금의 시대, 은의 시대, 청동의 시대로 표현하려고 했을 때 느낀 당혹감에 대해서 주의를 환기한 적이 있다. 그는 장려(壯麗)하지만 그에 못지않게 끔찍하고 폭력적인 호메로스의 세계가 보여주는 모순을 한 시대를 둘로 나누고 그것을 전후로 배치하는 식으로만 해결할 수 있었다. 그 하나는 트로이와 테베의 영웅과 반신(半神)의 시대로서 그들의 후예인 고귀한 종족의 기억 속에 남아 있는 세계이다. 그다음이 청동시대로서 짓밟힌 자, 약탈당한 자, 학대받은 자, 끌려다닌 자, 노예로 팔린 자들의 후손들 눈에 비친 [고귀한 종족에게는 훌륭한 세계로 나타났던] 바로 저 동일한 세계이다. 청동시대는 앞에서 말한 것처럼 가혹하고 차가우며 잔인하고 감정이나 양심이 없으며 모든 것을 부수어버리고 피로 물들여 버린다.[45]

---

45) 헤시오도스는 『일과 나날』이라는 책에서 인류는 다섯 시대를 겪는다고 말하고

'인간'이라는 맹수를 온순하고 개화된 동물, 즉 **가축**으로 길들이는

있다.

황금시대는 크로노스가 우주를 지배하던 시대로, 이때 살았던 황금으로 만든 족속은 아무런 근심 걱정이 없는 풍요로운 생활을 했다. 대지는 이들에게 풍부한 과일을 제공했다. 이들은 늙지도 않았고 죽음을 편안한 잠에 빠지는 것으로 생각하여 죽음을 전혀 두려워하지 않았다. 제우스는 이 황금시대의 종족을 인간의 수호 정령으로 만들었다.

은의 시대는 제우스가 은으로 만든 족속이 살던 시대로, 이들은 백 년 동안 어머니의 보살핌을 받는 어린이로 순진하게 지내야 했다. 성장하여 사춘기에 이르면 어머니 곁을 떠나는데 우매함과 무모함 때문에 얼마 살지 못했다. 이들이 신들에 대한 숭배를 거부하자 노한 제우스는 이들을 모두 지옥의 수호 정령으로 만들어 매장해버렸다.

청동시대는 물푸레나무에서 생겨난 사람들이 살던 시대로, 이들은 은의 시대에 살던 자들보다도 훨씬 몰염치하고 호전적이었다. 이들의 유일한 관심사는 전쟁이어서 항상 싸움을 일삼고 끔찍한 일들을 저질렀다. 이들은 서로 싸우다가 모두 죽어버렸다.

네 번째 시대는 영웅시대로 영웅들이 살던 시대이다. 이들은 신들의 후손으로 반인반신(半人半神)이었기에 청동시대의 족속보다는 덕도 높았고 수치와 명예를 알고 존중했다. 그러나 이 시대에는 처참한 전쟁이 계속 벌어졌다. 테베의 일곱 용사가 테베를 공격한 것도, 오이디푸스의 비극이 일어난 것도, 트로이 전쟁이 벌어진 것도 모두 이 시대의 일이다. 제우스는 이러한 싸움에서 살아남은 자들을 '행복한 자들의 섬'에 머물게 했는데, 그곳은 땅이 비옥해 일 년에 세 번씩이나 풍성한 수확을 할 수 있는 곳이었다.

다섯 번째 시대는 철의 족속이 사는 시대이다. 철의 족속은 항상 불안한 삶을 산다. 이들은 태어난 지 얼마 되지 않아 머리가 하얗게 세며 형제들과 친구들 사이에도 우정과 신뢰가 없다. 이들은 신의와 정의, 진리를 무시하면서 사악하고 파렴치한 자들을 칭송한다. 수치도 이 시대에는 사라지고 없다. 거짓 맹세를 밥 먹듯 하며 남의 불행을 보고 즐거워한다. 지상에 남아 있던 마지막 신

것이야말로 모든 문화의 의미라는 것이 오늘날에는 진리로 받아들

들마저 하늘로 올라가 버리고, 인류는 무법천지 속에서 치유할 수 없는 불행과 고통을 견디며 살아가야만 하는 운명에 처하게 되었다.

헤시오도스는 인류의 다섯 시대를 설명하면서 자신은 철의 시대에 살고 있다고 말했다. 유재원, 『그리스 신화의 세계』(현대문학, 1998), 59~68쪽; 콜레트 에스틴 · 엘렌 라포르트, 『그리스 로마 신화』(미래 M&B, 1987), 유복렬 옮김 · 김정현 감수, 134쪽 참조.

우리가 위의 시대구분을 받아들인다면, 니체의 서술은 상당히 혼란스러운 것 같다. 니체가 "트로이와 테베의 영웅과 반신의 시대로서 그들의 후예인 고귀한 종족의 기억 속에 남아 있는 세계"로 말하고 있는 시대는 헤시오도스에서는 네 번째 시대, 즉 영웅시대에 해당한다고 할 수 있다. "짓밟힌 자, 약탈당한 자, 학대받은 자, 끌려다닌 자, 노예로 팔린 자들의 후손들의 눈에 비친 [고귀한 종족에게는 탁월한 것으로 나타난] 바로 저 동일한 세계"는 헤시오도스에서는 다섯 번째 시대인 철의 시대이다. 이 시대를 니체는 여기서 청동시대라고도 부르고 있지만, 위의 다섯 가지 시대구분에 따르면 철의 시대라고 불러야 할 것이다.

여기서 니체는 헤시오도스가 트로이 전쟁의 영웅들이 활약하던 시대가 고귀한 종족의 기억과 짓밟히고 약탈당한 종족의 기억에서 서로 모순되는 방식으로 나타났기 때문에 이 시대를 서로 이어지는 두 시대로 표현했을 것으로 추측하고 있다. 그리고 니체는 고귀한 종족의 기억에 남아 있던 시대를 영웅시대로, 짓밟히고 약탈당한 종족의 기억에 남아 있는 시대를 청동시대라고 부르고 있다. 니체는 『아침놀』 189절에서도 이렇게 말하고 있다.

"헤시오도스는 인간의 여러 시대에 대한 우화에서 호메로스가 그리고 있는 영웅들의 시대를 두 번에 걸쳐 이어서 묘사하면서 하나의 시대를 두 시대로 만들었다. 모험적이고 폭력적인 이러한 인간들에 의해서 엄격하고 무섭게 억압받았던 사람들, 혹은 선조들로부터 그러한 사실을 들은 사람들의 관점에서 보면, 그 시대는 악이 지배한 시대로 보인다. 그러나 이러한 기사적인 종족의 자손들은 그 시대를 좋고 오래도록 행복한 시대로서 숭배했다. 따라서 저 시인[헤시

여지고 있다. 그러나 만일 이것이 진실이라면, 고귀한 종족과 그들의 이상을 마침내 치욕스러운 것으로 만들고 압도하게 된 저 반작용과 원한의 본능은 모두 의심할 여지없이 문화의 참된 도구라고 보아야만 할 것이다. 물론 이렇게 말한다고 해서 그러한 본능을 소유한 자들 자신이 동시에 문화를 실현하고 있다는 것은 아니다. 오히려 그 반대가 진실에 가까울 뿐 아니라, —아니! 그 반대야말로 오늘날 **명백한** 사실이다! 이들 의기소침하게 만들고 보복을 갈구하는 본능의 소유자들, 유럽과 유럽 외의 모든 노예의 후손들, 특히 모든 아리아 이전 주민의 후손들은 인류의 **퇴보**를 보여준다. 이러한 '문화의 도구'는 인류의 치욕이며, 오히려 문화 일반의 발전을 방해하고 저지하는 것이다! 사람들이 고귀한 종족의 근저에 깃들어 있는 금발의 야수에 대한 공포에서 벗어나지 못하고 그것을 경계하는 것은 극히 당연한 일일 수 있다. 그러나 두려워하지는 **않는 대신** 이제 삶에 실패한 자들, 왜소하게 된 자들, 쇠약해진 자들, 중독된 자들의 구역질 나는 모습에서 더는 벗어날 수 없다면 오히려 두려워하는 쪽을—동시에 경탄할 수 있다면—백배나 더 기꺼이 택하지 않을 자가 있을 것인가? 두려워하는 쪽을 선택한다는 것은 **우리의** 운명이 아닌가? 오늘날 우리는 무엇 때문에 '인간'에 대해서

오도시은 동일한 시대를 둘로 표현할 수밖에 없었다. 그에게는 아마 두 종류의 청중이 있었던 것이리라!"

혐오감을 느끼는가? 그것은 의심할 여지도 없이 우리가 인간으로 인해 **고통받고** 있기 때문이다. 그것은 우리가 인간을 두려워하기 때문이 **아니다**. 오히려 우리는 인간에게서 두려워할 아무것도 발견하지 못하며, '인간'이라는 구더기가 눈앞에서 우글거리고 있고, '길들여진' 인간, 구제 불가능할 정도로 범용(凡庸)하고 생기 없는 인간[46]이 이미 자신을 목표이자 정점으로서, 역사의 의미로서, '더 높은' 인간으로서 자부하게 되었기 때문에 그러한 인간을 혐오하는 것이다. 더 나아가 그러한 인간이 삶에 실패한 자들, 병든 자들, 피로한 자들, 쇠잔한 자들[47] — 오늘날 유럽은 이러한 자들로 넘쳐나

---

46) 니체는 여기서 『차라투스트라는 이렇게 말했다』에 나오는 말세인을 염두에 두고 있다고 볼 수 있다. 말세인은 인간의 전락이 극에 달한 인간 유형으로서 지나친 부도 가난도, 명령하는 것도 복종하는 것도 바라지 않고 소시민적인 안락만을 탐하는 인간들이다. 니체는 이들에 대해서 이렇게 말하고 있다.
"대지는 이제 작아져 버렸다. 그리고 그 위에 모든 것을 작게 만드는 말세인이 뛰며 돌아다닌다. … 노동은 하나의 즐거움이기 때문에 인간은 여전히 일한다. 그렇지만 인간은 그 즐거움이 너무나 고통스러운 것이 되지 않도록 주의한다. 이제 인간은 가난하게 되지도 않고 풍요롭게도 되지 않는다. 어느 쪽이든 너무나 힘을 쏟아야 하는 것이다. 누가 지금도 여전히 지배하기를 원하겠는가? 누가 복종하겠는가? 양쪽 모두 너무나 많은 힘을 소모했다. 목자는 없고 군중만 있구나! 모든 사람은 동일한 것을 원한다. 모든 사람은 동일하다. 다르게 느끼는 사람은 자발적으로 정신병원으로 간다."

47) '삶에 실패한 자들, 병든 자들, 피로한 자들, 쇠잔한 자들'로 니체가 염두에 두고 있는 사람들은 삶에 염증을 느끼는 염세주의자, 현실의 삶에 지쳐서 천국이나 미래의 유토피아를 꿈꾸는 자들이라고 할 수 있다. 말세인들은 이들에 비하면 자신들은 삶을 긍정하는 자들이라고 자부할지 모르지만, 니체가 보기에는

고 있으며 이들로 인해 악취가 진동하기 시작했다 — 과 자신을 구별하는 한, 자신을 적어도 비교적 삶에 성공한 자, 적어도 삶을 견뎌낼 수 있는 자, 적어도 삶을 긍정하는 자로서 느낄 수 있는 일정한 권리를 갖고 있다는 사실 때문에 우리는 그러한 인간을 혐오하는 것이다.

12

여기에서 나는 탄식을 금할 수 없지만, 최후의 희망을 말하지 않을 수 없다. 내가 정말로 참을 수 없는 것은 무엇인가? 내가 홀로 처리하지 못하는 것, 나를 질식시키고 쇠진시키는 것은 무엇인가? 그것은 나쁜 공기다! 나쁜 공기란 말이다! 삶에 실패한 어떤 것이 나에게 가까이 다가오고 있다는 것, 내가 삶에 실패한 영혼의 내장에서 나는 냄새를 맡아야만 한다는 것이다! … 그것이 아니라면 어떠한 곤경, 궁핍, 악천후, 질병, 고난, 고독이라도 견디지 못할 것이 있겠는가? 인간이 지하의 투쟁적인 삶을 살도록 태어난 이상 인간은 나머지 모든 일은 근본적으로 잘 처리할 것이다. 인간은 항상 거듭해서 태양 빛 아래 태어나 항상 거듭해서 자신의 황금빛 승

사실상 말세인들은 이들과 마찬가지로 건강하고 고귀한 생명력을 상실한 자들이다.

리의 시간을 체험한다. 그리고 그때 인간은 위급한 경우에 더욱 팽팽하게 당겨지는 활처럼, 부러질 수 없고 긴장에 차서 새롭고 훨씬 더 어렵고 멀리 떨어져 있는 것을 향한 마음의 준비가 되어 서 있다. 인간은 원래 그렇게 태어난 것이다. 그러나 때때로—선악의 저편에 자애로운 여신이 있다면—내가 한 번이라도 볼 수 있게 해 달라. 아직도 우리를 두렵게 만드는 어떤 점을 가진 완전한 것, 최고로 성취된 것, 행복한 것, 강력한 것, 의기양양한 것을 보게 해 달라! 인간을 정당화하고 인간을 보완하고 구원하는 행복한 인간을 보게 해 달라! 그러한 인간 때문에 우리는 **인간에 대한 믿음**을 가질 수 있는 것이다. 우리가 그러한 인간을 보고 싶어 하는 것은 유럽인의 왜소화와 평균화는 우리가 겪을 수 있는 최대의 위험을 숨기고 있기 때문이다. 유럽인의 이러한 모습은 우리를 피로하게 만든다. 우리는 오늘날 더 위대해지려는 아무것도 보지 못한다. 모든 것이 갈수록 아래를 향해 내려가고 있다는 사실을, 즉 더 천박하게 되고, 더 선량하게 되며, 더 영리하게 되고, 사람들에게 더 편한 존재가 되며, 더 범용하게 되고, 하찮은 것이 되며, 더 중국인처럼[48]

---

48) 여기서 중국인은 권위에 순종하는 인간들을 가리킨다고 볼 수 있다. 니체는 『우상의 황혼』 「어느 반시대적 인간의 탐험」 40절에서 당시의 유럽 노동자들이 중국인처럼 권위에 복종하고 자신들의 처지에 만족하는 인간이 되지 못하고 있다고 비난하고 있다.

"유럽의 노동자는 너무나 좋은 상태에 있어서, 점진적으로 더 많은 것을 그리되고, 더 그리스도교적으로 되고 있다는 사실을 우리는 감지하고 있다. 인간이 갈수록 더 '선량하게 되고 있다'라는 사실은 의심할 여지가 없다. … 바로 여기에 유럽의 숙명적 불행이 존재한다. 우리는 인간에 대한 두려움과 함께 인간에 대한 사랑도, 인간에 대한 경외도, 인간에 대한 희망도, 심지어 인간을 향한 의지조차도 상실해버렸다. 이제 인간의 모습은 우리를 피로하게 만든다. 이것이 니힐리즘이 아니라면 오늘날 무엇이 니힐리즘[49]이란 말인가? 우리는 인간에 대해서 염증을 느끼고 있다.…

13

그러나 다시 되돌아 가보자. '좋음'의 또 하나의 기원, 즉 원한에 찬 인간이 생각해낸 '좋음'이란 문제가 해결되어야 한다. 어린 양들이 커다란 맹금을 매우 싫어하는 것은 이상한 일이 아니다. 그러나 그것이 커다란 맹금이 어린 양들을 채어가는 것을 비난할 근거

고 더 뻔뻔스럽게 요구하고 있다. 그들은 결국 대다수를 자기편으로 갖고 있다. 여기서 겸손하고 자족적인 종류의 인간들, 중국인과 같은 유형의 인간들이 하나의 신분으로 형성될 가망은 완전히 사라져버렸다."

49) 니힐리즘이란 삶에 아무런 가치도 의미도 없다고 보는 사상이다. 여기서 니체는 인간이 무게와 존엄성을 상실하게 되었다는 의미에서 니힐리즘에 대해서 말하고 있다.

는 되지 못한다. 어린 양들이 자기들끼리 "이 맹금은 악하다. 따라서 가능한 한 맹금이 아닌 것, 오히려 그것과 반대되는 것인 어린 양이야말로 선한 것이 아닌가?"라고 말할지라도, 그러한 이상을 세우는 데는 비난할 이유가 전혀 없다. 오히려 맹금은 이렇게 말하는 어린 양들을 약간 조소를 띤 눈길로 바라보면서 아마도 이렇게 말할 것이다. "우리는 그들, 이 선한 어린 양들을 전혀 싫어하지 않고 오히려 사랑한다. 연한 어린 양만큼 맛있는 것은 없다"라고. 강한 것에게 강한 것으로서 자신을 표현하지 말 것을 요구하는 것, 즉 그것에게 압도하려는 욕망, 제압하려는 욕망, 지배자가 되려는 욕망, 적과 저항과 승리에 대한 갈망을 갖지 말 것을 요구하는 것은, 약한 것에게 강한 것으로 자신을 표현할 것을 요구하는 것과 마찬가지로 불합리하다. 일정한 양의 힘은 그것과 동일한 양의 충동, 의지, 작용이다. 오히려 그것은 이러한 충동 작용, 의지 작용, 활동 자체와 전혀 다른 것이 아니다. 그것이 그렇지 않게 보이는 것은 모든 작용을 작용하는 자, 즉 주체에 의해서 야기된 것으로 해석하면서 오해하는 언어의 유혹(그리고 언어 속에 화석화되어 있는 이성의 근본오류)[50] 때문이다. 일반 민중이 번개를 섬광에서 분

---

50) 우리의 언어는 주어와 술어로 이루어져 있다. 우리는 이러한 언어구조에 현혹되어 주어에 해당하는 주체가 술어에 속하는 모든 생각이나 행동을 자유롭게 일으킨다고 생각하는 경향이 있다. 그러나 니체는 우리의 의식적인 생각이나 행동이 우리가 의식하지 못하는 힘에의 의지의 상태에 의해서 규정되고 있다

리하여 섬광을 **번개**라 불리는 어떤 주체의 **활동**이자 작용으로 간주하는 것과 마찬가지로, 민중의 도덕도 강자의 배후에 강함을 표현하거나 표현하지 않는 것을 **자유롭게 할 수 있는** 일종의 중립적인 기체가 있는 것처럼, 강자를 강함의 표현과 분리한다. 그러나 그러한 기체는 존재하지 않는다. 활동, 작용, 생성의 배후에는 어떤 '존재'도 없다. '활동하는 자'라는 것은 우리의 사고가 고안해내 활동에 덧붙인 것에 지나지 않는다. 활동이 모든 것이다. 민중이 번개가 섬광을 일으킨다고 보는 것은 근본적으로 활동을 중복시켜서 활동의 활동으로 만들고 있는 셈이다. 민중은 동일한 하나의 사건을 한 번은 원인으로 다른 한 번은 그러한 원인의 작용으로 보는 것이다. 자연과학자들이 "힘이 움직이게 한다. 힘이 어떤 사건을 일으킨다"라고 말할 때 그들 역시 정확하게 말하고 있는 것은 아니다. 우리의 과학 전체는 모든 감정에서 벗어나 철저하게 냉정함을 견지하면서도 여전히 언어의 유혹에 사로잡혀 있으며 '주체'라는 위조된 기형아에게서 벗어나지 못하고 있다. (예를 들어 원자가 바로 그러한 기형아이고 칸트의 '물자체(物自體)'도 똑같이 기형아이다.) 은밀히 속에서 불타고 있는 복수심과 증오라는 감정이 '강자는 마음대로 약한 자가 될 수 있으며 맹금도 마음대로 어린 양이 될 수 있다'

고 본다. 즉 힘에의 의지가 강한 자의 생각이나 행동은 힘에의 의지가 약한 자의 생각이나 행동과 완전히 다르다는 것이다.

라는 믿음을 자신을 위해서 이용하고 심지어 이러한 믿음을 그 어떠한 믿음보다도 열렬하게 고집한다고 하더라도 이상할 것이 없다. 왜냐하면 이와 함께 그들은 맹금에게 맹금으로 존재하는 것에 대해서 **책임을 지게 하는** 권리를 획득하기 때문이다. … 억압당하고 짓밟히고 능욕당한 자들은 무력감에서 비롯된 복수심 서린 간계(奸計)로 자기들끼리 이렇게 말한다. "우리는 악한 자들과는 다른 존재, 선한 인간이 되자! 선한 인간이란 능욕하지 않는 자, 그 누구도 해치지 않는 자, 공격하지 않는 자, 보복하지 않는 자, 복수를 신에게 맡기는 자, 우리처럼 조용히 사는 자, 악을 피하고 인생에서 요구하는 것이 거의 없는 자, 즉 우리처럼 인내하고 겸손하며 올바른 자이다." 냉정하게 선입견 없이 들을 때 이 말은 "우리 약한 자들은 어차피 약한 존재이다. 우리는 강하지 않기에 **강함을 요구하는 어떤 일도** 하지 않으며 이것은 좋은 일이다"라고 말하는 것에 불과하다. 그러나 이러한 떨떠름한 사실, 곤충들조차도 가진 가장 낮은 수준의 이러한 영리함(커다란 위험에 처했을 때 '지나친' 동작을 하지 않기 위해서 죽은 척하는 것)은 무력감에서 비롯된 저 화폐위조와 자기기만을 통해서 체념하면서 조용히 기다린다는 미덕의 화려한 의상으로 자신을 위장한 것이다. 이것은 약한 자의 **본질**이자 작용이며 그가 피할 수도 없고 떨쳐낼 수도 없는 유일한 현실인 약함 자체가 자발적으로 수행한 업적이자 의욕되고 선택된 것, 하나의 **행위**이자 **공적**인 것처럼 보이게 하는 것이다. 이러한 종류의 인간은 모든 거짓을 신성한 것으로 만드는 자기 보존과 자기 긍정의 본능에 사로잡혀 있으므로, 선택의 자유를 갖는 중립적인 '주체'에 대한 믿음을 **필요로 한다**. 주체(또는 더 통속적으로 말하면 **영혼**)에 대한 믿음은 아마도 지금까지 지상에 존재했던 믿음 중 가장 확고한 믿음이었을 것이다. 왜냐하면 이것은 죽을 수밖에 없는 수많은 대다수 인간, 모든 종류의 약자와 억압받는 자가 약함 자체를 자유롭게 선택한 것으로 해석하고, 그들이 그저 그렇게 존재하는 모습을 자신의 **공적**(功績)으로 해석하는 저 섬세한 자기기만을 가능하게 했기 때문이다.

14

이 지상에서 이상[51]이 어떤 식으로 **만들어지는가** 하는 비밀을 조금이라도 보고 싶은 사람은 없는가? 누가 그런 용기를 가지고 있는가? … 좋다! 여기에서는 이 어두운 공작소 내부가 잘 보인다. 그러나 호기심 많은 모험가여, 잠시만 기다려라. 그대의 눈이 우선 이 현혹하면서 아른거리는 빛에 익숙해져야만 한다. … 아주 익숙해졌구나! 이제 말해보라! 아래에서 무슨 일이 일어나고 있는가? 가장 위험한 호기심에 차 있는 자여, 그대가 보고 있는 것을 말해

---

51) 여기서 이상은 그리스도교적인 도덕을 비롯한 노예도덕을 가리킨다.

보라. 이번에는 내가 들어보겠다.

― "아무것도 보이지 않지만, 그 때문에 더 잘 들립니다. 구석구석에서 작은 소리로 조심스럽고 음험하게 속삭이고 귓속말하는 것이 들려옵니다. 사람들이 거짓말을 하는 것 같습니다. 모든 소리가 사탕발림 같아요. 약함에서 비롯되는 것에 불과한 것을 자신들의 **공적**이라는 식으로 거짓말을 하고 있어요. 의심할 여지가 없습니다. 당신이 말한 그대로입니다."

― 계속 얘기해보라!

― "보복하지 못하는 무력함이 '선량함'으로 바뀌고, 겁에 가득 찬 비굴함은 '겸손'으로 바뀝니다. 자신이 증오하는 자들에 대한 복종은 '순종'(다시 말해서 그들이 이러한 복종을 명령한다고 말하는 자에 대한 복종, 이 자를 그들은 신이라고 부릅니다)으로 바뀝니다.

약한 자의 비공격성, 그가 풍부하게 지닌 비겁함 자체, 문 앞에 서서 기다릴 수밖에 없는 것은 여기에서 '인내'라는 미명(美名)으로 불리게 되고 덕이라고도 불립니다. 복수할 수 없음이 복수하고 싶어 하지 않음이라고 불리고 심지어는 용서라고까지 불립니다('왜냐하면 **그들은 자신이 무엇을 하고 있는지를 모르기 때문입니다.**[52] 우리만이

___

52) 이 말은 예수가 십자가에 못 박혔을 때 한 말을 원용한 것이다.
"아버지여 저들을 용서하여 주옵소서. 저들은 자기들이 하고 있는 일을 알지 못하나이다."(「누가복음」 23장 34절)

그들이 무엇을 하고 있는지를 알고 있습니다!'), 그들은 또한 '원수를 사랑해야 한다'[53]라고 말하면서 땀을 뻘뻘 흘립니다."

— 계속하라!

—"이 모든 밀담자와 음침한 날조자가 비록 함께 따뜻하게 기대어 웅크리고 앉아 있지만 그들이 비참한 존재라는 사실은 의심할 여지가 없습니다. 그러나 그들은 자신의 비참함이 신에 의해 선택받은 표지이자 신이 내린 영예이고, 그것은 마치 사람들이 가장 사랑하는 개를 몽둥이로 때리는 것과 같다고 나에게 말합니다. 이러한 비참함이 아마도 준비, 시련, 훈련이라는 것이며, 어쩌면 그 이상의 것일지도 모른다는 것입니다. 언젠가는 보상을 받고 엄청난 이자가 붙어 황금으로, 아니 행복으로 변상되리라는 것입니다. 그들은 그것을 '축복'이라고 부릅니다."

— 계속하라!

—"이제 그들은 나에게 다음과 같이 알려줍니다. 즉 그들은 지상의 강한 자들과 주인들의 침을 핥아야만 하지만 이는 두려움 때문이 아니라고. 결코 두려움 때문이 아니라 신이 모든 권력에 복종할 것을 명령했기[54] 때문이라고. 그리고 그들은 그러한 강한 자들

---

53) 「마태복음」 5장 44절.
54) 「로마서」 13장 1, 2절에는 이렇게 쓰여 있다.
　　"위에 있는 권세들에 굴복하라. 권세는 하느님에게서 나지 않은 것이 없으니 모든 권세는 다 하느님의 정하신 바라."(13장 1절)

과 주인들보다도 더 선할 뿐 아니라 '더 행복'하기도 하며, 어쨌든 언젠가는 더 행복하게 될 것이라고. 그러나 이제 충분합니다! 이젠 됐어요! 나는 더는 이 나쁜 공기를 견딜 수 없습니다. 공기가 너무나 나쁩니다! 이상이 만들어지는 이 공작소는 새빨간 거짓말의 악취를 풍기는 것 같습니다!"

─아니다! 잠깐 기다려라! 검은 모든 것으로부터 하얀 것, 젖, 순진무구함을 만들어내는 이 흑마술사들의 걸작에 대해서 그대는 아직 아무 말도 하지 않았다. 그대는 그들의 세련된 완성물, 그들의 가장 대담하고 정교하며 재기가 넘치는 예술가적 조작이 무엇인지를 알아채지 못했는가? 주의해서 잘 살펴보라! 복수심과 증오로 가득 찬 이 지하실의 쥐들─그들은 복수와 증오로부터 무엇을 만들어내었는가? 그대는 일찍이 이런 말을 들은 적이 있는가? 만일 그대가 그들이 말하는 것을 단순히 믿고 있다면 그대 자신이 원한으로 가득 차 있는 인간 중의 하나라는 사실을 감지할 수 있겠는가? …

─"잘 알겠습니다. 다시 한번 귀를 기울여보지요(아! 아! 아! 하면서 코를 막는다). 그들이 너무나 자주 말했던 것을 이제야 비로소 들을 수 있습니다. 그들은 '우리 선한 자들─우리야말로 정의로운 자

"그러므로 권세를 거스름은 하느님의 명을 거스름이니 거스르는 자들은 심판을 자초하리라."(13장 2절)

들이다'라고 말합니다. 그들이 갈망하는 것을 그들은 보복이라고 부르지 않고 '정의의 승리'라고 부릅니다. 그들이 증오하는 것은 그들의 적이 아닙니다. 절대로 아닙니다! 그들은 '**불의**'와 '**신에 대한 부정**'을 증오할 뿐입니다. 그들이 믿고 희망하는 것은 복수, 달콤한 복수('꿀보다 더 달콤한'이라고 호메로스가 말했던[55])의 황홀이 아니라 신을 부정하는 자들에 대한 신의 승리, **정의로운** 신의 승리입니다. 그들이 지상에서 사랑해야 할 것으로 남아 있는 것은 서로 증오하는 형제들이 아니라 '서로 사랑하는 형제들'[56]입니다. 그들은 이들을 지상에 존재하는 모든 선하고 정의로운 자라고 부릅니다."

— 그러면 삶의 온갖 고통에 대해서 그들에게 위로가 되는 것, 그들이 미래에 받을 것으로 여기는 축복에 대한 환상을 그들은 무어라고 부르는가?

— "어허! 내가 제대로 들은 것일까요? 그들은 그것을 '최후의 심판', **그들의 나라**, 즉 '신의 나라'의 도래라고 부릅니다. 그러나 그날이 오기까지 그들은 '신앙'과 '사랑'과 '희망' 속에서[57] 산다고 합니다."

— 이제 충분하다! 그만해도 되겠다!

---

55) Homer, *Ilias*, 18장 109행.
56) 「데살로니가전서」 3장 12절.
57) 「데살로니가전서」 1장 3절 참조.

15

　무엇에 대한 신앙 속에서? 무엇에 대한 사랑 속에서? 무엇에 대한 희망 속에서? 이 약자들 — 그들도 역시 언젠가는 강자가 되고 싶어 한다. 이것은 의심할 여지가 없다. 언젠가는 그들의 '나라'도 도래한다는 것이다. 앞에서 말할 것처럼 그것은 그들 사이에서는 단적으로 '신의 나라'라고 불린다. 그들은 모든 일에서 이처럼 겸손한 것이다.[58] 신의 나라를 체험하기 위해서는 죽음을 넘어서 오래 살 필요가 있다. '신앙과 사랑, 희망 속에서' 사는 저 지상의 삶에 대한 보상을 '신의 나라'에서 영원히 받을 수 있으려면 정녕 영원한 생명이 필요하다. 무엇에 대한 보상인가? 그리고 어떻게 보상이 이루어진다는 것인가? … 단테가 전율을 불러일으킬 정도로 솔직하게 지옥의 문 위에 "나[지옥]까지도 영원한 사랑에 의해서 창조되었다"[59]라는 글을 새긴 것은 참으로 어리석은 잘못을 범한 것으로 생각된다. 그것은 어쨌든 간에, 거짓으로 인도하는 문[천국의 문] 위에 진리가 새겨져도 된다면 그리스도교의 천국과 그 '영원

---

58) 천국은 실질적으로는 그리스도교인 자신들이 지배적인 지위를 점하는 나라임에도 이들은 그것을 신이 지배하는 나라라고 부르면서 자신들을 신의 뜻에 복종하는 자들이라고 생각한다. 이 점에서 니체는 그리스도교도들을 겸손한 자라고 비꼬고 있다.

59) Dante, *La Divina Commedia*, Inferno III(Paris, 1855), 5~6쪽.

한 더 없는 큰 행복'의 문 위에 "나까지도 영원한 **증오**에 의해서 창조되었다"라는 글을 새기는 것이 더 옳았을 것이다! 그러면 도대체 저 천국의 축복이란 무엇이란 말인가? 우리는 그것을 추측해서 알 수도 있겠지만, 이러한 문제와 관련해서 결코 경시될 수 없는 권위이자 위대한 교사이며 성자인 토마스 폰 아퀴나스[60]가 우리에게 분명하게 증언하고 있는 것을 들어보는 것이 더 나을 것이다. 그는 양처럼 부드럽게 이렇게 말하고 있다. "천국에 거주하는 축복받은 자들은 저주받은 자들이 벌 받는 것을 보면서 **자신들의 축복을 더욱 기쁘게 여기리라.**" 아니면 승리감에 가득 찬 교부(敎父)[61]의 입이 더 힘찬 어조로 내뱉는 말을 듣고 싶은가? 이 교부는 자신의 신도들에게 공개적인 구경거리를 즐기고 싶어 하는 잔인한 욕망[62]에서 벗어나라고 타일렀다. 이는 무슨 까닭에서일까? 그는 『구경거리(de spectaculis)』 29쪽에서 이렇게 말하고 있다. "신앙은 우리에게 훨씬 더 많은 것을, **훨씬 강한 것을** 베푼다. 구원 덕분에 완전히 다

---

60) Thomas von Aquinas, *Comment. Sentent.* IV, L, 2, 4, 4.
61) 여기서 교부는 테르툴리아누스(Quintus Septimius Florens Tertullianus, 155~222)를 가리킨다. 테르툴리아누스는 『구경거리(*de spectaculis*)』에서 그리스도의 적들이 비참하게 벌 받는 모습을 묘사하고 있다. 테르툴리아누스는 카르타고 출신으로 초대교회 교부 철학자의 한 사람이었다. "불합리하기 때문에 믿는다"라는 유명한 말을 남겼다.
62) 로마 시대에 콜로세움에서 벌어졌던 잔인한 경기를 보고 싶어 하는 욕망을 가리킨다.

른 기쁨이 주어진다. 우리에게는 투기(鬪技)하는 자들[63] 대신에 순교자들이 있다. 우리가 피를 바란다면 우리에게는 그리스도의 피가 있다. … 그러나 그리스도가 재림하고 승리하는 날, 무엇이 우리를 기다리고 있겠는가!" 이 환희에 찬 환상가는 계속해서 이렇게 말하고 있다. "그리고 그날이 오면 또 다른 구경거리가 있다. 저 최후의 영원한 심판의 날, 이교도들이 예기치 않게 자신들이 조롱거리가 되는 것을 보게 될 그날에는, 그처럼 오랜 낡은 세계와 그 세계의 수많은 산물이 불길 속에서 타버릴 것이다! 그날이 오면 얼마나 엄청난 장관이 눈앞에 펼쳐지겠는가? 얼마나 탄복할 것인가! 얼마나 웃어야 할 것인가! 얼마나 기뻐할 것인가! 얼마나 승리감으로 충만하여 춤출 것인가! 천국에 영접되었다고 알려진 그렇게 많은 왕이 위대한 주피터와 그들의 승천을 목격한 증인들과 함께 어두운 지옥에서 신음하는 꼴을 볼 때! 그리고 주의 거룩한 이름을 능욕한 총독들이 그리스도를 따르는 자들을 불태워 죽였던 능욕의 불길보다 더 흉포한 불길 속에서 불타 없어지는 것을 볼 때! 그리고 저 현명한 철학자들이 신과 관계되는 것은 이 지상에는 아무것도 없고 영혼은 존재하지 않으며 적어도 이전의 육체로는 되돌아오지 않는다고 가르쳤던 자신들의 제자들 앞에서 수치심에 사로잡혀 불태워지는 것을 볼 때! 또한 시인들이 라다만투스(Rhadamantus)나 미노

---

63) 로마 시대의 검투사를 말하는 것 같다.

스(Minos)[64]의 법정이 아니라, 예기치도 않았던 그리스도의 법정에서 떨고 있는 것을 볼 때! 그때 그 비극 배우들의 소리를, 자기 자신에게 덮친 재난을 한탄하는 소리(이 소리를 더 잘 표현하자면, 울부짖는 절규)를 들을 수 있으리라. 그때 그 배우들이 불 속에서 벌을 받고 소멸하는 것을 보리라. 그때 전차를 모는 전사(戰士)가 화염에 휩싸여 불붙은 전차를 모는 모습을 볼 것이다. 그때 투사들이 경기장에서가 아니라 화염 속에서 창 던지며 겨루는 모습을 볼 것이다. 그러나 그때 나는 그들이 살아 있기를 바라는 것은 아니지만, 오히려 그 때문에 주님을 욕되게 한 자들을 끝까지 응시하고 싶다. '여기에 — 나는 이렇게 말하고 싶다 — 목수와 매춘부의 아들(아래의 말 전체로 볼 때, 특히 탈무드 법전에서 예수의 어머니를 이렇게 부르는 데서[65] 알 수 있는 것처럼, 테르툴리아누스가 여기서부터 그대들이라고 부르는 자들은 유대인이라고 할 수 있다), 안식일을 파괴한 자, 사마리아인이자 귀신 들린 자가 있다. 이 자야말로 그대들이 유다[66]에게서 사들인 자다. 이 자야말로 그대들이 갈대와 주먹으로 두들겨 팬 자이고, 그대들이 침으로 모욕한 자이며, 쓴맛과 신맛을 보여준 자

---

64) 라다만투스(Rhadamantus)나 미노스(Minos)는 그리스 신화에서 죽은 자들에 대한 심판관이다.
65) 바빌로니아 탈무드의 『산헤드린』 67a에서는 예수의 어머니인 마리아가 매춘부였던 것처럼 기술하고 있다.
66) 유다는 예수를 돈을 받고 팔아넘긴 자이다.

다.[67] 이 자야말로 부활했다는 말을 듣기 위해 제자들이 은밀히 훔쳐 사라져버린 자이며, 또는 그가 심은 식물이 많은 사람에 의해서 짓밟히지 않도록 정원사가 운반해놓은 자가 있다.' 대법관이든, 집정관이든, 검찰관이든, 사제든 그들이 아무리 관대해도 이런 구경거리를 보여주면서 **이렇게 즐겁게 해주는** 자가 있을 것인가? 그러나 우리는 지금이라도 **신앙에 의해서** 이런 광경을 마음속에 그려볼 수 있다. 눈으로 본 적도 없고, 귀로 들은 적도 없으며, 사람의 마음으로도 생각해내지 못한 것(「고린도전서」 2장 9절[68])이란 도대체 무엇이란 말인가? 내가 믿는 바로는 이것은 원형 경기장이나, 두 개의 무대 관람석(1등석과 4등석, 또는 일설에 의하면 희극 무대와 비극 무대)보다도 더 재미있는 광경이다." **신앙에 의해서**(Per fidem)라고 쓰여

---

67) "골고다 즉 해골의 곳이라는 곳에 이르러 쓸개 탄 포도주를 예수께 주어 마시게 하려 하였더니 예수께서 맛보시고 마시고자 하지 아니하시더라."(「마태복음」 27장 34절)

"'엘리 엘리 라마 사박다니' 하시니 이는 곧 나의 하느님, 나의 하느님, 어찌하여 나를 버리셨나이까 하는 뜻이라. 거기 섰던 자 중 어떤 이들이 이 말을 듣고 이르되 이 사람이 엘리야를 부른다 하고, 그중 한 사람이 곧 달려가서 해면을 가져다가 신 포도주에 적시어 갈대에 꿰어 마시게 하거늘, 그 남은 사람들이 이르되 '가만두라, 엘리야가 와서 그를 구원하나 보자' 하더라."(「마태복음」 27장 48절)

68) 「고린도전서」 2장 9절은 다음과 같다.

"하느님이 자기를 사랑하는 자들을 위하여 예비하신 모든 것은 눈으로 보지 못하고 귀로 듣지 못하고 사람의 마음으로 생각하지도 못하였다."

있다.

16

이제 결론을 내려보자. '좋음[탁월함]과 나쁨[저열함]', '선과 악'이라는 두 쌍의 대립되는 가치는 수천 년에 걸쳐서 이 지상에서 가공할 투쟁을 벌여왔다. 그리고 두 번째 가치가 오랫동안 우세를 점한 것은 분명해도, 아직도 승패가 결정되지 못한 채 투쟁이 계속되고 있는 곳도 있다. 심지어 우리는 그동안 투쟁이 더욱더 고조되었고 이와 함께 더욱더 깊어지고 정신적인 것이 되었다고 말할 수 있다. 따라서 이런 의미에서 분열되어 있다는 것, 그리고 서로 대립하는 가치들의 투쟁장이 되고 있다는 것보다도 '더 높은 본성'과 더 큰 정신적인 본성을 보여주는 결정적인 표지는 오늘날 존재하지 않을 것이다. 인간의 역사 전체를 통해서 오늘날까지 읽을 수 있는 것으로 남아 있는 기록에 의하면 이러한 투쟁의 상징은 '로마 대 유대, 유대 대 로마'라고 불린다. 오늘날까지 이러한 투쟁, 이러한 문제 제기, 서로를 불구대천의 원수로 여기는 이러한 대립보다 더 큰 사건은 없었다. 로마는 유대인을 자연에 반(反)하는 것 자체와 같은 것으로, 즉 자신과 반대되는 괴물로 느꼈다. 로마에서 유대인은 '인류 전체에 대한 증오의 죄를 지은 자들'[69]로 간주되었다. 인류의 구원과 미래를 귀족적 가치, 즉 로마적 가치의 무조건적인 지배에 달린 것으로 보는 것이 정당하다면 그것은 정당한 것이었다. 이에 반해 유대인은 로마에 대해서 어떻게 느끼고 있었는가? 이것을 우리는 무수한 징표에서 읽어낼 수 있지만, 가슴속 깊은 곳에 자리하고 있는 복수심의 폭발을 기록한 모든 문서 가운데서도 가장 끔찍한 것인 저 「요한묵시록」을 다시 한번 상기하는 것으로 충분하다. (덧붙여 말하지만, 증오에서 비롯되고 증오로 가득 찬 이 책에 사랑의 사도[70]의 이름을 올리고 사랑에 빠진 듯 열광적인 저 복음[71]을 바로 이 사도의 것으로 만든 그리스도교적 본능의 심오한 논리적 일관성을 과소평가해서는 안 된다. 이러한 목적을 위해서 아무리 많은 문헌상(上)의 위조가 필요했다 하더라도 그 안에는 일말의 진리가 담겨 있다.[72]) 로마인들은 정녕 강하고 고귀한 자들이었다. 그들보다 더 강하고 고귀한 자들은 존재하지 않았으며 그런 자들이 존재할 수 있으리라고 상상할 수도 없다. 그들이 남겨놓은 모든 것, 모든 비문(碑文)은 그것에

---

69) Tacitus, *Annals*, XV. 44. Tacitus는 *Histories* V. 5에서 인류를 증오하고 적대시하는 죄의 발상지는 유대 땅이라고 말하고 있지만, 그러한 죄를 범한 것은 유대인이 아니라 그리스도교인들이라고 보고 있다.

70) 요한을 가리킨다.

71) 「요한복음」을 가리킨다.

72) 니체는 여기에서 「요한복음」과 「요한묵시록」의 필자를 동일한 자로 보는 것은 오류라고 보고 있다. 이 점에서 니체는 '문헌상의 위조'에 대해서 말하고 있다. 그러나 이러한 동일시에서 「요한복음」에서 말하는 사랑은 결국 「요한묵시록」에서 표현되고 있는 증오와 불가분의 관계에 있다는 사실이 암시되고 있다. 이 점에서 니체는 그러한 동일시에는 일말의 진리가 있다고 말한다.

쓰인 것이 무언지를 알 수 있는 사람들을 매혹시킨다. 로마인들과는 반대로 유대인들은 원한으로 가득 차 있는 뛰어난 성직자적 민족이며 민중적인 도덕의 건립에서 유례없는 천재성을 발휘한 민족이다. 유사한 재능을 지닌 민족들, 예를 들어 독일인들과 중국인들을 유대인들과 비교해보면 어떤 민족이 제1급이고 어떤 민족이 제5급인지를 알 수 있을 것이다. 로마와 유대 중 결국 어느 쪽이 승리했는가? 유대가 승리했다는 사실에 대해서는 의심할 여지가 없다. 오늘날 로마에서도 — 로마에서뿐 아니라 지구의 거의 절반에서, 다시 말해 인간이 길들여져 있거나 길들여지기를 바라는 모든 곳에서 — 사람들이 모든 최고의 가치의 표본으로 여기면서 머리를 숙이는 자가 누구인지를 생각해보라. 누구나 다 알다시피 세 명의 유대인 남자와 한 명의 유대인 여자(나사렛 예수와 어부 베드로, 양탄자 짜는 자[73]였던 바울, 그리고 예수의 어머니 마리아)이다. 대단히 주목할 만한 것은 의심할 여지없이 로마가 패배했다는 사실이다. 물론 르네상스 시대에 고전적 이상의, 모든 사물에 대한 고귀한 가치평가 방식의 화려하면서도 무서운 부활이 일어났다. 자신[로마] 위에 세워진 저 새로운 유대화된 로마, 즉 유대 교회당의 모습을 하고 '교회'라 불렸던 로마[74]의 압박 아래 있던 로마 자체가 마치 가사 상태

---

73) 「사도행전」 18장 3절에 따르면, 바울은 양탄자를 짜는 사람이 아니라 텐트를 만드는 사람이었다.

에서 깨어난 사람처럼 꿈틀거렸다. 그러나 유대는 (독일과 영국에서 일어난) 종교개혁이라 불리는 저 근본적으로 원한에 가득 찬 천민들의 운동 덕분에 곧 다시 승리를 거두었다. 종교개혁의 필연적 결과로서 교회가 다시 부흥하게 되었고, 이와 함께 고전 로마라는 묘지에 감돌던 정적조차도 다시 지배하게 되었다. 프랑스 혁명과 함께 종교개혁 당시보다도 훨씬 더 결정적이고 깊은 의미에서 유대는 고전적 이상에 대해서 다시 한 번 승리를 거두었다. 유럽에 존재했던 마지막 정치적 고귀함, 17세기와 18세기 **프랑스의 고귀함**은 민중의 원한 본능 아래 붕괴되고 말았다. 일찍이 지상에서 이보다 더 큰 환호, 이보다 더 시끄러운 열광의 함성이 들린 적은 없었다! 이런 소란의 와중에서 실로 너무나도 엄청나고 너무나도 뜻밖의 사건이 일어났다. 즉 고전적 이상 자체가 **살아 있는 모습**으로 그리고 전대미문의 화려함으로 인류의 눈과 양심 앞에 나타난 것이다. 그리고 다시 한번 **다수의 권리**라는 원한에 찬 낡아빠진 허위적인 구호에 대항하여 그리고 인간을 저하시키고 비천하게 만들고 평균화하며 몰락하게 만들고 쇠퇴하게 만들려는 의지에 대항하여 **소수의 특권**이라는 가공할 만한 매혹적인 반대 구호가 예전보다 훨씬 더 강력하면서도 더 단순하게 그리고 더 집요하게 울려 퍼졌다! 일찍이 존재했던 인간들 가운데 가장 단독적이면서도 가장 뒤늦게

---

74) 바티칸, 즉 로마 가톨릭을 말한다.

태어난 자인 나폴레옹이 **다른** 길로 이끄는 마지막 안내자처럼 출현한 것이다.[75] 그리고 그에게서 **고귀한 이상 자체**가 육화된 문제로서 살아난 것이다. 이것이 어떤 종류의 문제인지를 잘 생각해보라. **비인간과 초인의 종합인 나폴레옹을.**

17

문제는 이것으로 끝난 것인가? 모든 이상의 대립 중에서도 최대의 것인 저 대립이 이제 완전히 해결되었는가? 아니면 단지 잠시 연기되었거나 먼 훗날로 연기되었을 뿐인가? … 오래전에 일어났던 화재가 훨씬 더 오랜 준비를 거쳐서 훨씬 더 무섭게 일어나야만 하지 않을까? 더 나아가 그렇게 되기를 전력을 다하여 소망해야만 하는 것은 아닐까? 심지어 그렇게 되도록 의욕하고 촉진해야만 하지 않을까? … 나의 독자들처럼 여기서 숙고하기 시작하고 [나의 뒤를] 이어서 사유하기 시작한 사람은 이 문제에 대해서 결말을 짓기 힘들 것이다. 그러나 나는 그 문제에 결말을 지을 만한 충분한

---

75) 니체는 『즐거운 학문』에서 나폴레옹에 대해서 이렇게 말하고 있다.
"근대적 이념과 문명을 자신의 적으로 여겼던 나폴레옹은 이러한 적의를 통해서 자신을 르네상스의 가장 탁월한 계승자 중의 하나라는 사실을 입증했다. 그는 고대적 본질의 전체, 아마도 그것의 가장 결정적인 것, 화강암 조각 같은 것을 다시 불러일으켰다." 니체, 『즐거운 학문』, 362절.

근거를 가지고 있다. 내가 원하는 것, 최근의 내 저서 제목으로 붙인 '선악의 저편'이라는 위험한 구호로 내가 원하는 것이 일찍이 충분히 분명하게 되었다고 전제한다면 말이다. … '선악의 저편'은 적어도 '좋음[탁월함]과 나쁨[저열함]의 저편'이라는 의미는 결코 아니다.

저자의 주

이 논문을 통해 나는 이제까지는 단지 학자들과 때때로 대화할 때만 표명해왔던 소망을 공적으로 그리고 정식으로 표현할 수 있는 기회를 갖게 되었다. 그 소망이란 어떤 대학의 철학부에서 일련의 학술현상논문을 공모함으로써 도덕사 연구를 진작시켰으면 하는 것이다. 아마도 이 책은 그러한 방향에 하나의 강력한 자극이 될 수 있을 것이다. 이런 종류의 가능성과 관련해서 다음과 같은 물음을 제기하려고 한다. 이런 물음은 전문적인 철학자들뿐 아니라 문헌학자와 역사학자도 주목할 만한 물음이다.

"도덕 개념의 발전사에 언어학, 특히 어원학적 연구는 어떤 시사점을 주는가?"

다른 한편 이 문제들(지금까지의 가치 평가들이 갖는 가치에 대한 문제들)에 생리학자와 의학자의 관심을 불러일으키는 것도 물론 필수적이다. 이 경우 이 작업에서도 대변자와 매개자의 역할은 전문적인 철학자에게 맡기는 것이 좋을 것이다. 그러나 이를 위해서는 먼저 철학자들이 철학과 생리학 그리고 의학 사이의 원래부터의 냉담하고 불신에 찬 관계를 가장 우호적이고 생산적으로 서로 교류하는 관계로 변화시키는 것에 성공해야 할 것이다. 역사와 민속학에 알려져 있는 모든 가치 목록, 모든 '너는 해야만 한다'라는 것은 사실상 심리학적 탐구나 해석보다도 **생리학적** 탐구와 해석을 우선적으로 필요로 한다. 그리고 그것들 모두는 또한 의학에 입각한 비판을 필요로 한다. "이러저러한 가치 목록과 '도덕'은 어떠한 **가치**를 갖는가?"라는 물음은 극히 다양한 관점에서 제기되어야 할 것이다. 특히 "무엇을 위해서 가치가 있는가?"라는 물음은 아주 섬세하게 다루어져야만 한다. 예를 들어 어떤 종족이 최대한 오래 지속하는 것(혹은 특정한 풍토에 대한 그 종족의 적응 능력의 고양, 혹은 최대 다수의 보존)에 분명히 가치를 지니는 것은 더 강한 유형을 형성하는 것에 대해서는 결코 동일한 가치를 갖지 못한다. 다수의 행복과 소수의 행복은 가치에 대한 서로 대립되는 관점들이다. 영국의 순진한 생물학자만이 전자가 **그 자체로** 이미 더 높은 가치를 갖는다고 생각할 것이다. **모든** 과학은 이제 철학자가 수행해야 할 미래의 과제를 위해 준비하지 않으면 안 된다. 그 과제는 철학자가 **가치의 문제**를 해결하는 것, 가치의 **등급**을 정해야 한다는 것이다.

....

'죄'·'양심의 가책' 및 기타

1

약속을 지킬 수 있는 동물을 기른다는 것 — 이것이야말로 자연이 인간과 관련하여 자신에게 부여한 바로 저 역설적인 과제 자체가 아닐까?[1] 이것이야말로 인간이 해결해야 할 본래적인 문제가 아닐까? 이 문제가 거의 해결되었다는 사실은 망각이라는 [약속을 지키는 것에 대해서] 대립적으로 작용하는 힘을 매우 중시하는 사람에게는 한층 더 놀라운 일로 보일 것임에 틀림이 없다. 망각이란 피상적으로만 생각하는 사람들이 믿는 것처럼 한갓 타성적인 힘이 아니다. 오히려 그것은 일종의 능동적인, 극히 엄밀한 의미에서의 적극적인 저지 능력이다. 이러한 능력으로 인해 우리에 의해서 체험되고 경험되고 받아들여질 뿐인 것들은 소화되는(이것을 '정신적인 동화'라고 불러도 좋다) 동안에는 의식되지 않는다. 이는 우리의 육체

---

1) 인간 이외의 다른 동물들에게는 약속이란 것이 없다. 약속을 지키기 위해서는 기억을 해야 하지만 니체는 생을 위해서 필요한 것은 기억보다는 망각이라고 본다. 동물들은 과거를 기억하지 못하면서도 건강하게 산다. 우리 인간도 오감(五感)을 통해서 체험하는 무수한 것을 의식하지 않고 망각해야 어떤 특정한 것에 의식을 집중할 수 있으며 또한 건강하게 살 수 있다. 망각하는 능력이 제대로 작동하지 못할 경우에 우리는 과거의 상처를 잊지 못해서 불필요한 고통을 받게 된다. 이런 맥락에서 니체는 약속을 지킬 수 있는 동물인 인간을 기르는 것은 자연이 자신에게 부여한 '역설적인' 과제라고 본다. 기억은 오히려 동물들의 건강한 삶을 방해할 수 있기 때문이다.

적 영양, 이른바 '육체적 동화'가 이루어지는 수천 가지 과정 전체
가 의식되지 않는 것과 마찬가지이다. 의식의 문들과 창문들을 일
시적으로 닫아버리는 것, 우리의 의식 아래 세계의 하위 기관들이
서로 협동하고 서로 대항하면서 생기는 소음과 싸움으로부터 방해
받지 않는 것, 새로운 것, 무엇보다도 통제하고 예견하며 예정하는
더 높은 기능들과 기관들이 들어설 수 있는 자리를 다시 마련하기
위해서 필요한 의식의 약간의 정적과 백지상태(우리의 유기체적 조
직은 과두제 방식으로 형성되어 있기 때문이다), 이것이야말로 이미 말
했듯이 능동적인 망각이 갖는 이점(利點)이다. 능동적인 망각은 영
혼의 질서와 안정 그리고 예법의 관리자인 것이다. 이러한 사실에
서 우리가 즉각적으로 알 수 있는 것은 망각이 없다면 어떠한 행복
도 명랑함도 희망도 긍지도 **현재**도 있을 수 없다는 것이다.[2] 이러
한 저지 장치가 파손되거나 기능을 멈춘 사람은 소화불량 환자에
비교될 수 있다(아니, 비교할 만한 것 이상의 것이다). 그는 어떤 일도
'제대로 해낼 수' 없게 된다. 이처럼 망각을 필요로 하는 동물에게
망각은 하나의 힘, **강한** 건강의 한 형식을 나타내지만, 이 동물은
이제 그 반대 능력인 기억의 도움을 받아서 특정한 경우에는, 이를

---

2) 망각할 수 있기 때문에 인간은 과거의 기억에 짓눌리지 않고 현재를 즐길 수 있
고, 행복할 수도 있으며, 명랑하게 살 수도 있고, 과거의 상처를 잊고 자신에 대
한 긍지도 가질 수 있다.

테면 약속을 지켜야 하는 경우에는 망각을 제거할 수 있었다. 따라서 기억은 일단 새겨진 인상에서 벗어나지 못하는 수동적인 상태가 아니고, 한 번 약속한 말을 [없던 일로] 결코 취소하지도 못하는 일종의 소화불량 상태도 아니며, 오히려 절대로 잊지 않으려는 능동적인 **의욕**, 일단 의욕한 것을 계속해서 의욕하는 것, **의지**의 본래적인 **기억**인 것이다. 따라서 근원적인 '나는 하고 싶다' 내지 '나는 할 것이다'라는 생각과 의지의 본래적인 분출 내지 의지의 **작용**[생각을 행동으로 옮기는 것] 사이에는 새로운 낯선 사물들과 사정들, 심지어는 새로운 의지 작용들로 이루어진 하나의 세계가 의지의 이러한 긴 연쇄를 단절시키지 않고서도 아무런 문제 없이 끼어들 수 있게 된다. 그러나 이를 위해서는 얼마나 많은 것이 전제되는가! 이처럼 미래를 자신의 뜻대로 형성하기 위해서 인간은 먼저 계획에 따라 일어나는 일과 우연히 일어나는 일을 구별하는 것을, 인과적으로 사고하는 것을, 먼 앞일을 마치 지금 일어나고 있는 것처럼 보고 선취하는 것을, 무엇이 목적이고 그러한 목적을 이루기 위한 수단이 무엇인지를 확실히 결정하고 전체적으로 계산하고 산출하는 것을 배워야만 했다. 이를 위해서는 인간 자신이 먼저 자기 자신에 대한 표상에서도 **예측될 수 있고 규칙적이고 필연적인** 존재가 되어야만 했다. 이를 통해서만 인간은 약속하는 인간이 그렇게 하듯이 그 자신의 **미래**에 대해서 책임질 수 있게 된다!

2

바로 이러한 긴 역사에서 **책임**이 유래했다. 우리가 이미 보았듯이, 약속을 지킬 수 있는 동물을 기른다는 저 과제는 그것이 실현될 수 있는 조건과 준비 작업으로서 우선 인간을 어느 정도까지는 필연적이고 균일하며 서로 동등하고 규칙을 따르는 존재로 **만들고** 이와 함께 예측할 수 있게 **만든다**는 더 직접적인 과제를 포함하고 있다. 내가 '관습의 도덕'이라고 불렀던(『아침놀』 9, 14, 16절 참조) 저 거대한 작업, 즉 인류가 존재하기 시작한 이래로 가장 오랜 기간 동안 인류가 자신에 대해서 행해온 작업, 다시 말해 **선사**(先史)시대의 인류가 해온 모든 작업이 갖는 의의와 커다란 정당성은 바로 여기에 있다. 비록 그러한 작업에 너무나 많은 냉혹함, 포학함, 우둔함과 무지가 포함되어 있다고 해도 말이다. 인간은 관습의 도덕과 사회적 구속복(拘束服)의 도움으로 예측 가능한 존재로 **만들어졌다**. 이에 반해 우리가 이 거대한 과정의 종점에서 본다면, 즉 나무가 마침내 열매를 맺고 사회와 관습의 도덕이 무엇을 위한 수단에 불과했는지가 마침내 완전히 드러나는 시점에서 본다면, 우리는 그 나무의 가장 잘 익은 열매인 **주권자로서의 개인**을 발견하게 된다. 주권자로서의 개인은 오직 자신에게만 충실하고, 관습의 도덕에서 다시금 벗어난 개인이며, 자율적이고 초윤리적인 개인(왜냐하면 '자율적'과 '윤리적'은 양립할 수 없기 때문이다), 요컨대 자신만의 독립적이고 끈질긴 의지를 지닌 인간, **약속을 지킬 수 있는** 인간이다. 이러한 인간에게는 그 자신이 마침내 성취하여 체화한 것에 대해서 모든 근육을 경련시킬 정도로 긍지를 갖는 의식이, 자신의 힘과 자유에 대한 의식이, 완성에 도달했다는 감정이 존재한다. 진정으로 약속을 **지킬 수 있는** 이 해방된 인간, **자유로운** 의지의 소유자, 이 주권자가 약속을 지키지 못하면서 자신에 대해 책임을 질 수 없는 모든 자보다 자신이 얼마나 탁월한 자인지를, [다른 사람들에게] 얼마나 많은 신뢰와 공포와 경외(그는 이 세 가지 모두를 받을 만하다)를 불러일으키는지를 어찌 모르겠는가? 동시에 자신에 대한 이러한 지배와 함께, 환경과 자연 그리고 끈질긴 의지를 갖지 못한 신뢰할 수 없는 피조물들에 대한 지배도 필연적으로 그에게 맡겨져 있다는 사실을 어찌 모르겠는가? 자유로운 인간, 끈질긴 불굴의 의지를 소유한 자는 또한 자신의 **가치 척도**를 갖고 있다. 그는 자신을 척도로 하여 타인을 보면서 존경하기도 하고 경멸하기도 한다. 그는 필연적으로 자신과 동등한 자들, 강한 자들, 신뢰할 수 있는 자들을(약속을 지킬 수 있는 자들을) 존경한다. 즉 주권자처럼 진중하고 드물게 그리고 오랜 숙고 끝에 약속하는 자, 쉽사리 타인을 신뢰하지 않으며 자신이 어떤 사람을 신뢰할 때 그러한 신뢰에 의해 신뢰받는 자에게 **영예를 부여하는** 자, 자신의 약속을 고초를 겪으면서도 심지어는 '운명에 저항하면서'까지도 지킬 정도로 자신이 충분히 강하다는 사실을 알기 때문에 신뢰할 수 있는 약속을 하는 자,

이러한 모든 자를 존경한다. 또한 필연적으로 그는 지킬 수 없으면서도 약속을 하는 허약한 허풍쟁이들을 걷어찰 것이고, 약속을 입에 담는 순간 이미 약속을 깨버리는 거짓말쟁이를 채찍으로 응징할 것이다. **책임**이라는 비범한 특권에 대한 자랑스러운 인식, 이러한 드문 자유에 대한 의식, 자기 자신과 운명을 지배하는 이 힘에 대한 의식은 그의 가장 밑바닥까지 침투하여 본능이 되었으며, 더나아가 지배적인 본능이 되었다. 만일 그가 이 지배적인 본능에 이름을 붙여야만 한다면 그는 그것을 무엇이라 부를 것인가? 의심할여지도 없이 주권자로서의 이 인간은 그것을 **양심**이라고 부를 것이다.

3

자신의 양심? 여기서 우리가 생소한 것에 가깝지만 최고의 형태로 접하게 되는 '양심'이란 개념은 자신의 배후에 이미 오랜 역사와 형태의 변천을 지니고 있다는 사실을 우리는 미리 짐작할 수 있다. 자기 자신에 대해서 긍지를 가지고 책임을 질 수 있다는 것, 따라서 자신을 **긍정할 수 있다는 것**, 이것은 앞에서 말한 것처럼 성숙한 열매이며 또한 **뒤늦게 성숙한** 열매이기도 하다. 이 열매는 얼마나 오랫동안 시고 떫은 채로 나무에 매달려 있어야만 했던가! 그리고 훨씬 더 오랫동안 그러한 열매를 사람들은 전혀 알아볼 수 없었다. 분명히 나무에는 이 열매를 맺기 위한 모든 준비가 갖추어졌고 이 열매의 성숙을 위해서 나무가 성장해왔음에도 어느 누구도 그 열매가 성숙하리라고 약속할 수 없었다! "어떻게 해서 인간이라는 동물에 기억을 심을 수 있을까? 어떻게 해서 부분적으로는 우둔하고 부분적으로는 경박한 이 찰나적인 지성, 이 망각의 화신에 사라지지 않는 인상을 각인할 수 있는가?" 이러한 태곳적부터의 문제는 누구나 생각할 수 있듯이 부드러운 해답과 방법으로는 해결되지 않았다. 아마도 인간의 선사시대 전체에서 인간의 기억술만큼 무섭고 섬뜩한 것은 없었다. "어떤 것이 기억에 남으려면 그것은 낙인처럼 달구어 새겨져야 한다. 끊임없이 **고통을 주는 것만이** 기억에 남는다." 이러한 명제야말로 지상에서 가장 오래된 (유감스럽게도 또한 가장 오래 지속된) 심리학의 주요 명제이다. 오늘까지도 지상에서 인간과 민족의 삶 속에 장엄하고 심각하고 비밀스럽고 음울한 색채가 있는 곳에서는 어디서나, 일찍이 지상에서의 모든 약속, 저당, 서약에 붙어 다니던 얼마간의 공포가 여전히 **영향을 미치**고 있다고까지 말할 수 있을 것이다. 우리가 '심각하게' 될 때면 언제나 과거가, 가장 오래되었고 가장 심오하며 가장 냉혹한 과거가 우리에게 입김을 불어넣으면서 가슴속에서 용솟음쳐 오른다. 인간이 자신에게 기억을 새겨야 할 필요가 있을 때는 항상 피나 고문, 희생이 수반되었다. 가장 소름 끼치는 희생과 저당(첫 아이를 바치는 희생도 여기에 속한다), 가장 역겨운 신체훼손(예를 들면 거세), 모든 종교적 의례에서 잔인하기 그지없는 예식(그리고 모든 종교는 가장 깊은 밑바닥에서 잔인함의 체계이다), 이 모든 것은 고통이야말로 기억술의 가장 강력한 보조수단이라는 사실을 알아낸 저 본능에서 생겨났다. 어떤 의미에서는 금욕주의 전체가 이것에 속한다. 몇 개의 관념은 지워져서는 안 되고 항상 눈앞에 있어야만 하고 잊혀서는 안 되는 '고정적인' 것이 되어야만 하는데, 이는 이러한 '고정관념'을 통해서 신경과 지성의 조직 전체에 최면을 걸기 위해서이다. 금욕주의적 절차와 생활방식은 이러한 관념들을 다른 모든 관념과 경합하는 상태에서 분리하여 '잊을 수 없는' 것으로 만들기 위한 수단이다. 인류가 '기억하는 일에' 서툴수록, 인류의 관습은 그만큼 더욱 가공할 모습을 띠었다. 특히 형법의 가혹함은 인류가 망각을 극복하고 사회적 공동생활의 몇몇 원시적 요건을 순간적인 감정과 욕망의 노예인 사람들의 뇌리에 **자리 잡게** 하기 위해서 얼마나 애를 썼는지를 보여주는 척도를 제공한다. 우리 독일인은 확실히 자기 자신을 특별히 잔인하고 냉혹한 민족이라고 생각하지 않는다. 특별히 무책임하고 태평스러운 민족이라고 생각하는 것은 더더욱 아니다. 그러나 '사상가의 민족'(말하자면, 오늘날에도 최대의 신뢰와 진지함과 무미건조함, 냉철함을 지니고 있으며, 이러한 성질들을 구비하고 있기에 유럽의 모든 관료를 육성할 권리를 갖고 있다고 주장하는 유럽의 저 민족)을 육성하기 위해서 지상에서 얼마나 많은 노고가 있어야 했는지를 이해하기 위해서는 우리의 고대 형벌 제도를 살펴보는 것만으로도 충분하다. 이 독일인들은 자신의 천민적인 근본본능과 그것에 수반되는 야수같이 거친 언행을 통제하기 위해, 가공할 만한 수단으로 자신에게 기억을 새겼다. 예를 들어 돌로 쳐 죽이는 형벌(전설에 따르면 맷돌을 죄인의 머리에 떨어뜨리는 형벌), 죄인의 다리를 두 대의 수레에 한쪽씩 묶어서 몸을 두 갈래로 찢어 죽이는 형벌(형벌의 영역에서 독일적 천재성이 가장 특징적인 창의성을 발휘한), 말뚝으로 꿰뚫는 형벌, 말로 사지를 찢어 죽이거나 밟아 죽이는 형벌, 기름이나 술로 범죄자를 삶는 형벌(14세기나 15세기에도 행했다), 인기가 있었던 살가죽을 벗기는 형벌(가죽끈을 만드는 형벌), 가슴에서 살을 저미는 형벌, 그리고 범죄자에게 꿀을 발라서 이글대는 태양 아래 파리 떼가 우글거리게 하는 형벌 등이 있었다. 이와 같은 광경이나 전례(前例)를 봄으로써 사람들은 마침내, 사회생활의 편익을 누리면서 살기 위해서 약속한 대여섯 가지의 '나는 그것을 하지 않겠다'는 것을 기억에 새기게 된 것이다. 그리고 사실 이와 같은 기억 덕분에 사람들은 마침내 '이성'에 이르렀다! 아, 이성, 진지함, 감정들에 대한 지배, 숙고라고 불리는 모든 음울한 일, 인간의 모든 이러한 특권과 사치, 이것을 위해 얼마나 값비싼 대가를 치렀는가! 모든 '좋은 것'의 근저에는 얼마나 많은 피와 잔혹함이 존재하는가!

4

그러나 죄의식, '양심의 가책'이라는 또 하나의 '저 음울한 사실'은 도대체 어떻게 해서 이 세계에 나타나게 되었는가? 이 문제와 함께 도덕 계보학자들에게로 되돌아 가보자. 다시 한 번 말하지만—혹은 내가 아직 전연 아무 말도 하지 않았던가?—그들은 전혀 도움이 안 된다. 다섯 뼘 정도의 한갓 '현대적인' 경험이 있을 뿐이며, 이러한 경험도 자신들의 경험에 지나지 않는다. 아무런 지식도 과거를 알려는 의지도 없거니와 역사적 본능과 여기에 필요한 '투시력'은 더욱 가지고 있지 않다. 그럼에도 그들은 도덕의 역사를 연구하려고 덤벼든다. 그들의 연구 결과가 진리와 거리가 먼 것으로 끝나는 것은 당연하다. 지금까지의 이 도덕 계보학자들이 예를 들면 '죄(Schuld)'라는 저 주요한 도덕개념이 빚(Schulden)이라는 극히 물질적인 개념에서 유래되었다는 사실을 짐작이라도 했겠는가? 혹은 형벌이 의지의 자유와 부자유에 관한 어떤 전제와도 전혀 상관없이[3] 일종의 **보복**으로서 발전해왔다는 사실을 짐작이라도 해보았겠는가? 형벌은 이렇게 단순히 일종의 보복으로서 발전해왔

---

3) 조금 아래에서 보듯이 '범죄자는 그가 행동했던 것과는 다른 방식으로 행동할 수 있는 자유의지를 갖고 있기 때문에 처벌을 받아야 한다'는 식의 전제와는 무관하게 형벌이 발생했다는 것이다.

기 때문에, '인간'이라는 동물이 '고의', '태만', '우연', '책임 능력'과 그렇게 서로 대립되는 것들을 극히 원시적으로라도 구별할 수 있기 위해서는 그리고 형벌을 내리기로 결정할 때 그러한 구별을 고려할 수 있기 위해서는 **먼저 높은 정도의 인간화가 필요했을** 정도였다. 지금은 너무나 진부하고 겉보기에는 너무나 자연스럽고 필연적이기도 한 사상, 도대체 정의감이라는 것이 어떻게 지상에 나타났는가라는 문제를 해명하는 역할을 맡아야만 했던 사상, 즉 "범죄자가 처벌을 받아야 하는 것은 그가 달리 행동할 수도 있었기 **때문이다**"라는 사상은 사실은 인간의 판단과 추리의 매우 세련된 형식이며 극히 뒤늦게 성취된 것이다. 이러한 사상을 인류의 초창기부터 있었던 것으로 생각하는 사람은 고대 인류의 심리를 극히 조야하게 오해하고 있는 것이다. 인류 역사의 가장 오랜 기간[선사시대]을 살펴보면 악행을 범한 자가 자신의 행위에 대해 책임을 져야 한다는 **이유로** 형벌을 받았던 적은 없었으며, 따라서 죄가 있는 자만이 벌을 받아야만 한다는 전제에서 형벌을 받았던 적도 **없었다**. 오히려 형벌은 오늘날에도 부모가 아이들에게 벌을 주는 것처럼, 가해자로 인해 입은 피해에 대한 분노를 풀기 위해 가해진 것이다. 그러나 이 분노는, 모든 손해에는 그것을 보상할 수 있는 **등가물이** 있으며 가해자에게 **고통을** 가하는 것을 통해서라도 사실상 배상을 받을 수 있을 것이라는 관념에 의해 통제되고 변용되었다. 이 태곳적부터의 뿌리 깊은, 아마 이제는 더 이상 그 뿌리를 뽑을 수도 없는 관념, 즉 손해와 고통은 등가라는 관념은 어디서 힘을 얻었던 것일까? 내가 이미 그 비밀을 밝힌 바 있지만, 그 힘의 출처는 **채권자**와 **채무자** 사이의 계약관계에 있다. 이러한 계약관계는 '권리의 주체'라는 개념처럼 오래된 것이며, 그러한 계약관계는 다시 매매, 교환, 통상, 교역이라는 근본형식으로 환원된다.

5

이러한 계약관계를 눈앞에 떠올려보면, 우리는 물론 그러한 관계를 창조했거나 허용했던 고대의 인류에 대해서 많은 의혹과 저항감을 느끼게 된다. 이것은 우리가 앞에서 언급했던 것에서도 원래 예상할 수 있는 것이었다. 바로 이 계약관계에서는 약속하는 자에게 기억을 심는 것이 **문제가 된다.** 바로 이러한 계약관계야말로 사람들로 하여금 냉혹하고 잔인하며 고통스러운 것을 발명해내게 하는 것이라고 우리는 추측할 수 있다. 채무자는 자신이 빚을 갚을 것이라는 약속을 채권자가 믿게 하기 위해서, 자신이 한 약속의 진지함과 성스러움을 보증하기 위해서, 그리고 자기 자신에게는 빚의 상환을 자신이 져야 할 의무나 책임으로서 자신의 양심에 새기기 위해서, 그가 빚을 갚지 못할 경우에는 채권자에게 자신이 '소유하고 있는' 다른 것, 그가 권한을 갖는 어떤 것, 예를 들면 자신의 신체나 자신의 아내, 자신의 자유나 심지어는 자신의 생명조차

저당 잡힐 것을 계약하는 것이다. (또는 특정한 종교적 전제에서는 자신의 축복과 영혼의 구원조차도, 마침내는 무덤 속에서의 평안까지도 저당 잡히는 것이다. 그래서 이집트에서는 채무자의 시체는 무덤 속에서도 채권자로부터 안식을 얻을 수 없었다. 이집트인들에게 이러한 안식이 크게 중요한 것이었다는 사실은 말할 나위가 없다.) 또한 채권자는 특히 채무자의 신체에 모든 종류의 모욕과 고문을 가할 수 있었다. 예를 들면 빚의 액수에 상당하는 정도의 살을 채무자의 신체에서 도려낼 수 있었다. 일찍부터 도처에서 이러한 관점에서 사지 하나하나와 신체 각 부분에 대한 정밀한, 부분적으로는 끔찍할 정도로 자세한 가격사정(價格查定)이 **합법적으로** 행해졌다. 로마의 12표법(表法)이 채무자가 빚을 갚지 못한 경우에 채권자가 잘라낼 수 있는 [신체의] 분량의 많고 적음은 중요하지 않다("좀 더 많이, 또는 좀 더 적게 잘라낼지라도 불법이 아니다")고 선포했을 때, 나는 이것을 하나의 진보라고 생각하며, 더 자유롭고 더 대범하게 계산하는 그리고 더 **로마적인** 법률관의 증거라고 생각한다. 이런 배상 형식 전체의 논리를 잘 살펴보면 그것이 참으로 기묘한 것이라는 사실이 드러난다. 갚지 못한 빚에 대한 등가의 형벌은, 손해에 대해서 직접적인 보상을 받는 대신에(즉 금전이나 토지, 그 밖에 어떤 소유물을 배상받는 대신에) 채권자에게는 배상이나 보상으로 일종의 **쾌감**을 맛보는 것이 허용되는 방식으로 주어졌다. 이는 자신의 권력을 무력한 자에게 마음껏 휘두를 수 있다는 쾌감이기도 하고, "악을 저지르는 쾌감을

위해 악을 저지른다"라는[4] 쾌감이기도 하며 폭행을 즐기는 것이기
도 하다. 이러한 쾌감은 채권자의 사회적 지위가 낮고 천할수록 더
욱더 높이 평가되고, 그에게 더할 나위 없이 맛있는 한 조각의 음
식으로, 심지어는 더 높은 지위를 맛보는 것으로 여겨졌다. 채무자
에게 '벌'을 가함으로써 채권자는 일종의 **지배권**에 참여하게 되는
것이다. 그리하여 마침내 그 또한 한 인간을 '자신보다 아래에 있
는 존재'로서 경멸하고 학대할 수 있다는 우월감을 맛볼 수 있게 된
다. 아니면 실제의 형벌권, 즉 형벌 집행권이 이미 '당국'에 넘어갔
을 때는 최소한 채무자가 경멸당하고 학대받는 것을 **보는** 우월감을
맛볼 수 있게 된다. 따라서 배상이라는 것은 잔인한 처벌을 지시하
고 요구할 수 있는 권리를 가지고 있다는 데서 성립한다.

6

따라서 '죄', '양심', '의무', '의무의 신성함'과 같은 도덕적 개념
세계는 바로 이 영역에서, 즉 채무법에서 생긴 것이다. 그러한 개
념 세계의 발단은 지상의 모든 위대한 것의 발단과 마찬가지로 철
저하게 그리고 오랫동안 피로 물들어 있었다. 우리는 이렇게 덧붙

---

4) P. Mérimée, *Lettres à une inconnue*(Paris, 1874), I.8: 'de faire le mal pour
le plaisir de le faire'.

여도 되지 않을까? 저 세계는 근본적으로 피와 고문의 냄새를 단한 번도 완전히 씻어버린 적이 없다고. (심지어 늙은 칸트에서조차 그렇다. 그의 정언명령에는 잔인함의 냄새가 난다.)[5] 그리고 '죄와 고통'이라는 저 무섭고 아마도 풀어버릴 수 없게 된 관념의 결합이 처음으로 이루어진 것도 바로 채무법의 영역에서였다. 다시 한번 묻자면, 고통은 어떤 경우에 '빚'을 보상하는 것이 될 수 있는가? 고통을 가하는 것이 최고도로 쾌감을 줄 수 있는 경우이며, 피해자가 자신이입은 손해는 물론이고 손해에 수반되는 불쾌감에 대한 보상으로서 특별한 쾌감을 누릴 수 있게 되는 경우이다. 고통을 **가하는** 것은 진정한 **축제**였으며, 앞에서 말한 것처럼 채권자의 사회적 신분이나 지위가 낮으면 낮을수록 그만큼 더 소중한 것으로 여겨졌다. 물론 이러한 나의 주장은 추측에 입각한 것이다. 왜냐하면 이렇게 지하에서 일어나는 그런 일들에 대해서 그 근거를 파악하는 것은 그것이 고통스러운 것이라는 사실을 차치하더라도 어려운 일이기 때

---

5) 칸트의 윤리학은 어떤 행위가 선한 행위인지는 그 행위가 순수하게 선한 의도에서 행해졌는지 여부에 따라서 결정된다고 보는 동기주의를 주장한다. 그러나 자신의 이익을 전혀 고려하지 않고 순수하게 선한 의도에서 어떤 행위를 하는 것은 쉽지 않다. 예를 들어 우리는 기부를 하더라도 이러한 행위를 통해 자신이 칭송받기를 원하는 것이다. 니체는, 칸트의 윤리학은 이렇게 실행하기 어려운 것을 실행하도록 요구하면서 그렇게 하지 못할 경우에는 죄의식을 갖게 하는 잔인함의 철학이라고 보고 있다. 정언명령에 대해서는 저자 서문에 있는 각주 6번을 참조할 것.

문이다. 여기에서 섣부르게 '복수'라는 개념을 사용하는 사람[6]은 통찰을 쉽게 하기보다는 오히려 그것을 막고 모호하게 할 뿐이다. (왜냐하면 복수라는 개념은 '고통을 가하는 것이 어떻게 해서 보상이 될 수 있는가'라는 동일한 문제에 부딪히기 때문이다.)[7] **잔인함**이라는 것이 고대 인류의 거대한 축제에서 사람들에게 얼마나 큰 기쁨을 주는 것이었는지, 그들이 누리는 거의 모든 기쁨에 얼마나 뒤섞여 있었는지, 다른 한편으로 잔인함에 대한 그들의 욕구가 얼마나 순진하고 천진난만한 것이었는지, 그들이 사심 없는 악의(혹은 스피노자의 말을 빌리자면 악의 있는 동정)를 얼마나 근본적으로 인간의 **정상적인** 속성으로 여기고 양심이 충심으로 **긍정하는** 것으로서 여겼는지, 이러한 사실들을 온 힘을 다해 떠올려보는 것은 잘 길들여진 가축(말하자면 우리 현대인)의 섬세한 감수성에도 거슬리는 일이지만, 우리의 위선에는 더 거슬리는 일로 보인다. 더 예리한 안목을 가진 사

---

6) 이어질 11절에서 보겠지만 여기서 니체는 뒤링 같은 사람을 염두에 두고 있다. 뒤링은 정의의 기원을 피해자들이 가해자들에 대해서 갖는 복수심에서 찾고 있다. 뒤링(E. Dühring, 1833~1901)은 독일 철학자이자 정치경제학자였으며 사회민주주의사상을 주창하면서 마르크스를 비판했다. 열렬한 민족주의자이자 반유대주의자로서 세계주의자인 괴테를 혐오했다.

7) 니체에 따르면 '고통을 가하는 것이 채권자에게 보상이 될 수 있는 것'은 채권자는 채무자에게 고통을 가함으로써 우월감이라는 쾌감을 느낄 수 있기 때문이다. 복수를 한다는 것은 이러한 쾌감을 느끼는 데에서 본질적인 역할을 하지 않는다.

람은 오늘날에도 사람들이 이 잔인한 축제에서 가장 오래되고 가장 근본적인 기쁨을 느낀다는 사실을 충분히 인식할 수 있을 것이다. 『선악의 저편』 229절에서(아니 『선악의 저편』 이전에 쓴 『아침놀』 18, 77, 113절에서 이미) 나는 고급문화의 역사 전체를 관통하는(어떤 중요한 의미에서는 심지어 그러한 역사를 형성하는) 현상으로서 잔인성이 점차로 정신화되고 '신성화'된다는 사실을 지적했다. 어쨌든 사형집행과 고문 그리고 이단자의 화형 없이는 왕족의 결혼식이나 극히 장엄한 민족적 축제를 생각할 수 없었고, 또한 악의나 잔인한 조롱을 거리낌 없이 퍼부을 수 있는 상대가 없이는 귀족의 가정생활을 생각할 수 없었다는 것이 먼 옛날의 이야기가 아니다. (예를 들어, 공작부인의 궁정에서 『돈키호테』가 어떤 식으로 취급되는지를 생각해보라.[8] 우리는 오늘날 『돈키호테』의 어느 부분을 읽어도 혀에 거의 고문을 당하는 것과 같은 쓴맛을 느끼게 되는데, 이는 『돈키호테』의 저자와 그의 동시대인들에게는 매우 낯설고 이해할 수 없는 일로 보일 것이다. 그들은 『돈키호테』를 세상에서 가장 명랑한 책으로 여기면서 양심의 가책 같은 것은 전혀 느끼지 않고 읽었으며, 이 책을 읽으면서 거의 죽을 정도로 웃었던 것이다.) 타인이 괴로워하는 것을 보는 것은 유쾌한 일이다. 타인에게 고통을 가하는 것은 더욱더 유쾌한 일이다. 이것은 실로 냉혹한 명제이다. 그러나 그것은 또한 아마 원숭이조차도 시인할 하

---

8) *Don Quixote*, Book II, chs 31~7.

나의 오래되고 강력한 명제이며 인간적인 너무나 인간적인 명제이다. 왜냐하면 원숭이는 기이한 잔인함을 생각해내는 데 있어서 인간을 이미 예고하고 있으며, 이를테면 인간의 '서곡'을 연주한다고 말할 수 있기 때문이다. 잔인함이 없이는 축제도 없다. 인간의 가장 오래되고 가장 긴 역사는 그렇게 가르친다. 그리고 형벌에도 **축제적인 성격**이 참으로 많이 존재한다!

7

덧붙여 말하자면, 나는 이러한 사상을 통해 우리의 염세주의자들이 삶에 대한 역겨움이라는 삐걱삐걱 불쾌한 소리가 나는 물레방아에다 새로운 물줄기를 대는 것을 도와주고 싶은 생각이 전혀 없다. 반대로 인류가 자신의 잔인성에 대해서 아직 **부끄러움**을 느끼지 않았던 시대가 염세주의자들이 존재하는 현재보다도 지상에서의 삶은 더 명랑했다는 사실을 분명하게 지적해야만 한다. 인간이 인간 자신에 대해서 느끼는 부끄러움이 증대됨에 따라서 인간의 머리 위에 드리워져 있는 하늘은 더욱 어두워져 갔다.[9] [삶에 대한] 피로에 지친 염세주의적인 눈길, 삶의 수수께끼에 대한 불신, 삶에

---

9) 사람들이 삶을 어둡고 우울한 것으로 느끼게 되었다는 것, 즉 염세주의적이 되었다는 것을 의미한다.

대해 구토를 느끼면서 삶을 얼음같이 싸늘하게 부정하는 것, 이러한 것들은 인류의 **최악**의 시대에 나타난 것이 아니며, 또한 그 시대를 특징짓는 것도 아니다. 그것들은 오히려 늪지대의 식물처럼 그것들이 자라기에 적합한 늪지대가 형성되었을 때에야 비로소 나타나게 되는 것이다. 그러한 늪지대와 같은 것으로 나는 '인간'이라는 동물이 마침내 자신의 모든 본능을 부끄럽게 여기게 되는 것을 배우게 된 조건이 되는 것, 즉 인간이 병적으로 유약하게 되고 도덕적이 되는 것을 가리킨다. '천사'(여기에서 이 이상의 심한 말을 쓰는 것은 피하겠다)가 되는 과정에서 인간은 자신의 위장을 쉽게 메스꺼움을 느끼게 만들고, 혓바닥에 사탕발림을 해서 동물들의 기쁨과 천진무구함을 역겹게 느끼고 삶 자체까지도 비위에 거슬리는 것으로 느끼게 되었다. 이와 함께 인간은 자기 자신 앞에서 코를 쥐고 서서, 교황 이노센트 3세와 함께 [삶을] 비난하면서 자신이 혐오하는 것들의 목록을 만든다('불결한 생식[生殖], 모태에서의 구역질 나는 양육, 인간의 발육을 위해서 필요한 더러운 물질, 지독한 악취, 침의 분비와 오줌과 똥의 배설'). 고통이 항상 삶을 부정해야만 하는 논거들 중의 제일의 것으로서, 즉 삶에 대한 최악의 의문부호로서 내세워지고 있는 오늘날, 사람들이 정반대로 판단했던 시대를 떠올리는 것이 좋으리라. 왜냐하면 사람들은 [남을] 고통스럽게 만드는 것을 없애고 싶어 하지 않았으며, 그것에서 최고의 매력을, 삶에의 진정한 유혹을 발견했기 때문이다. 아마도 그 당시의 사람들은 — 오늘의 유약한 자들에게는 위로가 되는 말이겠지만 — 동일한 고통도 오늘날처럼 심하게 느끼지 않았다. 가장 건강한 신체를 가진 유럽인조차도 거의 절망을 느끼게 하는 심한 염증에 걸린 흑인들(이들을 선사시대 인간의 대표로 본다면)을 치료해본 의사라면 적어도 그렇게 결론을 내릴 것이다. 흑인들은 염증의 고통을 유럽인처럼 심하게 느끼지 **않는다.** (고통에 대한 인간의 감수성을 나타내는 곡선은 상층 문화에 속하는 만 명이나 천만 명 밑으로 내려가게 되면 실로 이상하리만치 갑자기 하강하는 것 같다. 그리고 이제까지 과학적 연구를 위해서 해부된 모든 동물의 고통을 합해도 단 한 명의 히스테리컬한 교양 있는 여성의 하룻밤 고통에 비하면 전적으로 무시할 수 있는 정도밖에 되지 않는다는 것을 나도 의심하지 않는다.) 게다가 아마도 잔인함에 대한 쾌감조차도 사실은 완전히 사라지지는 않았다는 가능성도 인정할 수 있을 것이다. 다만 이러한 쾌감은 동일한 고통도 오늘날의 사람들이 옛날 사람들에 비해 더 심하게 느낀다는 사실에 비례하여 아마도 승화되고 세련될 필요가 있었을 뿐이다. 그러한 쾌감은 주로 상상적인 것과 정신적인 것으로 변용되어 나타나야만 했으며, 극히 섬세하고 위선적인 양심조차도 아무런 의심을 일으키지 않을 정도로 위험하지 않은 이름으로 장식되어야만 했을 것이다.('비극적 동정'[10] 이라는 것이 그러한 명칭의 한 예이며, '십자가에 대한 향수'[11]라는 것도

---

10) 비극 작품을 보면서 비극을 맞은 영웅에게 동정을 느끼는 것.

또 하나의 예이다.) 사람들이 본래 고통에 대해서 격분을 느낄 때,
격분의 대상이 되는 것은 고통 자체가 아니라 의미 없는 고통이다.
그러나 고통을 하나의 비밀스러운 구원 장치 자체로 해석한[12] 그리
스도교에게도, 또한 모든 고통을 방관자의 입장이나 고통을 가하
는 자의 입장에서 해석했던 고대의 순진한 인간들에게도 **의미 없는**
고통은 존재하지 않았다. 숨겨져 있고 발견되지 않는 고통을 세상
에서 제거하고 진정으로 부정할 수 있기 위해서, 고대의 인간들은
숨겨진 곳조차도 찾아다니고 어둠 속에서도 볼 수 있으며 흥미로
운 고통스러운 광경을 쉽게 놓치지 않는 어떤 존재, 즉 신들과 신
과 같은 높이와 깊이를 갖는 중간 존재[13]들을 발명해낼 필요가 있
었다. 그러한 발명의 덕택으로 그 당시 사람들은 자기 자신을 정당
화하거나 자신의 '재난'을 정당화할 수 있었다. 오늘날에는 아마도
다른 보조적인 발명(예를 들어 수수께끼로서의 삶이나 인식문제로서의
삶)[14]이 필요할 것이다. "신이 바라보면서 즐거워하는 모든 재난은

---

11) 십자가에 대한 향수(les nostalgies de la croix)는 폴 부르제(Paul Bourget)가
   지은 시의 제목이다. 이 시는 그리스도교에 대한 신앙의 상실을 슬퍼하고 있
   다. 여기서 십자가에 대한 향수는 십자가에 못 박힌 예수를 보면서 동정을 느
   끼는 것으로 볼 수 있다.
12) 신이 죄지은 자에게 고통을 내리는 것은 실은 죄지은 자를 구원하기 위해서라
   고 보는 것.
13) 부모의 한쪽이 신이고 다른 한쪽은 인간인 반신(半神) 또는 반신반인(半神半
   人)과 같은 존재를 예로 들 수 있을 것 같다.

정당화된다." 선사시대적인 감정의 논리는 그렇게 울려 퍼졌다. 그러나 그것은 정녕 선사시대적인 논리일 뿐일까? **잔인한 광경을 즐기는 것으로 생각된 신들**—오오, 이 태곳적 관념이 지금도 얼마나 깊숙이 우리의 이른바 인간적인 유럽 문명 속에 파고들어 와 있는가! 이 점에 대해선 예를 들어 루터나 칼뱅을 생각해봐도 충분하다.[15] 어쨌든 **그리스인들**마저도 잔인함의 즐거움만큼 그들의 신을 행복하게 해주는 것은 없다고 생각한 것이 확실하다. 당신은 도대체 호메로스가 자신의 신들로 하여금 어떤 눈으로 인간의 운명을 내려다보게 했다고 생각하는가? 트로이 전쟁이나 그와 유사한 비극적이고 무서운 사건들은 근본적으로 어떤 궁극적 의미를 갖고 있는가? 의심할 바 없이 그러한 사건들은 신들을 위한 **축제극**으로서 고려된 것들이다. 그리고 시인은 다른 사람들보다도 '신적인' 성질을 가지고 있다는 점에서 그러한 사건들은 시인들을 위한 축제극이기도 했다. 나중에 그리스의 도덕 철학자들이 도덕적인 갈등이라든지 유덕한 자의 영웅적 행위와 자기 학대를[16] 신의 눈길이

---

14) 삶을 수수께끼라거나 인식이 불가능한 문제라고 보는 태도가 고통과 재난에도 불구하고 삶을 기쁘게 살 수 있는 자극을 제공한다는 것이다.

15) 여기서 니체는 루터나 칼뱅의 예정설을 염두에 두고 있다. 예정설에 따르면 구원받을 사람은 신에 의해서 미리 예정되어 있으며, 선한 행위를 아무리 많이 한 사람이라도 신이 구원을 예정한 자가 아니면 구원받을 수 없다.

16) '도덕적인 갈등'은 오이디푸스가 자신도 모르게 아버지를 죽이고 어머니와 결혼하는 것, '영웅적 행위'는 오이디푸스가 스핑크스의 질문에 답하여 스핑크스

내려다보고 있다고 생각한 것도 동일한 이유에서였다. '의무[17]'를 진 헤라클레스'는 무대에서 각광을 받았으며 그 자신도 이러한 사실을 의식하고 있었다. 아무도 보지 않는 덕행이라는 것은 이 배우적인 민족에게는 도저히 생각도 할 수 없는 일이었다. '자유의지'의 발명, 선한 행위를 할 것인지 아니면 악한 행위를 할 것인지에 대해서 인간이 절대적인 자발성을 가지고 있다는 관념의 발명은 당시 처음으로 유럽을 위해서 고안된 실로 용감하고 재앙을 불러일으킨 철학자의 발명이었지만, 이는 무엇보다도 인간과 인간의 덕행에 대한 신들의 관심이 **결코 고갈될 수 없다**는 관념을 정당화하기 위해서 고안된 것은 아니었을까? 이 지상의 무대에서는 진실로 새로운 것, 진실로 전대미문의 긴장, 갈등과 파국이 결코 사라져서는 안 되는 것이다. 완전히 결정론적으로 사유된 세계는 신들이 충분히 예측할 수 있는 세계이며, 그 결과로 신들은 그러한 세계에 대해서 금방 싫증을 느낄 것이기 때문이다. 그러므로 **신들의 친구인** 저 철학자들[18]이 자신의 신들이 그러한 결정론적인 세계를 만들지 않았다고 보는 것에는 충분한 이유가 있다! 고대의 인류 모두는 연극과 축제를 **빼고서는** 행복이라는 것을 생각할 수 없었던 하나의

를 죽게 하는 것, '자기 학대'는 자신의 운명에 얽힌 비밀을 알게 되어 자신의 눈을 찌르는 것을 예로 들 수 있다.
17) 헤라클레스가 완수해야 했던 12가지 과제를 가리키는 것 같다.
18) 스토아학파나 에피쿠로스는 철학자들을 신들의 친구라고 불렀다.

본질적으로 공개적이고 눈에 드러나는 세계의 인간으로서, 항상 '관중'을 세심하게 고려했던 것이다. 그리고 이미 말했듯이 심한 **형벌**에도 실로 많은 축제적인 요소가 깃들어 있는 것이다!

8

우리의 원래 연구로 돌아가 보자. 우리가 살펴본 것처럼 죄의식과 개인적인 의무 의식은 가장 오래되고 가장 근원적인 인간관계, 즉 파는 자와 사는 자, 채권자와 채무자의 관계에서 비롯되었다. 이러한 관계에서 비로소 개인이 개인과 상대했으며 개인이 자신을 다른 개인과 **견주었다**. 아무리 저급한 문명이라도 이러한 관계가 다소라도 존재하지 않았던 문명은 발견된 적이 없다. 가격을 정하고 가치를 측정하고 등가물을 생각해내며 교환하는 것, 이것은 어떤 의미에서는 사유 **자체**라고 할 수 있을 정도로 인간의 원초적인 사유를 이미 지배하고 있었다. 이러한 관계에서 가장 오래된 종류의 명민함이 개발되었고 또한 인간의 긍지나 다른 동물에 대해서 인간이 갖는 우월감의 첫 싹도 나타나게 되었다고 추정할 수 있을 것이다. '인간(manas)'[19]이라는 우리의 용어도 아마 바로 자신에

---

19) manas는 산스크리트어로 일차적으로는 인간의 마음에서 욕망을 일으키는 기능을 가리키는 단어이지만, 다의적인 의미를 갖는다. 문맥을 고려할 때 니체는

대해서 인간이 가졌던 **이러한 느낌의 일단(一端)**을 표현한 것이리라. 인간은 자신을 가치를 재는, 즉 평가하고 측정하는 존재, 다시 말해 평가하는 동물 자체로 간주한 것이다. 사고파는 행위는 그것에 속하는 심리적인 부속물과 함께 그 어떠한 사회적인 조직 형식이나 결합의 시초보다도 더 오래된 것이다. 교환, 계약, 빚, 권리, 의무, 보상과 같은 감정의 맹아는 권력과 권력을 비교하고 측정하고 계산하는 습관과 함께 개인들이 갖는 법적 권리라는 가장 초보적인 형식에서 가장 조야하고 가장 원시적인 사회복합체들(다른 유사한 복합체들과 비교하여)로 **옮겨졌던 것이다**. 눈은 이제 이러한 관점에 입각하게 되었다. 그리고 시동하기는 어렵지만 일단 움직이기 시작하면 단호하게 동일한 방향으로 계속해서 나아가는 고대인 특유의 저 둔중한 사유의 일관성으로, 사람들은 곧 '모든 사물은 자신의 가격을 갖는다. 모든 것은 변상될 수 있다'라는 위대한 일반적인 명제에 도달하게 된다. 이것은 **정의**와 관련된 가장 오래되고 소박한 도덕규범이며, 지상에서의 모든 '선량함', 모든 '공정', 모든 '선한 의지', 모든 '객관성'의 발단이었다. 이러한 최초의 단계에서 정의란 거의 동등한 힘을 지니고 있는 사람들 사이에서 서로 타협하고 조정을 통해 '합의'에 도달하려는 선한 의지이다. 그리고 힘이

여기서 manas라는 용어를 측정하는 자(der Messende)라는 의미로 해석하고 싶어 하는 것 같다.

열등한 자들에 대해서는 그들 상호 간에 조정할 수 있게 **강제하는** 선한 의지인 것이다.

<h1 style="text-align:center">9</h1>

선사시대를 척도로 하여 고찰할 때(덧붙여 말하자면 선사시대는 어느 시대에나 존재하고 있거나 다시 존재할 수 있다) 공동체와 구성원들의 관계조차도 채권자와 채무자 사이의 관계라는 저 중요한 근본관계를 본질로 하고 있다. 사람들은 공동체 속에 살면서 공동체가 제공하는 편익을 누리고 있다. (오오, 얼마나 대단한 편익인가? 우리는 오늘날 이러한 편익을 때때로 과소평가하고 있다.) 사람들은 공동체 **밖에** 있는 인간, 즉 평화의 울타리 밖으로 내쫓긴 인간이 당하는 어떤 침해나 적대적인 행위를 걱정하지 않고, [공동체의] 보호와 보살핌을 받으면서 평화와 [자신이 보호받으리라는] 믿음 속에서 살고 있다. 독일인은 '비참(Elend)'[20]이라는 말이 본래 무엇을 의미하는지를 잘 알고 있다. 즉 사람들은 바로 이러한 침해나 적대적인 행위를 염두에 두면서 자신을 공동체에 저당 잡히고 공동체에 대해서 의무를 지게 되었다. 이러한 서약이 **파괴될 경우** 어떤 일이 일어날 것인가? 우리가 능히 예상할 수 있는 것처럼, 기만당한 채권자

---

20) Elend라는 독일어는 고어(古語) 독일어에서는 망명이나 추방을 의미했다.

로서의 공동체는 가능한 한 최대의 변상을 받아낼 것이다. 이 경우 가해자가 입힌 직접적인 손해는 문제되지 않는다. 직접적인 손해를 도외시하더라도, 범죄자는 이제까지 자신이 혜택을 누린 공동체 생활의 모든 편익과 안락과 관련하여 무엇보다도 '파괴자'가 되는 것이며 전체에 대한 계약과 서약을 파괴한 자가 되는 것이다. 범죄자는 공동체로부터 받은 드러난 편익과 가불(假拂)을 상환하지 않을 뿐만 아니라 심지어 채권자에게 폭행을 가하기까지 하는 채무자이다. 그렇기 때문에 범죄자는 이제부터는 당연히 이러한 모든 혜택과 편익을 상실하게 될 뿐만 아니라 오히려 이러한 혜택들이 자신에게 얼마나 중요한 것이었는지를 기억하게 될 것이다. 손해를 입은 채권자로서의 공동체는 분노하면서 그가 이제까지 받았던 보호를 취소하고 그를 다시 야만적이며 무법적인 상태에 처하게 한다. 공동체는 그를 좇아내는 것이다. 이제 그는 온갖 적대적인 행위를 당해도 무방하다. 문명화 단계에서의 '형벌'은, 모든 권리와 보호뿐만 아니라 자비에 대한 모든 희망마저 상실한 채 증오의 대상이 되고 무장해제 당하고 굴복당한 적에게 취해지는 정상적인 조치를 단순히 모사한 것이며 흉내 낸 것일 뿐이다. 따라서 그들의 모든 무자비함과 잔인함에는 단지 '패배자는 가련하도다 (vae victis)!'라는 군법과 전승축제가 있을 뿐이다. 이러한 사실로부터 우리는 다음과 같은 것을 이해할 수 있게 된다. 즉 역사를 통해 형벌이 취해왔던 그 모든 형식은 전쟁 자체(전쟁의 제물을 바치는 희생제를 포함하여)가 낳았다는 것이다.

10

공동체는 힘이 강해짐에 따라 개인의 위법행위를 그다지 심각하게 여기지 않게 된다. 왜냐하면 그러한 위법행위가 더 이상 이전만큼 전체의 존립에 위험하고 파괴적인 것으로 간주되지 않기 때문이다. 범죄자는 더 이상 '평화의 울타리 밖으로 내쫓기고' 추방당하지 않게 된다. 일반의 분노도 더 이상 이전처럼 제멋대로 개인에게 퍼부어질 수 없다. 오히려 이제부터는 공동체가 이러한 분노, 특히 직접적인 피해를 입은 자의 분노로부터 범죄자를 용의주도하게 방어하고 보호한다. 범죄로 인해 직접적으로 피해를 입은 자들의 분노를 진정시키기 위한 타협, 사건의 범위를 국한시켜 더 이상의 일반적인 동요나 관여를 예방하려는 노력, 등가물을 발견하여 사건 전체를 해결하려는 시도(조정 작업), 무엇보다도 모든 범죄를 어떤 식으로든 **변상될 수 있는 것으로** 간주하고, 최소한 어느 정도까지는 범죄자와 그의 행위를 **따로 떼어서 생각하려는**[21] 의지가 갈수록 명확하게 나타나는 것, 이러한 것들이 형법이 발달하면 할수록 현저해지게 된다. 공동체의 힘과 자기의식이 성장함에 따라서 형법도

---

21) '죄는 미워하되 죄인은 미워하지 말라'는 말을 떠올릴 수 있다.

그 엄격성이 완화된다. 공동체가 약화되고 심각한 위험에 처하게 되면 형법은 다시 더 가혹한 형태를 띠게 된다. '채권자'가 부유해질수록 그는 그만큼 더욱 인간적이 되었다. 마침내는 채권자가 고통을 겪지 않고 얼마만큼이나 피해를 견딜 수 있는지가 그의 부유함의 **척도**가 되었다. 가해자를 **처벌하지 않고** 내버려두는 것, 어떤 사회가 누릴 수 있는 이러한 가장 고귀한 사치를 허용할 수 있는 사회의 **권력의식**이라는 것도 생각할 수 없는 것은 아닐 것이다. 이 경우 사회는 "이 기생충 같은 것들이 나에게 무슨 상관이 있단 말인가? 그것들이 살아서 번성하게 놓아두자. 나는 아직 충분히 강하니 말이다!"라고 말할 것이다. 정의는 "모든 것은 변상될 수 있고 변상되어야만 한다"라는 명제로 시작했지만, 이제는 빚을 변상할 능력이 없는 자들을 관대하게 보아 넘기는 것과 함께 끝이 난다. 정의는 지상의 모든 좋은 것과 마찬가지로 **자기 자신을 지양하면서** 끝나는 것이다. 이와 같은 정의의 자기지양, 이것이 어떤 미명으로 불리고 있는지를 모든 사람이 알고 있다. 그것은 **자비**라고 불린다. 이러한 자비가 가장 강력한 자의 특권이라는 사실은 말할 나위가 없으며, 더 적절하게 말하자면 그가 '법을 넘어서 존재하는 방식' 이다.

11

이와는 전혀 다른 지반에서, 즉 원한이란 지반에서 정의의 기원을 찾으려고 하는 최근의 시도에 대해서 여기서 한마디 거부하는 말을 덧붙이고자 한다. 만일 원한 자체에 대해서 한번 면밀히 연구하려는 심리학자가 있다면 나는 귓속말로 그에게 이렇게 말해주고 싶다. 원한이라는 이 식물은 오늘날 무정부주의자들과 반유대주의자들 사이에서 가장 아름답게 피어 있으며, 더 나아가 향기는 다르지만 제비꽃처럼 항상 남몰래 피어왔다는 것이다. 그리고 동일한 것에서는 언제나 동일한 것이 나타나야만 하는 것처럼, 바로 그러한 집단들에게서 이미 종종 그랬던 것처럼(첫 번째 논문 14절을 참조할 것) 복수를 **정의**의 이름으로 신성화하려는 시도 ─ 마치 정의라는 것이 근본적으로는 피해감정에서 발전된 것에 지나지 않는 것처럼 ─ 와, 복수와 아울러 [원한이나 시기심과 같은] 모든 **반동적** 감정 일반의 명예를 한꺼번에 추후적으로 회복시키려는 시도가 다시 나타나는 것을 본다고 하더라도 놀랄 일은 아니다. 후자의 시도 자체에 대해서는 나로서도 별다른 이의를 제기하지 않을 것이다. 그것은 생물학적인 문제 전체(이 문제를 다룰 때 지금까지 이러한 반동적 감정은 경시되어왔다)를 탐구할 때 **기여할 수 있는** 것으로 보이기 때문이다. 다만 한 가지 내가 주의를 환기시키고 싶은 것은 이러한 새로운 뉘앙스의 과학적 공정성(증오, 질투, 시기, 불신, 숙원(宿

怨), 복수를 호의적으로 평가하는)이 원한의 정신 자체에서 발생했다는 사실이다. 이러한 '과학적 공정성'은, 내가 보기에는 저 반동적인 감정들보다도 훨씬 더 높은 생물학적 가치를 갖고 있고, 따라서 **과학적으로** 한층 더 높이 평가되고 존중될 만한 다른 한 무리의 감정들, 즉 지배욕, 소유욕 등과 같은 **능동적인** 감정들이 문제가 되자마자 곧 중단되고 극단적인 적의와 편견을 드러낸다. (이러한 현상은 오이겐 뒤링의 『생명의 가치(*Werth des Lebens*)』, 『철학강좌(*Cursus der Philosophie*)』를 비롯한 그의 작품들 곳곳에서 볼 수 있다.) 이러한 경향에 반대하는 일반적인 이야기는 이 정도로 해두자. 그러나 '정의의 고향은 반동적 감정의 영역에서 탐구되어야만 한다'는 뒤링의 한 명제에 대해서는, 우리는 그것을 단호하게 뒤집으면서 진리를 위해서 '정의의 정신이 정복한 **최후의** 영역이 반동적 감정의 영역이다'라는 다른 명제를 제기할 수밖에 없다. 만약 공정한 인간이 자신에게 해를 가한 자에게도 실제로 공정한 태도를 지니고(단순히 냉정하거나 신중하거나 멀리 떨어져 있거나 무관심한 것이 아니다. 공정하다는 것은 항상 하나의 **적극적인** 태도이다), 개인적으로 상처를 입고 조롱과 비방을 당하면서도 공정하게 **심판하는** 눈의 높고도 맑고 깊고도 부드럽게 바라보는 객관성이 흐려지지 않는다면, 이것이야말로 지상에서의 하나의 완성이며 최고의 원숙함이다. 그것은 심지어 우리가 기대하지 않거나 그런 것이 존재하리라고 쉽게 **믿지** 않는 것이 현명할 어떤 것이다. 일반적으로 가장 솔직한 사람들의 경우에도 약간의 공격이나 악의적인 비난 혹은 아부를 받기만 하면 그 눈이 충혈되어 그 눈에서 공정성이 상실될 것은 확실하다. 능동적이고 공격적이고 지배적인 인간은 반동적 인간보다 훨씬 더 정의에 가깝다. 왜냐하면 그는 반동적 인간과는 달리 자신의 대상을 그릇되게 편파적으로 평가할 필요가 없기 때문이다. 공격적 인간은 더 강하고 더 용기 있고 더 고귀한 인간으로서 또한 더 **자유로운 눈**과 더 **당당한** 양심(das bessere Gewissen)을 지녀온 것이다. 역으로 자신의 양심에서 '양심의 가책(das schlechte Gewissen)'이라는 것을 발견한 자가 누구인지는 모두가 이미 추측할 수 있을 것이다. 바로 원한에 찬 인간이다! 마지막으로 역사를 살펴보자. 이제까지 법의 온전한 운용과 법에 대한 진정한 욕구가 지상에 뿌리를 내리게 된 것은 어떠한 영역에서인가? 반동적인 인간의 영역에서인가? 전혀 그렇지 않다. 오히려 능동적이고 강하며 자발적이고 공격적인 자의 영역에서이다. 역사적으로 고찰해볼 때, 법은 — 위에서 언급한 선동가의 비위를 상하게 하는 말이겠지만(이 사람은 언젠가 "복수설은 정의의 붉은 실처럼 나의 모든 연구와 노력을 관통해왔다"[22])라고 고백한 적이 있다) — 바로 반동적 감정에 **대항하는** 투쟁이고, 능동적이고 공격적인 힘의 편에서 그 힘의 일부를 사용하여 반동적 파토스가 지나치지 않도록 막고 반동적 파토스에게 절제를 명하고 타

---

22) E. Dühring, *Sache, Leben und Feinde*(Karlsruhe und Leipzig, 1882), 293쪽.

협하도록 강제하는 것이다. 정의가 행해지고 유지되는 곳에서는 어디서나 더 강한 힘을 가진 자들이 그들의 지배 아래 존재하는 약한 자들(집단이든 개인이든) 사이에서의 원한의 미친 듯한 격분을 종식시키기 위한 수단을 강구하는 것을 볼 수 있다. 그들은 때로는 원한의 대상이 되는 자를 복수하려는 자들의 손에서 빼내거나, 때로는 복수하고 싶어 하는 자들을 대신하여 평화와 질서의 적에 대해서 투쟁하기도 하고, 때로는 타협을 고안해내어 경우에 따라서는 그것을 강요하기도 하며 때로는 손해를 보상할 만한 등가물을 규범으로 정하여 이후로는 그것을 규준으로 하여 원한이 해결되게 한다. 그러나 최고의 권력이, 반감(反感)이나 유감이 압도적인 위력을 갖게 되는 사태를 막기 위해서 시행하고 관철하는 가장 결정적인 수단은— 최고의 권력은 어떠한 방식으로든 이 수단을 채용할 수 있을 만큼 힘을 갖추자마자 항상 이 수단을 채용한다— **법률**의 제정이다. 이것은 최고 권력의 눈으로 보아서 일반적으로 무엇을 허용할 수 있고 무엇을 올바른 것으로 간주해야만 하는지에 대한, 그리고 무엇을 금(禁)해야 하고 무엇을 올바르지 못한 것으로 간주해야만 하는지에 대한 명령적인 포고이다. 최고의 권력이 법의 제정 후에 개인 혹은 집단 전체의 폭력이나 자의적인 행위를 법률에 대한 침범이나 최고 권력 자체에 대한 거역으로 다룰 때, 그것은 신민(臣民)들의 관심을 그러한 침범에 의해서 생긴 직접적인 손해에서 돌리게 한다. 이와 함께 최고의 권력은 결국에는, 피해자의 관점만을 옹호하고 인정하는 모든 복수가 기도하는 것과는 정반대의 태도를 취하게 된다. 그 이후로 사람들의 눈은 행위를 점차적으로 비개인적인 것으로 평가하도록 훈련되고, 심지어 피해자의 눈초리도 그렇게 훈련된다(이미 앞에서 언급한 것처럼 이것이 비록 마지막에 이루어지는 것일지라도). 따라서 법이 제정되고 나서야 비로소 '올바름[법]'과 '올바르지 못함[불법]'이 존재하게 된다. (이것은 뒤링이 주장하는 것처럼, 침해 행위에서 생기는 것이 아니다.) 법과 불법에 대해서 그 자체로 이야기하는 것은 전혀 무의미한 일이다. 삶이란 **본질적으로**, 즉 그 근본기능에서 침해, 공격, 착취, 파괴를 통해서 기능하고 이러한 성격을 결여한 생명이란 전혀 생각도 할 수 없는 것이기에, 침해, 공격, 착취, 파괴도 **그 자체로** 결코 '불법'일 수는 없다. 그리고 우리는 훨씬 더 받아들이기 어려운 일이지만, 최고의 생물학적 관점에서 보면 법률적 상태라는 것은 권력을 지향하는 본래적인 생명의지를 부분적으로 제약하는 것이라는 사실을 인정해야만 한다. 법률적 상태는 이러한 본래적인 생명의지의 전체적인 목적에 종속되는 개별적 수단이다. 간단히 말해서 법률적 상태는 더 **거대한** 권력의 단위를 창조하기 위한 수단으로서 항상 **예외적인 상태**일 뿐이다. 법질서를 권력 복합체들 사이의 투쟁 수단으로 보지 않고,— 모든 개별의지 각각은 서로를 평등한 것으로서 대해야만 한다는 뒤링의 공산주의적 구호에 편승하여 — 모든 투쟁을 막는 수단으로 간주하면서 절대 지상의 것이자 보편적인 것으로 볼 경우, 법질서는 **삶**에 적대적인 원리이자 인간을 파괴하고 해체하는 것이고 인간의 미래를 암살하려는 기도이며, 피로의 징후이고 무로 이끄는 은밀한 샛길이 될 것이다.

12

여기에서 형벌의 기원과 목적에 대해서 한마디 덧붙이고 싶다. 서로 분리되어 있거나 분리되어야만 하는 두 가지 문제를 유감스럽게도 사람들은 흔히 하나의 문제로 다루고 있다. 이제까지의 도덕 계보학자들은 [형벌의 기원과 목적에 대해서] 어떤 식으로 탐구했던가? 언제나 그랬듯이 그들은 순진한 방식으로 탐구했다. 그들은 예를 들면 형벌에서 복수나 위협과 같은 어떤 '목적'을 찾아내고, 그다음에는 천진난만하게도 이러한 목적을 형벌이 행해지게 된 원인으로, 즉 형벌의 출발점으로 본다. 그리고 그들은 그것으로 모든 문제가 해결된 것으로 생각한다. 그러나 '법의 목적'이라는 것은 법의 발생사에서는 맨 마지막에 고려되어야만 하는 것이다. 오히려 모든 종류의 역사학에서 다음 명제보다 더 중요한 명제는 없다. 이러한 명제를 획득하는 것은 무척 어렵지만 그럼에도 불구하고 그것은 정녕 획득되어**야만 하는** 것이다. 그 명제란 어떤 일의 발생원인은 그것의 궁극적인 유용성, 즉 그것의 실제적인 사용과 목적들의 체계로의 편입과 철저하게 분리되어 있다는 것이다. 현존하는 것, 어떠한 방식으로든 성립하게 된 것은 그것보다도 우세한 힘에 의해서 항상 거듭해서 새롭게 해석되고 새롭게 압류당하며 새로운 용도를 위해서 변형되고, 이와 함께 그것에 새로운 방향이 부여된다. 유기적인 세계에서 모든 사건은 하나의 **제압**이자 **지배**이고, 모든 제압과 지배는 다시 새로운 해석이자 조정(調整)인데, 이러한 새로운 해석과 조정을 통해서 이제까지의 '의미'와 '목적'은 필연적으로 불분명하게 되거나 완전히 말소되어야만 한다. 예를 들어 어떤 생리적 기관(혹은 어떤 법제도, 사회적 풍습, 정치적 관습, 예술이나 종교적 의례에서의 형식)의 **유용성**을 아무리 잘 이해했더라도, 그것만으로는 그것의 기원에 관해서는 아직 아무것도 파악하지 못한 것이다. 이렇게 말하는 것이 고루한 사람들의 귀에는 몹시 거슬리고 불쾌하게 들릴지도 모른다. 왜냐하면 사람들은 항상 어떤 사물, 어떤 형식, 어떤 제도의 명백한 목적과 유용성을 파악할 때 그것들의 발생 근거도 파악하게 된다고 믿기 때문이다. 예를 들면 눈은 보기 위해서, 손은 붙잡기 위해서 만들어졌다고 믿은 것이다. 그처럼 또한 사람들은 형벌도 처벌을 위해 고안된 것으로 생각했다. 그러나 모든 목적, 모든 유용성은 하나의 힘에의 의지가 힘이 더 약한 자를 지배하여 그 약한 것에 어떤 기능의 성질을 각인시켰다는 사실의 **징표**일 뿐이다. 그리고 어떤 '사물'의 역사 전체도 이와 같이 항상 새로운 해석과 조정의 계속되는 기호의 연쇄일 수 있다. 그러한 해석과 조정의 원인들 사이에 연관이 있을 필요는 없으며, 오히려 사정에 따라서는 그러한 원인들은 우연히 잇달아 생기고 교체될 뿐이다. 그러므로 어떤 사물, 어떤 관습, 어떤 기관의 '발전'이란 결코 어떤 목적을 향한 진보가 아니며, 최소한의 힘과 비용으로 최단 경로를 통해서 도달되는 진보는 더욱더 아니다. 그것은 오히려 다소간 심화되어가고 다소간 서로 독립적인 채로 그 자체에서 일어나는 제압 과정들의 연속일 뿐만 아니라 그러한 제압에 반해서 행해지는 저항들이고 방어와 반작용을 목적으로 하는 형식 변화의 시도들이며 성공적인 반대활동의 성과들이기도 하다. 형식은 유동적이고 '의미'는 더욱더 유동적이다. 모든 개개의 유기체 내부에서조차 사정은 다르지 않다. 유기체 전체가 본질적으로 성장할 때마다 개별적인 기관의 '의미'도 바뀐다. 경우에 따라서는 기관들이 부분적으로 소멸하거나 수가 감소하는(예를 들어 중간지(中間肢)가 소멸함으로써) 것이 [전체적으로 볼 때는] 성장하는 힘과 완전성의 표시일 수 있다. 이상에서 내가 말하고 싶었던 것은 다음과 같다. 부분적으로 쓸모가 없어지는 것, 위축과 퇴화, 의미와 합목적성의 상실조차도, 요컨대 죽음조차도 실제적인 진보의 조건들이고, 실제적인 진보는 항상 더 큰 힘을 향하는 의지와 길의 형태로 나타나며 항상 다수의 더 작은 힘들을 희생시킴으로써 이루어지게 된다는 것이다. '진보'의 정도는 심지어 그것을 위해 희생되어야만 했던 것들의 양에 따라서 측정된다. 인류 대다수가 개개의 더 강한 인간 종족의 번영을 위해서 희생된다는 것, 이것이야말로 진보일 것이다.

나는 역사적 방법론의 이러한 기본 관점이 오늘날 지배적인 본능과 시대적인 취향에 근본적으로 반(反)하기 때문에 더욱더 강조하고 싶다. 오늘날의 지배적인 본능과 시대적인 취향은 모든 사건에서 **힘에의 의지**가 작용하고 있다는 이론보다는, 오히려 모든 사건의 절대적 우연성, 더 나아가 기계론적인 무의미성을 받아들이려고 한다. 지배하고 지배하려는 모든 것에 대한 민주주의적인 특이체질, 현대적인 **지배자 혐오주의**(Misarchismus)(추한 사태에 대해 추한 단어를 만들어본다면)는 점차로 자신을 정신적인 것, 가장 정신적인 것으로 위장하여, 오늘날 가장 엄밀한, 겉보기에는 가장 객관적인 과학에까지 서서히 침투하고 있으며 **침투하는 것이 용인되고 있을** 정도이다. 사실 그것은 이미 생리학과 생물에 대한 이론 전체를 지배하게 된 것 같다. 자명한 것이지만, 그것은 생리학과 생물에 대한 이론에서 하나의 근본개념, 즉 진정한 **능동성**의 개념을 제거함으로써[23] 그러한 학문에 해를 끼치고 있다. 이에 반해 앞에서 언급한 민주주의적인 특이체질의 압력으로 '적응'이라는 것, 즉 이차적인 능동성, 단순한 반동성이 전면에 나서게 된다. 사실 삶 자체까지도 외적 환경에 대한 갈수록 합목적적인 내적인 적응으로 정의되었다(허버트 스펜서). 그러나 이와 함께 생의 본질, 즉 **힘에의 의지**가 부인되고 있다. 그리고 그러한 정의에서는 자발적이고 공격적

---

23) 생물의 활동을 환경에 대한 수동적인 적응으로 보는 것을 가리킨다.

이며 침략적이고 새롭게 해석하고 새롭게 방향을 정하고 조형하는 힘들 — 이 힘들의 작용으로 비로소 '적응'도 이루어진다 — 의 원칙적인 우위가 간과되고 있다. 그러한 정의에서는 유기체 내에서 생명의 의지가 능동적이고 형식을 부여하는 방식으로 나타나는 최고 기능들의 지배적인 역할이 부인되고 있다. 이와 관련하여 헉슬리가 스펜서의 '행정적 허무주의'를 비난했던 것을 상기할 필요가 있다. 그러나 단순한 '행정' 이상의 것이 문제가 되고 있다.[24]

13

이제 우리의 주제인 **형벌**의 문제로 되돌아가자. 우리는 형벌에서 두 가지 측면을 구별해야 한다. 하나는 형벌에서 비교적 **지속적인** 것, 즉 관례, 동작, 극(劇), 연속적인 절차를 엄격하게 지키는 것이

---

24) 헉슬리(Thomas Henry Huxley, 1825~1895)는 영국의 생물학자이자 작가로 다윈의 진화설을 열정적으로 지지했다. 그는 '시민들의 삶을 보호하는 것 외에 정부가 아무것도 하지 않는 것이 좋다'고 보는 스펜서의 견해를 행정적 니힐리즘이라고 불렀다. 현실의 국가는 아무리 자유주의적인 국가라도 단순히 시민들의 삶을 보호하는 '행정'의 역할을 하는 것에 그치지 않고, 시민들에게 권력을 행사하면서 시민들을 일정한 방향으로 교육하고 이끈다. 따라서 여기서 "단순한 '행정' 이상의 것이 문제가 되고 있다"라는 니체의 말은 유기체가 단순히 환경에 적응하는 것이 아니라 그것도 본질적으로 힘에의 의지이기 때문에 환경을 능동적으로 해석하면서 변용한다는 것을 의미한다.

고, 다른 하나는 형벌에서 유동적인 것, 즉 의미, 목적, 그러한 절차의 실행에 결부된 기대 등이다. 여기서 앞에서 개진된 역사적 방법론이라는 기본관점에 따라 유추해볼 때 우리는 당장 다음과 같은 사실을 전제할 수 있다. 절차 자체는 그것을 형벌에 사용하는 것보다 시간적으로 훨씬 앞서고 오래되었으며 형벌에 사용하는 것은 나중에 (오래 전에 존재하고 있었지만 다른 의미로 사용된) 절차 속으로 편입되고 해석되었다는 것, 간단히 말해서 사실은 우리의 순진한 도덕 계보학자들과 법계보학자들이 이제까지 가정했던 것과는 다르다는 것이다. 이들 계보학자들은 모두, 사람들이 일찍이 손을 붙잡기 위해서 만들어진 것이라고 생각했던 것처럼 절차를 형벌을 목적으로 하여 고안된 것으로 생각했다. 이제 형벌에서 또 다른 요소인 유동적인 요소, 즉 형벌의 '의미'에 대해서 말하자면, 극히 후기의 문화 상태(예를 들면 현대의 유럽)에서는 '형벌'이라는 개념은 사실상 하나의 의미만을 갖지는 않는다. 그것은 '여러 의미'를 가지며 이것들은 전체적으로 종합되어 있다. 대체로 이제까지의 형벌의 역사, 극히 다양한 목적을 위해서 형벌이 사용되어온 역사는 결국은 분해하기 어렵고 분석하기 어려우며, ─ 특히 강조되어야 하지만 ─ 전혀 정의할 수 없는 일종의 통일체로 결정(結晶)된다. (오늘날 사람들이 왜 형벌을 받는지를 분명하게 말하는 것은 불가능하다. 과정 전체가 기호학적으로 농축되어 있는 모든 개념은 정의하기 어렵다. 어떠한 역사도 갖지 않는 것만이 정의될 수 있다.) 이와 반대로 문화의 초기 단계에서는 '의미들'의 저 종합은 아직 분해될 수 있고 변경될 수 있는 것으로 보인다. 우리는 각각의 개별적인 경우에 종합의 요소들이 어떻게 자신들의 가치를 변화시키고 그에 따라서 자신의 위치를 변경시키는지, 그리하여 어떤 때는 이런 요소가, 어떤 때는 저런 요소가 전면에 나타나서 다른 것들을 희생시키면서 지배하는지를, 상황에 따라서는 하나의 요소(예를 들면 겁을 줘서 제지하려는 목적과 같은)가 나머지 다른 요소들 전체를 폐기해버리는 것처럼 보이는지를 아직 인식할 수 있다. 형벌의 '의미'가 얼마나 불확실하고 추후에 덧붙여지는 것인지, 얼마나 우연적인지, 그리고 하나의 동일한 절차가 얼마나 근본적으로 상이한 의도로 사용되고 해석되고 준용(準用)될 수 있는지를 보여주는 데에 비교적 적은 우연한 자료를 근거로 하여 내가 생각해낸 도식이 도움이 될 것이다. 위해를 제거하는 것으로서의, 계속해서 해를 끼치는 것을 막는 것으로서의 형벌, 피해자가 입은 해를 어떠한 형태로든(심지어 감정적인 보상을 통해서라도) 배상하는 것으로서의 형벌. 소요의 확산을 방지하기 위해서 교란자를 격리시키는 것으로서의 형벌, 형벌을 결정하고 집행하는 자들에 대해 공포를 불러일으키는 것으로서의 형벌, 범죄자가 이제까지 누려왔던 이익에 대한 일종의 조정으로서의 형벌(예를 들면 범죄자가 광산 노예로 사역되는 경우). 종족을 퇴화시키는 요소를 제거하는 것으로서의 형벌(상황에 따라서는 중국의 법률에서[25] 보이는 것처럼 일족 전체를 제거하고 이와 함께 종족을 순수하게 보존하거나 어떤 사회적 유형을 확고하게 유지하기 위한 수단으로서의 형벌). 축제로서의, 즉 마침내 타도된 적을 능욕하거나 조롱하는 것으로서의 형벌, 형을 받는 사람에게든 처형을 목격하는 사람에게든 — 이른바 '교도(矯導)'라는 이름으로 — 기억을 새기게 하는 것으로서의 형벌, 범죄자를 지나친 복수로부터 보호하는 권력에 의해 규정된 사례금 지불로서의 형벌, 복수가 강한 종족에 의해서 유지되고 특권으로서 요구되는 한에서 복수의 자연 상태와 타협하는 것으로서의 형벌, 평화, 법률, 질서, 공권력 등에 맞서는 적들에 대한 선전포고와 전쟁수단으로서의 형벌. 평화, 법률, 질서, 공권력에 맞서는 적들은 공동체에 대한 하나의 위험이기에, 즉 공동체의 전제가 되는 계약을 파기한 반역자, 배신자, 평화의 파괴자이기에, 전쟁에서 사용하는 것과 동일한 무기로 공격해야 하는 자들이다.

14

이 목록이 분명히 완전한 것은 아니다. 그동안 사람들이 형벌에 모든 종류의 효용성을 인정한 것은 분명한 사실이다. 바로 이 때문

---

25) J. Kohler, *Das chinesische Strafrecht. Ein Beitrag zur Universalgeschichte des Strafrechts*(Würzburg, 1886) 참조.

에 우리는 상식적으로 형벌의 가장 본질적인 효용성으로 간주되는 그릇되게 추정된 효용성을 배제할 수 있을 것이다. 오늘날 여러 근거로 인해 흔들리고 있는 형벌[의 효과]에 대한 믿음은 여전히 그러한 효용성에 의해서 가장 강력하게 뒷받침되고 있다. 형벌은 죄를 지은 자에게 **죄책감**을 불러일으키는 쓸모가 있다는 것이다. 사람들은 형벌을 '양심의 가책'이나 '회한(悔恨)'이라고 부르는 저 정신적인 반응을 일으킬 수 있는 실질적인 도구라고 보는 것이다. 그러나 이와 함께 우리는 오늘날에도 현실과 인간의 심리를 잘못 파악하고 있는 셈이다. 그러니 인류의 가장 오랜 역사, 즉 선사시대에는 얼마나 잘못 파악했겠는가! 진정한 양심의 가책이란 범죄자들과 수형자들에게 극히 드물게 생기는 것이기 때문에, 감옥이나 교도소는 [양심의 가책과 같은] 이러한 집게벌레가 번식하기에 좋은 온상이아니다. 이 점에 관해서는 많은 경우 그러한 판단을 자신들의 가장 깊은 소망에 반한다고 느끼기에 그러한 판단을 내리기 싫어함에도 불구하고 그러한 판단을 내렸던 모든 양심적인 관찰자의 의견이일치하고 있다. 대체로 형벌은 인간을 비정하게 그리고 냉혹하게 만든다. 형벌은 인간을 자신에게 집중하게 만들고 소외의 감정을 첨예하게 만든다. 형벌은 저항력을 강화한다. 형벌이 사람의 활력을 꺾고 비참한 굴종과 자기 비하를 초래한다면,[26] 그러한 결과는

---

26) '양심의 가책과 같은 것을 초래한다면'과 같은 의미를 갖는다고 할 수 있다. 니

건조하고 음울한 엄숙함이라는 특징을 가지고 있는 형벌의 평균적인 효과보다도 확실히 더 언짢은 것이다. 그러나 역사 시대가 시작되기 이전의 저 수천 년을 생각해본다면, 죄책감의 발달을 가장 강력하게 저지한 것은 바로 형벌이었다고 주저 없이 단정할 수 있다. 적어도 형벌의 폭력을 당한 희생자[범죄자]에 관한 한 그렇다. 범죄자가 재판 절차나 집행 절차를 실제로 목격함으로써 얼마나 자신의 행위와 행위방식을 그 자체로서 비난받아야 할 것으로 느끼는 데 방해받게 되는지를 결코 과소평가해서는 안 된다. 왜냐하면 그는 자신의 행위와 정확하게 동일한 종류의 행위가 정의를 위해서 행해지고 선이라고 불릴 뿐 아니라 떳떳한 양심과 함께 행해지는 것을 보기 때문이다. 즉 간첩행위, 사기, 매수, 모함, 경찰과 검사의 교활하고 닳고 닳은 심문술 전체, 그리고 다양한 종류의 형벌에도 나타나는 것처럼 감정상으로는 용서할 수 없는 것이지만 원칙적으로 허용되는 강탈, 폭압, 능욕, 감금, 고문, 살해 등, 이 모든 행동을 재판관들은 그 자체로서 비난하거나 처벌해야 할 대상이라고 결코 생각하지 않는다. 이것들은 단지 어떤 관점에서 유용한 것으로 간주될 뿐이다. '양심의 가책'이라는 지상의 식물 중에서도 가

체는 여기서 형벌의 효용성은 양심의 가책을 일으키는 데 있지 않다고 말하고 있다. 객관적으로 볼 때 형벌은 오히려 사람들을 냉혹하게 만들고 저항력을 강하게 만든다는 것이다.

장 섬뜩하고 흥미로운 이 식물은 이러한 [형벌의] 토양에서 자라난 것이 아니다. 사실 극히 오랫동안 재판관과 형집행자들도 자신들이 '죄인'을 다루고 있다고 전혀 의식하지 못했다. 그들은 자신들이 손해를 일으킨 자, 책임이 없는 하나의 숙명적 존재를 다룬다고 생각했다. 그리고 나중에 형벌이 다시 하나의 숙명처럼 범죄자의 머리 위에 떨어졌을 때 범죄자는 아무런 '내적인 고통'[죄책감]을 느끼지 못했다. 그는 형벌을 단지 예기치 못한 사건, 어떤 끔찍한 자연사건, 바윗덩어리가 갑자기 저항할 수 없을 정도로 무너져 내리면서 짓누르는 사건으로 느꼈을 뿐이다.

15

이러한 사실을 스피노자는 언젠가 위험한 방식으로 의식하게 되었다. (이는, 예를 들면 쿠노 피셔[27]처럼 스피노자를 이런 점에서 오해하려고 노력하고 있는 스피노자 해석자들에게는 비위에 거슬리는 일이다.) 그가 그러한 사실을 의식하게 된 것은 무언가를 회상하면서 자신에게 정녕 저 유명한 양심의 가책(morsus conscientiae)[28]이 남아 있

---

27) 피셔(Kuno Fischer, 1824~1907)는 하이델베르크 대학 교수로 근대 철학의 역사에 관한 열 권의 저서 『근대철학사(*Geschichte der neueren Philosophie*)』 (Heidelberg, 1865)로 명성을 얻었다. 그중 한 권이 스피노자에 관한 것이다.

28) Spinoza, 『윤리학(*Ethica*)』, III, 정리 16, 17, 26.

는가라는 물음에 몰두하고 있던 어느 오후의 일이었다. 그는 선과 악을 인간의 상상력에서 비롯되는 것으로 여겼으며, 신은 모든 것을 선한 이성으로 행한다고 주장하는 신을 모독하는 자들("그러나 이들의 주장은 신을 운명에 종속시키는 것을 의미하며 진실로 모든 불합리 중에서도 최악의 것이라고 해야 할 것이다"[29])에 대항하여 분연히 자신의 '자유로운' 신의 영예를 변호했다. 스피노자에게 세계는 다시 양심의 가책이 발견되기 이전의 저 순진무구의 상태로 되돌아갔다. 이와 함께 양심의 가책은 어떻게 되었는가? 그는 마침내 자신에게 이렇게 말했다. "그것은 기쁨에 대립되는 것, 즉 슬픔이며, 우리의 모든 기대에 반(反)했던 과거의 사건을 떠올릴 때 수반되는 것이다."(『윤리학』, 제3부, 정리 18, 주석 I, II) 형벌을 받게 된 범죄자들이 수천 년 동안 자신들의 '범행'에 대해서 느꼈던 것도 **스피노자와 다르지 않다**. 그들은 "여기에서 어떤 것이 예상치 못하게 잘 안 되었다"고 느꼈을 뿐 "그런 일은 내가 하지 말았어야 했는데"라고 느낀 것이 아니다. 그들은, 사람들이 병이나 불행이나 죽음에 복종하는 것처럼 반항을 모르는 숙명론적인 태도로 형벌을 받은 것이다. 예를 들어 오늘날에도 러시아인들은 이러한 숙명론적 태도 때문에 인생을 대하는 데 있어서 우리 유럽인들보다도 더 유리한 처지에 있다. 만일 당시에 행위에 대한 비판이란 것이 있었다면 행위에 비

---

29) Spinoza, 『윤리학(*Ethica*)』, I, 정리 33, 주석 2.

판을 가했던 것은 조심성이었다. 의심할 나위도 없이 우리는 형벌의 본래 효과를, 무엇보다도 인간을 더 영리하게 만들고 기억을 연장시킨다는 점에서, 앞으로 더욱더 영리하고 더 많은 의심을 품으면서 더 은밀하게 일을 수행하려는 의지에서, 많은 일에 대해서 인간의 힘은 결코 미치지 못한다는 사실을 통찰하게 한다는 점에서, 즉 자기비판을 통해서 일종의 개선을 가져온다는 점에서 구해야만 한다. 인간이나 동물에게서 대체로 형벌에 의해 이루어질 수 있는 것은 공포심의 증대, 영리함의 제고(提高), 욕망의 제어이다. 따라서 형벌은 인간을 길들이기는 하지만, 인간을 '더 선한' 존재로 만들지는 않는다. 오히려 이와 반대되는 주장이 더 옳을 수 있을 것이다. ("손해로 인해 사람들은 영리하게 된다"라고 속담은 말한다. 손해로 인해 영리하게 되는 만큼 인간은 더 나빠진다. 다행히도 손해로 인해 우둔하게 되는 경우도 종종 있다.)

16

이 시점에 이르러 나는 이제 '양심의 가책'의 기원에 대한 나 자신의 가설을 우선 잠정적으로라도 피력하는 것을 더 이상 피할 수 없다. 이 가설은 이해하기가 쉽지 않다. 이 가설을 이해하기 위해서는 오랫동안의 성찰과 주의 그리고 숙고가 필요하다. 나는 양심의 가책을 인간이 일반적으로 경험했던 모든 변화 중에서 가장 근본적인 저 변화의 압력으로 인해 걸릴 수밖에 없는 심각한 병으로 간주한다. 그러한 변화란 인간이 결국 사회적인 평화의 벽 속에 갇혀 있음을 깨달았을 때 일어난 변화를 말한다. 육지 동물이 되든가 그렇지 않으면 사멸하든가 할 수밖에 없었던 바다 동물에게 일어났던 것과 꼭 같은 일이 무질서, 전쟁, 방랑, 모험에 잘 적응하고 있던 이 인간이라는 반동물(半動物)에게도 일어난 것이다. 그들의 모든 본능은 단번에 가치를 상실하고 작동할 수 없게 되었다. 그들은 이제까지 물에 의해서 운반되어왔지만 이제부터는 발로 걷고 '자기 자신을 스스로 운반'해야만 했다. 무서운 무게가 그들 위에 놓이게 되었다. 가장 간단한 일조차도 그들에게는 버겁게 느껴졌다. 이 새로운 미지의 세계 앞에서 그들은 더 이상 이전의 안내인을, 즉 무의식적으로 확실히 안내해주는 통제본능을 갖지 못하게 되었다. 이 불행한 인간들은 사유, 추리, 계산, 원인과 결과의 결합에 의존하게 되었고, 가장 빈약하고 가장 오류를 범하기 쉬운 기관인 '의식'에만 의존하게 되었다! 나는 이처럼 비참한 느낌, 이처럼 짓눌리는 듯한 불쾌감이 일찍이 지상에 나타난 적이 없었다고 믿는다. 그렇다고 해서 저 오래된 본능이 통상적으로 요구하던 것을 갑자기 멈춘 것은 아니었다! 단지 그 요구에 따르는 것이 어려웠고 거의 불가능했을 뿐이었다. 대체로 이 본능들은 새로운, 말하자면 지하적인[은밀한] 만족을 추구하지 않을 수 없었다. 밖으로 발산되지 못한 모든 본능은 **내면을 향하게 된다**. 이것이 내가 인간의 내면화라고 부르는 것이다. 이와 함께 나중에 '영혼'이라고 부르게 되는 것이 인간에게서 자라나게 되었다. 처음에는 두 개의 피부막 사이에 펼쳐진 것처럼 얇았던 내면세계 전체가 본능이 밖으로 발산되는 것이 **저지됨**에 따라 더 분화되고 팽창되어 깊이와 넓이와 높이를 갖게 되었다. 오래된 자유의 본능에 대해 국가조직이 자신을 지키기 위해서 구축한 저 무서운 방어벽은 — 무엇보다도 형벌도 이러한 방어벽 중의 하나이다 — 거칠고 자유롭고 방황하는 인간의 저 모든 본능을 거꾸로 돌려서 **인간 자신**을 향하게 만들었다. 적의, 잔인함, 박해를 가하려고 하고 습격하려고 하며 변혁하고 파괴하려는 욕망, 이 모든 것이 그러한 본능의 소유자 자신을 향하는 것. 이것이 바로 양심의 가책의 기원이다. 외부의 적과 저항이 사라지고 관습의 억압적인 협소함과 규제 속에 처박혀진 인간은 성급하게 자기 자신을 찢고 박해하고 물어뜯고 괴롭히고 학대했다. 그를 길들이기 위해 가둬둔 우리의 창살에다 몸을 부딪쳐 상처투성이가 된 이 동물, 황야를 향한 향수에 지쳐 스스로 모험과 고문대 그리고 불안하고 위험한 야만상태를 만들어낼 수밖에 없었던 이 궁핍한 동물, 이 바보, 향수에 사로잡힌 채 절망해버린 이 죄인이 '양심의 가책'을 발명한 자가 된 것이다. 그러나 이와 함께 인류가 오늘날까지도 치유하지 못하고 있는 가장 크고 무서운 병도 생긴 것이다. 이러한 병은 인간이 인간에 대해서, 자기 자신에 대해서 괴로워하는 병이다. 이것은 인간이 자신을 동물적인 과거로부터 폭력적으로 떼어놓은 결과, 말하자면 새로운 상태와 새로운 생존조건 속으로 뛰어든 결과이고, 지금까지 공포를 불러일으키는 자신의 힘과 쾌감의 근거였던 오랜 본능에 대한 선전포고의 결과였다. 이러한 사실에 덧붙여 말하자면 다른 한편으로 동물의 영혼이 자신에게 등을 돌리고 자신에 대해서 적대적으로 되었다는 사실과 함께 지상에 너무나 새롭고 심오하며 전대미문의 것이자 수수께끼 같은 것, 모순으로 가득 찬 것, **미래로 충만한 것**이 존재하게 되면서 지상의 모습이 본질적으로 변화해버렸다. 사실 그때 시작하여 그 결말을 전혀 내다 볼 수 없는 연극의 가치를 평가하기 위해서는 신적인 관객이 필요했다. 그 연극은 어떤 우스꽝스러운 천체를 무대로 하여 아무런 의미도 없이 아무도 보지 않는 가운데 행해지기에는 너무나 미묘하고 불가사의하며 역설적인 연극인 것이다! 그때 이래로 인간은 헤라클레이토스의 '커다란 아이'[30] — 그것은 제우스나 우연이라고 불리는데 — 가 하는 가장 예기할 수 없고 가장 자극적인 행운의 주사위 놀이[31]에 속한다. 인간이란 존재는 마치 인간이

---

30) Heraklit, Fr. 52(Diels-Kranz), "인생은 장기를 이리저리 두면서 노는 아이. 왕국은 아이의 것이니."

31) 니체는 『차라투스트라는 이렇게 말했다』에서 "세계는 주사위 놀이를 하는 신들의 도박대"라고 말한다. 세계를 신들의 주사위 놀이라고 보는 것과 함께 니체는 세계가 어떤 목적을 향해서 나아가고 있다는 목적론을 거부하고 있다. 니체는 아이처럼 유희하듯이 인생을 살 것을 주창한다.

라는 것에 의해서 무엇인가를 고시하고 준비하는 것처럼, 마치 인간이란 존재는 목표가 아니라 단지 하나의 길, 하나의 우발적인 사건, 하나의 다리, 하나의 커다란 약속인 것처럼, 자신에 대해서 흥미와 긴장과 희망과 일종의 확신을 불러일으키게 되었다.

17

양심의 가책의 기원에 대한 이러한 가설의 전제는, 첫째로 그러한 변화는 점진적이거나 자발적인 것이 아니었고 유기체가 성장하듯이 새로운 조건에 적응하는 것도 아니었으며, 단절과 비약, 강제, 불가피한 숙명으로서 나타났던 것이고, 이러한 숙명에 대해서는 아무런 투쟁도, 아무런 원한도 없었다는 것이다. 둘째로, 이제까지는 방해를 받지 않고 살았고 형태를 갖지 않았던 주민을 하나의 확고한 틀 속에 집어넣는 작업이 폭력적으로 시작되었던 것처럼 폭력적으로 끝을 맺게 되었다는 것이다. 따라서 가장 오래된 '국가'는 가공할 폭정으로서 또한 인정사정없이 으깨버리는 기계장치로 출현하여 그 작업을 계속 진행한 결과, 민중과 반(半)동물이라는 저 원료는 마침내 철저하게 반죽되어 부드럽게 되었을 뿐 아니라 **형태를 이루게** 되었다는 것이다. 나는 '국가'라는 단어를 사용했지만, 이것이 무엇을 의미하는지는 저절로 분명해졌을 것이다. 그것은 한 무리의 금발 야수, 정복자나 지배자인 종족을 가리키며 이들은 전투조직으로 이루어져 있고 조직하는 힘을 갖고 있었기 때문에, 수적으로는 아마도 압도적으로 우세하면서도 아직은 형태를 갖지 못한 채 유랑하고 있던 주민들에게 무자비하게 그 무서운 발톱을 들이댔다. 이와 같은 방식으로 '국가'가 지상에서 시작된 것이다. 이것으로 국가가 '계약'에서 비롯되었다는 저 몽상이 처리되었다고 생각한다. 명령할 수 있는 자, 천성적으로 '지배자'인 자, 행위나 태도에서 폭압적인 자 — 이러한 자에게 계약과 같은 것이 무슨 의미가 있겠는가! 이러한 자들은 예측할 수 없는 자들이다. 그들은 아무런 근거도 이유도 고려도 구실도 없이 운명처럼 다가오며, 번개처럼 거기에 와 있다. 그들은 너무나 무섭고 너무도 갑작스럽고 너무나 압도적이고 너무나 '다르기' 때문에 증오할 수도 없을 정도이다. 그들이 하는 일은 본능적으로 형식을 창조하면서 새겨넣는 일이다. 그들은 예술가들 중에서 가장 본능적이고 무의식적인 예술가들이다. 간단히 말해 그들이 나타나는 곳에는 어떤 새로운 것, 하나의 살아 있는 지배체제가 형성된다. 이러한 지배체제에서는 여러 부분과 기능이 규정되어 있고 서로 연관을 맺고 있으며 전체와 관련하여 '의미'를 갖지 않는 것은 하나도 없다. 이 타고난 조직자들은 죄라든가 책임이나 인정 따위는 알지 못한다. 그들에게는 청동처럼 빛나는 저 무서운 예술가적 이기주의가 지배하고 있으며, 그들은 마치 어머니가 아이들에 의해서 정당화되듯이 자신이 '작품'에 의해서 영원히 정당화된다는 사실을 잘 알고 있다. 그들에게서 '양심의 가책'이 발생한 것이 아니라는 것은 처음부터 자명하다. 그러나 이 추악한 식물은 **그들이 없었다면** 생기지 않았을 것이다. 이 식물은 만약 그들의 망치질과 예술가적 폭력의 억압 아래서 거대한 양의 자유가 이 세계에서, 적어도 가시(可視)적인 세계에서 축출되지 않았다면, 다시 말해 **잠재적인 것이** 되지 않았다면 생기지 않았을 것이다. 강제에 의해 잠재적인 것이 되어버린 이 자유의 본능 — 우리는 이러한 사실을 이미 알고 있지만 —, 억눌리고 밀쳐지고 내면세계 속으로 유폐되어 마침내는 오직 자기 자신에 대해서만 발산되고 폭발하게 된 이러한 자유의 본능, 오직 이것에서만 **양심의 가책이** 비롯된 것이다.

18

이러한 현상이 처음부터 추악하고 고통스럽다고 해서 그것을 경시해서는 안 된다. 근본적으로 저 폭력적 예술가들과 조직자들에게서 웅대한 방식으로 작용하고 국가를 건설하는 것과 동일한 능동적인 힘이 여기에서는 내면적으로 더욱 작고 옹졸한 방식으로, 그리고 방향을 뒤로 돌려 — 괴테의 표현을 빌리자면 — "가슴의 미궁(das Labyrinth der Brust)"[32] 속에서 양심의 가책을 만들어내고 부

---

32) 괴테의 시 「달에게(An den Mond)」(1778)의 마지막 연에 나오는 시구.

정적인 이상을 건설하는 것이다. 이 힘이 바로 **자유의 본능**(나의 언어로 말하자면 힘에의 의지)이다. 다만 여기에서는 조형적이고 폭압적인 성질을 지닌 이 힘이 작용하는 소재가 인간 자신일 따름이고, 인간의 동물적인 오래된 자기의 전체일 뿐이다. 저 웅대하고 더 명백한 저 현상에서처럼 **다른** 인간, **다른** 인간들이 **아닌 것이다**. 이 은밀한 자기 학대, 이러한 예술가적인 잔인성, 자기라는 이 둔중하고 반항적이며 고통스러워하는 소재에 하나의 형식을 부여하여, 그것에 의지, 비판, 모순, 경멸, 부정을 새겨 넣는 이 쾌감, 자신을 괴롭히면서 느끼는 쾌감 때문에 스스로를 괴롭히면서 의도적으로 자신을 분열시키는 영혼이 행하는 이 섬뜩하고 무서울 정도로 쾌락에 넘치는 일, 결국에는 이러한 능동적인 '양심의 가책' 전체야말로 — 아마도 이미 짐작하고 있겠지만 — 이상적이고 공상적인 사건들의 진정한 모태로서 수많은 신기한 아름다움과 긍정을 출현하게 한 것이며, 아마도 아름다움 자체를 처음으로 출현하게 한 것이기도 하다. 만일 모순된 것이 애초에 스스로를 의식하지 못했다면, 만일 추악한 것이 애초에 스스로에게 '나는 추악하다'라고 말하지 않았다면, 도대체 '아름다움'이란 것이 있을 수 있겠는가? 적어도 이런 정도의 힌트를 얻은 뒤에는 **사심 없음**(Selbstlosigkeit), **자기부정**, **자기희생**과 같은 모순된 개념들에서 어느 정도로 이상과 아름다움이 암시될 수 있는가라는 수수께끼도 그다지 풀기 어려운 것은 아닐 것이다. 이제 다음 한 가지 사실도, 즉 사심 없는 자, 자기 자신을 부정하는 자, 자기 자신을 희생하는 자가 느끼는 **쾌감**은 처음부터 어떤 종류의 것이었는지도 곧바로 알게 될 것이다. 그러한 쾌감은 잔인성의 일종이다. 이러한 사실이야말로 내가 믿어 의심치 않는 것이다. **도덕적 가치로서의 '비이기적인 것'**의 기원 및 이러한 가치가 자라나게 된 토양에 대해서는 지금으로서는 다음의 사실을 지적하는 것 정도로 그치겠다. 양심의 가책이야말로, 즉 자신을 학대하려는 의지야말로 비이기적인 것이라는 가치를 위한 전제가 된다.

19

양심의 가책은 하나의 병이다. 이는 의심할 여지가 없는 사실이다. 그러나 그것은 임신이 하나의 병이라는 것과 같은 의미에서의 병이다.[33] 이 병이 가장 무섭고 가장 숭고한 정점에 도달하게 된 조건을 살펴본다면, 우리는 이 병과 함께 도대체 무엇이 처음으로

---

33) 니체는 『도덕의 계보』 세 번째 논문 4절에서 임신한 여성은 임신으로 인해 메스꺼움과 입덧을 갖지 않을 수 없다고 말하고 있다. 니체가 양심의 가책을 임신에 비유하고 있는 것은, 임신 상태의 고통을 통해서 어린아이가 탄생되듯이 양심의 가책이라는 괴로운 병을 통해서 내면성에 입각한 서양문화가 태어나게 되었다고 보기 때문인 것 같다. 물론 니체는 그리스도교나 낭만주의를 비롯하여 내면성에 입각한 서양문화에 대해서 비판적이다.

세계에 나타나게 되었는지를 알게 될 것이다. 그러나 이를 위해서는 긴 호흡이 필요하다. 그리고 먼저 우리는 앞에서 말한 관점으로 다시 돌아가야만 한다. 앞에서 이미 길게 이야기했지만, 채무자와 채권자 사이의 사법적인 관계는 다시 한 번 그리고 역사적으로 극히 주목할 만하고 예사롭지 않은 방식으로 우리 현대인에게는 아마도 가장 이해할 수 없는 관계, 즉 **현재의 세대와 조상들** 사이의 관계를 해석하는 데 동원되었다. 원래의 종족 공동체 — 우리가 말하는 것은 태곳적이다 — 에서 현재의 세대는 이전 세대, 특히 종족의 기초를 놓은 최초의 세대에 대해서 일종의 법률적 의무를 지고 있음을 항상 인정한다. (그리고 이것은 한갓 감정상의 결속이 아니다. 인류 역사의 가장 오랜 기간[선사시대]에 대해서는 [조상과 현재의 세대 사이에] 감정상의 결속이 존재했다는 것을 부인해야 할 이유가 충분히 있다.) 여기에서 종족은 오로지 조상의 희생과 업적의 덕택으로 **존속한다**는 확신이, 그리고 희생과 업적에 의해서 조상에게 **되갚아야** 한다는 확신이 지배한다. 따라서 사람들은 그러한 빚을 인정하며, 더구나 이 빚은 이러한 조상이 강력한 정령으로 계속 존속하면서 종족에게 새로운 이익과 힘을 끊임없이 증여하기 때문에 끊임없이 늘어간다. 조상은 '아무런 대가도 없이' 그러는 것일까? 그러나 저 야만스럽고 '영혼이 빈약한' 시대에는 '아무런 대가도 없다는 것'은 있을 수 없다. 그러면 조상에게 무엇을 되돌려줄 수 있는가? 제물 (가장 거칠게 이해하자면, 처음에는 음식물), 축제, 예배당, 의례, 특히 복종이었다. 왜냐하면 모든 관습은 조상이 만든 작품으로서 또한 그들의 법령이자 명령이었기 때문이다. 조상의 은덕을 충분히 갚고 있는가? 이러한 의혹은 계속해서 남아 있고 자꾸만 자라난다. 때때로 이러한 의혹은 '채권자'에게 한꺼번에 엄청난 상환을, 즉 무서운 보상을 할 것을 강요한다(예를 들면 저 악명 높은 첫아이의 희생과 같은 것으로 언제나 피, 그것도 사람의 피를 강요한다). 조상과 그의 힘에 대해서 느끼는 **공포**, 조상에 빚을 지고 있다는 의식은 이러한 종류의 논리에 따라 종족 자체의 힘이 증대되는 것에 정확히 비례해서, 즉 종족 자체가 계속해서 승리를 거두고 더욱 독립적이 되고 존경과 두려움의 대상이 되는 정도에 정확히 비례해서 필연적으로 커진다. 결코 그 반대는 아니다! 종족이 쇠퇴해가는 한 단계 한 단계, 모든 불행한 사건, 퇴화의 모든 징조, 해체되기 시작하는 모든 징조는 항상 종족의 기초를 놓은 자의 정신에 대한 공포마저도 감소시키고, 그의 영민함과 배려심과 힘을 갈수록 더 떠올리지 못하게 만든다. 이렇게 조야한 논리가 도달하게 되는 종점을 생각해보자. **가장 강력한** 종족들의 선조는 증대되는 공포 자체의 상상에 의해서 종내에는 어마어마한 존재로 커지게 되고, 신적인 무서움과 상상할 수 없는 어둠 속으로 밀려들어 갈 수밖에 없게 된다. 선조는 결국에는 필연적으로 하나의 신으로 변형된다. 아마도 여기에 신들의 기원 자체가, 즉 **공포**로부터의 기원이 존재한다! 그리고 여기서 '그러나 경건으로부터의 기원도!'라고 덧붙이는 것이 필요하다고 생각하는 사람은 인류의 가장 오랜 시대, 즉 원시시대[선사시대]에 대해서는 자신의 생각을 견지하기 어려울 것이다. 더군다나 고귀한 종족이 형성된 저 **중간** 시대에 대해서 그러한 생각을 견지하기 어렵다는 것은 말할 나위가 없다. 이들 고귀한 종족은 이 시기에 그들 자신에게서 분명히 나타나게 된 모든 속성, 즉 **고귀한** 속성들을 이자까지 붙여서 자신들의 창시자와 선조들(영웅들, 신들)에게 되돌려준 것이다. 우리는 신들의 귀족화와 고귀화(이것이 물론 신들의 '신성화'는[34] 아니다)에 관해서는 나중에 다시 한 번 살펴볼 것이다.[35] 지금은 단지 이 부채의식이 발전해가는 과정 전체를 일단 끝까지 따라가 보자.

---

34) 여기서 신들의 귀족화는 신들이 고대 귀족이 가졌던 고귀한 성격을 갖게 되는 것을 가리킨다. 예를 들어 고대 그리스 신화에서 제우스는 고대 그리스 귀족이 가졌던 자신에 대한 강한 긍지와 넘치는 생명력과 같은 성격을 가지고 있다. 고대 그리스의 신들은 불사라는 점을 제외하고는 고대 그리스 귀족들의 고귀한 성격을 반영하고 있다. 이에 반해 신성화는 그리스도교의 신처럼 신이 모든 면에서 인간을 초월하는 존재로 간주되는 것을 가리킨다. 그리스도교의 신은 인간적인 욕망을 전혀 갖지 않는 순수정신으로 여겨지고 있다.

35) 이 책 두 번째 논문 23절을 참조할 것.

20

역사가 가르쳐주듯이, 신성에 대해서 빚을 지고 있다는 의식은 혈연에 기초한 '공동체'의 조직 형태가 몰락한 후에도 결코 사라지지 않았다. 인류는 '좋음[탁월함]과 나쁨[저열함]'이란 개념들을 세습귀족으로부터(위계질서를 정립하려는 그들의 심리적인 근본성향과 함께) 이어받은 것과 동일한 방식으로, 또한 종족신과 부족신과 더불어 아직 상환되지 않은 빚의 부담과 빚을 상환하려는 열망의 부담도 유산으로 이어받은 것이다. (이러한 일을 수행한 것은 저 널리 퍼져 있던 노예들과 예속된 주민들이었다. 이들은 강제에 의해서든 굴종과 모방에 의해서든 그들을 지배하는 자들의 신들을 숭배하게 되었다. 이와 함께 이 유산은 그들로부터 사방으로 흘러넘쳐 갔다.) 신에게 빚을 지고 있다는 의식은 수천 년에 걸쳐서 부단히 성장했다. 그것은 항상 지상에서 신 개념과 신에 대한 감정이 성장하고 고양되는 것에 비례해서 성장했다. (인종들 간의 투쟁, 승리, 화해, 융합의 모든 역사, 서로 다른 인종들이 대규모로 종합되면서 형성되는 모든 민족적 요소의 최종적인 위계질서에 선행하는 모든 것은 그러한 민족적 요소들 각각이 섬겼던 신들의 혼란스러운 계보에 반영되어 있으며, 또한 신들 사이의 투쟁과 승리 그리고 화해에 대한 전설에 반영되어 있다. 세계제국을 향해서 나아가는 것은 또한 항상 보편적인 신을 향해서 나아가는 것이었으며, 독립적인 귀족계급을 제압하는 것과 성립되는 전제 정치는 항상 어떤 일신교로 나아가는 길을 여는 것이었다.) 따라서 이제까지 도달된 최대의 신인 그리스도교 신의 출현과 함께 또한 최대의 부채의식[신에게 빚을 지고 있다는 의식]이 지상에 나타나게 되었다. 만일 우리가 실로 정반대의 운동을 일으켰다고 한다면 그리스도교의 신에 대한 믿음은 끊임없이 쇠퇴해갔을 것이고, 이에 따라 오늘날에는 이미 인간의 부채의식[죄의식]도 현저하게 쇠퇴했을 것이라고 충분히 추론할 수 있을 것이다. 무신론의 완벽하고 결정적인 승리는 인간을 그들의 기원에, 그들의 제1원인에[36) 빚을 지고 있다는 이러한 감정 전체에서 해방시킬 수도 있으리라는 전망을 정녕 배제할 수 없다. 무신론과 일종의 **제2의 무구한 상태**[부채의식도 죄의식도 없는 상태]는 서로 긴밀하게 결합해 있는 것이다.

21

이상에서 간략하게나마 '빚', '의무'라는 개념들이 종교적 전제들과 갖는 관련에 대해서 살펴보았다. 지금까지 나는 이러한 개념들의 도덕화(즉 그것들을 양심 속으로 되밀어 넣는 것, 더 분명하게 말해

---

36) 다른 존재자들의 원인으로만 존재할 뿐 그것을 낳은 원인이 존재하지 않는 존재로서 신을 의미한다. 이에 반해 다른 모든 존재자는 그것을 낳은 원인이 존재한다.

서, 양심의 가책을 신이란 개념과 연루시키는 것)를 의도적으로 도외시했다. 그리고 앞 절의 종결 부분에서 나는 심지어 마치 이러한 도덕화가 전혀 존재하지 않는 것처럼, 따라서 그 개념들의 전제가 되는 '채권자'인 신에 대한 신앙이 붕괴되어버린 후에는 저 개념들도 이제는 필연적으로 종언을 고할 수밖에 없는 것처럼 말했다. 그러나 사실은 무서울 정도로 이와 다르다. 빚과 의무라는 개념들의 도덕화와 함께, 즉 그것들을 양심의 가책 속으로 되밀어 넣는 것과 함께, 앞에서 서술한 전개의 방향[무신론을 통해서 무구의 상태를 회복하려는 방향]을 역전시키거나 최소한 그 전개를 중지시키려는 시도가 행해졌다. 그리하여 이제 비관적인 일이지만, 빚을 완전히 변제할 가능성은 영원히 사라져버리고, [빚의 완전한 변제를 향했던] 시선은 강철과 같은 불가능성에 부딪혀 절망적으로 뒤를 향할 수밖에 없게 된다. 이제 저 '빚'과 '의무' 같은 개념들은 뒤로 향하지 않을 수 없게 된다. 도대체 누구를 향하는 것일까? 그것이 먼저 채무자를 향한다는 것은 의심할 여지가 없다. 이제 양심의 가책은 그런 식으로 채무자에게 깊이 뿌리를 내리고 잠식하고 퍼져나가고 무좀처럼 넓고 깊이 자라난다. 그 결과 마침내는 빚을 상환할 수 없다는 것과 함께 죄도 보상할 수 없다는 생각, 즉 속죄가 불가능하다는 ('영원한 벌')의 사상이 싹트게 된다. 그러나 마침내 그 사상은 심지어는 '채권자'에게까지 향하게 된다. 이 점에 대해서는 인간의 제1원인, 인류의 시초, 이제 저주에 사로잡히게 되는 인류의 시조('아담',

'원죄', '의지의 부자유')를 생각해보는 것이 좋을 것이다. 또는 인간을 탄생시킨 모체이지만 이제 그 속에 악의 원리가 투입되는 자연('자연의 악마화')을 생각해보는 것이 좋을 것이다. 또는 그 자체로 무가치한 것으로 간주되는 존재 일반(존재로부터의 허무주의적 도피, 무에 대한 갈망, 또는 존재의 반대물이나 다른 존재양식에 대한 갈망, 불교나 그와 유사한 것에 대한 갈망)을 생각해보는 것이 좋을 것이다. 그리하여 우리는 고통받는 인간에게 일시적인 위안을 주는 저 역설적이고 무서운 방책 앞에, 즉 그리스도교라는 저 천재적인 수완 앞에 갑자기 맞닥뜨리게 된다. 즉 신 스스로가 인간의 죄 때문에 자신을 희생한다. 신 스스로가 자신을 자기 자신에게 대가로 지불한다. 신이란 인간이 상환할 수 없게 된 것을 인간을 대신해서 상환할 수 있는 유일한 존재이다. 채권자가 자신의 채무자를 위해 자신을 희생한다는 것이다. 그것도 사랑에서(이것을 믿어야 할까?), 자신의 채무자에 대한 사랑에서!

22

이 모든 사태와 함께 그리고 그러한 사태 아래서 도대체 어떤 일이 일어났는지는 이미 짐작했을 것이다. 즉 내면으로 향하도록 몰려서 자기 자신 속에 칩거하게 된 동물적 인간, 길들이려는 목적으로 '국가' 안에 감금된 동물적 인간의 자학하려는 의지, 자신을 향하는 잔인성이 생겨난 것이다. 이 동물적 인간은 남에게 고통을 가하려는 의지를 분출할 수 있는 더 **자연스러운** 출구가 막혔기 때문에 자기 자신에게 고통을 가하려고 양심의 가책이라는 것을 발명해냈다. 양심의 가책을 지닌 인간은 자신에 대한 고문을 소름 끼칠 정도의 냉혹함과 준엄함의 극한으로까지 행하기 위해 종교적 전제를 자기 것으로 만들었다. 신에 대한 죄라는 생각이 그에게 고문의 도구가 되는 것이다. 인간은 신을 자신의 떨쳐버릴 수 없는 동물적 본능들에 대한 궁극적 대립물로 보게 된다. 그는 이러한 동물적 본능들 자체를 신에 대한 죄로('주님', '아버지', 세계의 시조이자 태초에 대한 적의, 반역, 반란으로) 해석한다. 그는 '신'과 '악마' 사이의 대립이 일어나는 장이 된다. 그는 자기 자신과 자신의 본성, 자신의 자연성과 사실성에 대한 모든 부정을 긍정으로서, 육신을 가지고 현실적으로 존재하는 것으로서,[37] 신으로서, 신의 성스러움으로서, 신에 의한 심판으로서, 신에 의한 처형으로서, 피안으로서, 영원으로서, 끝없는 고문으로서, 지옥으로서, 헤아릴 수 없을 정도로 큰 벌과 죄로서 해석했다. 이러한 정신적인 잔인성에는 어떤 것에도 비길 수 없는 의지의 착란이 자리 잡고 있다. 그러한 의지는 자신이 구원받을 수 없을 정도로 죄를 지었고 저주받아 마땅하다고 생

---

37) 신이 예수라는 구체적인 인간의 형태로 육신을 가지고 이 세상에 존재하는 것으로서.

각하는 인간의 **의지이다**. 그것은 자신이 벌을 받고 있다고 생각하지만 어떠한 벌도 자신이 지은 죄를 보상할 수 없다고 생각하는 인간의 의지이다. 그것은 이러한 '고정 관념들'의 미궁에서 나오는 탈출구를 철저하게 폐쇄하기 위해 사물의 가장 깊은 근거를 벌과 죄의 문제로 오염시키고 독을 타려는 인간의 **의지이다**. 이것은 하나의 이상— 신성한 신이라는 이상— 을 세움으로써 그와 같은 이상 앞에서 자신의 절대적인 무가치함을 분명히 확인하려는 인간의 의지이다. 오오, 이 미쳐버린 가련한 짐승인 인간이여! 만일 그가 **야수처럼 행동하는 것**을 조금이라도 방해받게 될 때, 얼마나 반자연적인 일이, 얼마나 어처구니없는 발작이, 어떠한 **야수적인 관념**이 곧바로 폭발하게 되는 것일까? 이 모든 것은 지극히 흥미로운 것이지만 너무나 암담하고 음울하고 쇠잔한 비애에 휩싸여 있는 것이기도 해서 너무 오랫동안 이 심연을 들여다보아서는 안 된다.[38] 의심할 것도 없이 여기에는 병이, 지금까지 인간에게 창궐했던 가장 무서운 병이 있는 것이다. 이 고문과 부조리의 밤에 얼마나 **사랑의 외침**이, 그리움에 불타는 환희의 외침이, **사랑**을 통한 구원의 외침이 울렸는지를 아직도 들을 수 있는 자는(그런데 오늘날에는 이 외침

---

38) 니체는 『선악의 저편』 146절에서 이렇게 말하고 있다.
 "괴물과 싸우는 사람은 싸우는 과정에서 자기 자신이 괴물이 되지 않도록 조심해야 한다. 만일 그대가 심연 속을 오랫동안 들여다보고 있으면 심연도 그대 속을 들여다본다."

을 들을 수 있는 귀를 가진 사람이 더 이상 존재하지 않는다!) 견딜 수 없는 전율에 휩싸여 얼굴을 돌리고 만다. 인간에게는 이렇게 너무나 끔찍한 것이 존재한다! 대지는 너무 오랫동안 정신병원이었다!

23

'신성한 신'이란 관념의 기원에 대해서는 이상에서 서술한 것으로도 충분히 해명되었을 것이다. 신들에 대한 관념 **자체**가 반드시 이렇게 ― 우리가 짧게나마 살펴보았던 것처럼 ― 상상력을 망치는 것으로 귀착되는 것은 아니라는 것, 유럽이 지난 수천 년 동안 장인적인 수완을 보여왔던 인간의 자기 고행이나 자기 능욕을 위해서 신이란 발명물을 이용해온 것보다도 더 고귀한 이용법이 있다는 것, 이 점은 다행하게도, 우리가 **그리스 신들**을 잠깐 살펴보기만 해도 분명하게 된다. 그리스 신들에게는 고귀하고 자주적인 인간의 모습이 반영되어 있으며, 이러한 신들에 비추어 인간 속의 동물은 자신이 신과 같이 된다고 느꼈다. 그것은 자기 자신을 물어뜯지도 **않았고**, 자기 자신을 향해 사납게 날뛰지도 **않았다**! 이들 그리스인들은 '양심의 가책'을 멀리하고 영혼의 자유를 즐기기 위해서 아주 오랫동안 그들의 신들을 이용했다. 즉 그들은 그리스도교가 자신의 신을 이용한 것과는 정반대의 의미로 신들을 이용했다. 이 장려하고 사자처럼 용감한 어린이들은 이 점에서 **극단으로까지** 나아갔다. 그리하여 호메로스의 작품에서는 때때로 제우스 정도의 권위가 나서서, 그들이 너무 경솔하다고 충고했다. "괴이한 일이로다!"라고 언젠가 제우스는 말했다. 그것은 아이기스토스(Ägistos)의 매우 고약한 경우[39]를 염두에 둔 것이었다.

> "저 죽음을 면할 수 없는 자들이 신들을 향해서
> 소리 높여 비난을 퍼붓다니 괴이한 일이로다!
> **오직 우리에게서만 악이 빚어진다고**
> 그들은 말하지만, 그들은
> 스스로의 어리석음 때문에
> 운명을 거스르면서까지
> 불행을 빚어내는구나."[40]

그럼에도 불구하고 그대들은, 올림포스에 거주하는 이 관찰자이자 심판자가 그 때문에 인간들을 결코 원망하지 않으며 인간들

---

39) 아가멤논은 트로이 전쟁의 승리를 위해서 딸 이피게니아를 희생의 제물로 바쳤다. 이 일로 아내인 클리타임네스트라는 남편에 대한 분노에 사로잡혀 정부(情夫)인 아이기스토스와 공모하여 아가멤논을 살해한다. 성인이 된 왕자 오레스테스는 여동생 엘렉트라에게 설득되어 어머니인 클리타임네스트라와 아이기스토스를 살해한다. 여기서 아이기스토스의 고약한 경우란 아이기스토스가 클리타임네스트라와 공모하여 아가멤논을 죽인 일을 가리킨다.

40) Homer, *Odyssey*, 제1장 32~34행.

에 대해 악의를 품지도 않는다는 사실을 볼 수 있고 들을 수 있다. "그들은 얼마나 어리석은가!" 그는 죽음을 면할 수 없는 자들의 나쁜 짓을 보면서 이렇게 생각하는 것이다. 그리고 가장 강하고 가장 용감했던 시대의 그리스인들까지도 '어리석음', '무분별', 약간의 '머리의 혼란', 이런 것 정도를 많은 재화(災禍)와 재앙의 원인으로 인정했다. 인정한 것은 어리석음이지 죄는 아니었다! 그대들은 이를 이해하겠는가? 그러나 이 머리의 혼란조차도 하나의 문제였다. "도대체 어떻게 그런 혼란이 가능한 것인가? 도대체 어떻게 그런 혼란이 우리 귀족적인 혈통의 인간, 행복하고 성공한 인간, 가장 좋은 사회의 인간, 고귀하고 유덕한 인간의 머릿속에서 일어날 수 있었던가?" 수 세기 동안 고귀한 그리스인들은 그들 무리의 한 사람이 저지른 이해할 수 없는 잔인무도한 악행을 대할 때마다 그렇게 스스로에게 물은 것이다. 마침내 그들은 머리를 절레절레 흔들면서 결론짓는다. "신이 그를 기만했음이 틀림없어"라고. 이러한 핑계는 그리스인들에게 전형적인 것이었다. 이처럼 당시에는 인간이 나쁜 일에서도 어느 정도까지는 자신을 정당화하는 데 신들을 이용한 것이다. 악의 원인으로 간주하는 방식으로 신들을 이용했다. 그 당시에 신들은 형벌을 주는 일을 맡은 것이 아니라, 오히려 더 고귀한 것, 즉 죄를 떠맡았던 것이다.

24

나는 세 가지 물음을 제기하면서 끝을 맺고자 한다. "여기에서는
도대체 하나의 이상이 세워지고 있는가 아니면 무너지고 있는가?"
사람들은 아마도 나에게 이렇게 물을지도 모른다. 그러나 그대들
은 이 지상에 **이상**을 세우는 일이 얼마나 비싼 대가를 치렀는지를
깊게 자문한 적이 있는가? 그것을 위해서 얼마나 많은 현실이 비
방을 받고 오해되었으며, 얼마나 많은 거짓이 신성화되었고, 얼마
나 많은 신이 그때마다 희생되어야만 했던가? 하나의 성전이 세워
질 수 있기 위해서는 **하나의 성전이 부서져야만 한다**. 이것이 법칙인
것이다. 이 법칙이 맞지 않는 경우가 있다면 내게 제시해보라. 우
리 현대인들은 수천 년에 걸쳐서 자신의 양심을 해부하면서 자신
의 동물성을 학대해온 인류의 성향을 이어받았다. 이 점[양심 해부
와 자기 학대]에서 우리는 가장 오랫동안 훈련을 해왔고 기교를 쌓
았으며 세련되고 까다로운 취미를 발전시켰다. 인간은 너무나 오
랫동안 자신의 자연적인 성향을 '적의에 찬 시선'으로 보아왔기 때
문에, 마침내 이 자연적인 성향은 '양심의 가책'을 초래하는 것이
되어버렸다. 정반대의 시도 **자체**가 가능하기는 할 것이다. 그러
나 그런 시도를 할 만큼 강한 자가 있는가? 정반대의 시도란 모든
반자연적인 성향, 즉 피안의 것, 감각에 반하는 것, 본능에 반하는
것, 자연에 반하는 것, 동물성에 반하는 것에 대한 모든 열망, 요컨

대 삶에 적대적이며 세계를 비방하는 종래의 이상들이야말로 양심의 가책을 초래하는 것으로 간주하는 것이다. 누가 그러한 희망과 요구를 충족시켜줄 수 있겠는가? 이와 함께[그러한 희망과 요구를 충족시켜주려고 하는 것과 함께] 우리는 선량한 인간들을 우리의 적으로 갖게 된다. 게다가 당연한 일이지만, 안일한 인간들, 유화적인 인간들, 허영심 많은 인간들, 몽상적인 인간들, 지쳐버린 인간들을 우리의 적으로 갖게 된다. 얼마나 준엄하고 고매하게 자신을 대하는지를 드러내는 것보다도 더 사람들을 모욕하고, 사람들로 하여금 자신에 대해서 환멸을 느끼게 하는 것이 있을까? 다른 한편, 우리가 모든 세상 사람과 똑같이 행동하고 모든 세상 사람처럼 '그저 되는대로' 살아갈 때 세상 사람들은 우리를 얼마나 환영하고 우리에게 얼마나 호의적일 것인가! 저 목표를 달성하기 위해서는 바로 이 시대에 존재하는 것과는 다른 종류의 정신이 필요하다. 이러한 정신은 전쟁과 승리를 통해 단련되었고, 정복과 모험과 위험 그리고 심지어 고통까지도 필요로 하는 정신이다. 저 목표를 달성하기 위해서는 고지(高地)의 날카로운 바람, 겨울의 방랑, 그리고 모든 의미의 얼음과 산악에 익숙해져야만 할 것이다. 저 목표를 달성하기 위해서는 일종의 숭고한 악의도 필요하고, 더구나 위대한 건강에 수반되는 극도로 자신을 확신하는 불손한 인식이 필요하다. 간결하게 그리고 좀 더 악의적으로 말하자면, 바로 이 위대한 건강이 필요한 것이다. 그런데 이러한 위대한 건강이 오늘날에도 가능할까? 그러나 언젠가는 썩은 냄새가 나고 자기 회의적인 현재보다 훨씬 강한 시대가 오면 위대한 사랑과 경멸을 지닌 **구원자**가, 즉 자기 내부의 몰아대는 힘으로 인해 어떤 초연한 곳이나 어떤 피안에서 쉴 수 없는 저 창조적 정신이 우리에게 반드시 다가온다. 그의 고독은 마치 현실 도피인 것처럼 민중에게 오해받게 된다. 그러나 그의 고독은 단지 현실 **속으로** 침잠하고 몰입하고 깊이 파고 들어가는 것일 뿐이며, 이를 통해 그가 언젠가 그곳에서 나와 다시 밝은 세상에 모습을 드러낼 때 이 현실의 구원을, 즉 지금까지의 이상이 현실에 내렸던 저주에서 벗어나게 하는 구원을 가져올 것이다. 이 미래의 인간은 이제까지의 이상으로부터 우리를 구원할 뿐 아니라 그 **이상에서 자라날 수밖에 없었던** 것들인 [지상의 삶에 대한] 커다란 구토, 무를 향한 의지, 허무주의로부터도 우리를 구원해줄 것이다. 이러한 정오와 위대한 결단의 종소리는 다시금 의지를 자유롭게 만들며, 대지에는 목표를, 인간에게는 희망을 되돌려줄 것이다. 안티크리스트이자 반(反)허무주의자, 신과 무를 초극한 자 ― 그는 언젠가 반드시 온다.

25

그러나 지금 나는 무슨 말을 하고 있는가? 이제 그만하자! 이제 충분하다! 여기에서 내가 해야 할 것은 단 한 가지, 즉 침묵하는 것이다. 그렇지 않으면 나는 나보다도 젊은 자, '더 미래의 인간', 더 강한 자에게만 허용되어 있는 것을 하는 것이 된다. 오직 **차라투스트라**에게만, **무신론자인 차라투스트라**에게만 허용되는 것을.

금욕주의적 이상이란
무엇을 의미하는가?

"거칠 것 없고, 조소(嘲笑)하며, 난폭하게 ―. 지혜는 우리에게 그러한 것을 요구한다. 지혜는 여성이며 항상 전사만을 사랑한다."

『차라투스트라는 이렇게 말했다』

1

금욕주의적 이상이란 무엇을 의미하는가? 예술가들에게는 아무것도 의미하지 않거나 너무 많은 것을 의미한다.[1] 철학자들이나 학자들에게는 높은 정신성이 성립될 수 있는 가장 좋은 조건들을 알아내는 직감이나 본능을 의미한다. 여성들에게는 기껏해야, 유혹을 더 불러일으킬 수 있는 매력이나 아름다운 육체에서 보이는 섬세한 부드러움을 의미하고, 혹은 포동포동하게 살찐 동물의 천사 같은 모습을 의미한다.[2] 생리학적으로 볼 때 실패한 자나 불만에 차 있는 자들(죽어야 할 운명을 가진 대다수의 인간)에게는 그들 자신을 이 세상에서 '너무나 선한' 자들로 보이게 하려는 시도, 성스러운 모습을 한 방종,[3] 만성적인 고통과 권태와의 투쟁에서 사용

---

1) 이 말의 의미에 대해서는 이 세 번째 논문의 5절을 보라.
2) 여성은 진심으로 금욕주의자가 되지 못하며, 여성에게 금욕주의는 자신의 매력을 증대시키기 위한 장식물 정도에 지나지 않는다는 의미이다.
3) 생리학적으로 실패한 자나 불만에 차 있는 자들은 자신의 본능적인 욕망을 적절히 통제할 줄 모르는 사람들이라는 의미에서 방종한 자들이다. 그럼에도 이

하는 그들의 주요한 무기를 의미한다. 성직자에게는 성직자가 갖는 본래의 신념, 권력을 위한 최상의 도구, 권력에 대한 '최고의' 면허증을 의미한다. 마지막으로 성자에게는 동면(冬眠)에 들기 위한 구실, 영예에 대한 욕망,[4] 무('신') 안에서 휴식을 취하는 것, 광기의 형식을 의미한다. 그러나 일반적으로 금욕주의적 이상이 인간에게 그렇게 많은 것을 의미한다는 **사실**에는 인간 의지의 근본사실, 즉 공허에 대한 공포가 표현되어 있다. **인간의 의지는 목표를 필요로 한다.** 인간의 의지는 **아무것도 의욕하지 않기**보다는 차라리 무를 의욕하는 것이다.[5] 내 말을 이해하겠는가? … 내 말을 이해했는가? … "전혀 이해하지 못했습니다! 선생님." — 그러면 처음부터 다시 시작해보자.

들은 본능적인 욕망을 인간을 고통에 빠뜨리는 악으로 간주하면서 부정하는 금욕주의적인 삶을 통해서 성스러움을 가장한다는 것. 니체는 『우상의 황혼』 「자연에 반하는 것으로서의 도덕」, 2절에서 이렇게 말하고 있다.

"관능에 대한 철저한 적개심, 불구대천의 적개심은 하나의 생각해볼 만한 징후다. 이와 함께 우리는 그렇게 극단적인 자의 전체적인 상태에 대해 추측해 볼 수 있다. — 저 적개심, 저 증오는 그러한 본성을 가진 자들이 자신들을 근본적으로 치유하거나 자신들의 '악마'를 물리칠 수 있을 정도로 강하지 못할 때 절정에 달한다."

4) "그들이 포기하기 가장 어려운 것은 영예에 대한 욕망이다."(Tacitus, *Histories* IV. 6). 성직자들에게는 남들이 따라 하기 어려운 금욕주의적 고행을 통해서 자신의 영예를 높이려는 욕망이 있다는 것.

5) 여기서 무는 신과 같은 허구나 열반과 같은 현실도피를 의미한다.

2

금욕주의적 이상이란 무엇을 의미하는가? 내가 종종 조언을 요청받은 한 사례를 들어보겠다. 예를 들어 리하르트 바그너와 같은 예술가가 노년에 접어들면서부터 정결을 숭상하게 되었다면 이는 무엇을 의미하는가? 어떤 의미에서 분명히 바그너는 항상 정결을 숭상해왔다. 그러나 그는 최근에 들어서야 금욕주의적 의미의 정결을 숭상하게 되었다. 이러한 '의미'의 변화, 이러한 급격한 의미의 전환은 무엇을 의미하는가? 내가 그러한 의미 변화가 급격한 것이었다고 말하는 것은 그와 함께 바그너가 [이제까지] 자신의 대립물이었던 것 속으로 뛰어든 셈이기 때문이다. 어떤 예술가가 자신의 대립물 속으로 뛰어들었다는 것은 무엇을 의미하는가? 우리가 이러한 물음을 다루기 위해서 잠시 이야기를 멈춘다면, 우리는 즉시 바그너의 생애 가운데 가장 좋았고 가장 강했으며 가장 쾌활했고 **가장 용감했던** 시절을 회상하게 된다. 이때 그는 '루터의 결혼'에 대한 악상(樂想)에 내적으로 깊이 사로잡혀 있었다. 우리가 오늘날 이 혼인곡 대신에 「마이스터징거(*Meistersinger*)」를 갖게 된 것에는 도대체 어떤 우연이 작용했는가? 그리고 후자에는 전자에서 느낄 수 있던 감흥이 얼마나 남아 있는가? 그러나 이 '루터의 결혼'에서도 정결이 찬양되고 있었으리라는 것은 말할 나위도 없다. 그렇지만 '관능'도 찬양되고 있었으리라는 것 역시 말할 나위가 없다.

이 점을 나는 당연한 것으로 생각했고, 바로 그 점이 '바그너적'이라고 생각했다. 왜냐하면 정결과 관능 사이에는 아무런 필연적인 대립도 존재하지 않기 때문이다. 모든 참된 결혼, 모든 참된 애정은 이러한 대립을 넘어서는 것이다. 내 생각에는 바그너가 사랑스럽고 용감한 루터 희극을 통해서 독일인들로 하여금 다시 한번 이러한 유쾌한 사실을 가슴속에서 절실히 느끼게 했더라면 좋았을 것이다. 왜냐하면 독일인들 가운데는 관능을 비방하는 사람이 많이 존재했으며 지금도 그렇기 때문이다. 그리고 아마도 루터의 가장 큰 공적은 자신의 **관능적 욕망**을 실현할 수 있는 용기(그 당시에 이것은 에둘러서 '복음적 자유'라고 불렸다)를 가졌다는 데 있을 것이다. 그러나 정결과 관능이 실제로 대립하는 경우에조차도, 다행히도 그 대립은 비극적인 대립으로까지 갈 필요가 없다. 최소한 이러한 사실은 동물과 천사 사이의 불안한 균형을 삶을 부정할 수 있는 반대 근거로 생각하지 않는 심신이 건강하고 쾌활한 모든 인간에게 해당할 것이다. 괴테나 하피스[6] 같은 매우 섬세하고 총명한 사람들은 **오히려** 그러한 불안한 균형을 삶의 자극으로 느끼기까지 했다. 이러한 '모순'이야말로 사람들을 살도록 유혹한다. 다른 한편

---

6) 하피스(Mohamed Schemseddin Hafis, 1316년경~1390년경)는 페르시아의 시인으로, 술, 여자, 사랑 등에 대해서 신비적인 비유와 상징으로 가득 찬 시를 발표했다. 괴테의 『서동시집』에 영향을 준 것으로 유명하다.

삶에 실패한 돼지들이 마침내 정결을 숭배하게 될 때 — 그런 돼지들이 있다! — 그들은 정결에서 단지 자신들의 대립물, 실패한 돼지들에 대한 대립물만을 보면서 정결을 숭배하게 된다는 것은 너무나 명확하다. 오, 얼마나 비극적인 울부짖음과 열정으로 그 돼지들은 숭배하는가! 리하르트 바그너가 의심할 여지없이 자신의 생애 말년에 음악으로 표현하고 무대에 올리려고 했던 저 고통스럽고 쓸모없는 대립을 우리는 상상할 수 있다. '그러나 무엇을 위해서인가?'[7]라고 우리는 당연히 물어볼 수 있다. 도대체 돼지들이 바그너와 무슨 상관이 있으며, 우리와는 무슨 상관이 있단 말인가?

3

물론 여기서 다른 문제를 비켜갈 수 없다. 그 문제란 저 남자다운(아, 실은 너무나 남자답지 못한) '시골 바보', 바그너의 미혹하는 수단에 걸려 결국 가톨릭교도가 되어버린 저 가련하고 순진한 파르시팔(Parsifal)[8]이 바그너와 도대체 무슨 관계가 있는가라는 문제이

---

7) 홑따옴표(' ')는 역자가 의미를 분명히 하기 위해서 기입한 것이다.
8) 파르시팔은 바그너의 악극 「파르시팔」의 주인공으로 '순수한 바보'이다. 「파르시팔」은 중세시대에 성물(聖物)로 간주되었던 전설상의 성배(聖杯)와 성창(聖槍)을 소재로 하고 있다. 성배는 복음서에 나오는 예수와 열두 제자의 최후의 만찬에서 사용된 잔이고, 성창은 십자가에 매달린 예수의 죽음을 확인하기 위해 로

다. 바그너와 파르시팔은 어떤 관계에 있는가? 바그너는 정녕 이 파르시팔을 **진지하게** 생각했을까? 내가 이렇게 말하는 이유는 사람들은 정반대로 추측하고 심지어는 정반대의 것을 소망하고 싶은 유혹을 느낄 수 있기 때문이다. 즉 사람들은 바그너가 자신의 「파르시팔」이 종막이나 사티로스[9] 드라마로서 명랑한 성격을 갖기를 원했으며, 이와 함께 비극작가 바그너는 그에게 어울리는 품위 있는 방식으로 우리에게 또한 자기 자신과 무엇보다도 **비극**에 작별을

마병사가 예수의 옆구리를 찔렀던 창이다.

신앙심 깊은 기사 티투렐은 성창과 성배를 찾은 후 스페인 북부에 있는 몬살바트성에 성배와 성창을 보관하고, 이것들을 수호하는 성배 기사단을 조직한다. 그 후 클링조르라는 인물이 몬살바트성에 찾아와 성배기사단이 되고 싶다고 간청하지만, 기사단에서는 그가 성배와 성창을 훔치려는 흑심을 갖고 있다고 의심하여 받아주지 않는다. 클링조르는 앙심을 품고 그의 마법에 걸린 여인들로 하여금 성배기사단 기사들을 유혹하게 하면서 성배를 지키는 그들의 일을 방해한다.

이에 아버지의 뒤를 이어 성배기사단장이 된 암포르타스는 클링조르를 제거하려고 한다. 그러나 오히려 클링조르에게 성창을 빼앗기면서 성창에 찔려 큰 부상을 입는다. 치유를 위해 성배 앞에서 기도하던 암포르타스에게 성배는 '그를 고통에서 벗어나게 해줄 순수한 바보가 나타날 것이니 기다리라'는 메시지를 준다. 이 순수한 바보가 파르시팔이며, 파르시팔은 클링조르에게서 성창을 되찾아 암포르타스를 치료한다.

9) 사티로스는 디오니소스 신의 시종으로서 얼굴은 사람의 모습이지만 머리에 작은 뿔이 났으며 하반신은 염소의 모습을 했다. 장난이 심하고 주색(酒色)을 밝히는 무리들로서, 사티로스극은 이들의 저급하고 익살스러운 행동을 흉내 낸 것이다. 그리스 비극이 상연된 후에 사티로스 모습의 합창대가 등장하여 익살극을 상연했다.

고하려고 했다고 추측하고 싶어 할 수 있다.[10] 다시 말해 비극적인 것 자체에 대해서, 이전 작품들에서 나타나는 '지상에서의 삶이 보여주는 극히 전율할 만한 심각함과 비참함'에[11] 대해서, 반자연적인 금욕주의적인 이상의 — 최종적으로는 극복되지만 — 가장 조야한 형식에 대해서 극단적이고 더없이 경솔한 패러디를 통해서[12] 작별을 고하려고 했다고 추측하고 싶어 할 수 있다. 만약 정말로 그렇다면, 그것은 이미 말했듯이 위대한 비극작가에게 어울리는 것이었으리라. 모든 예술가와 마찬가지로 비극작가도 자신과 자신의 작품을 자신 아래에 두고 내려다볼 수 있을 때에야 비로소, 다시 말해 그가 자신에 대해서 **조소**할 수 있을 때에야 비로소 그는 자신의 위대함의 절정에 이르게 된다. 바그너의 「파르시팔」은 정녕 자기 자신을 넘어선 것에서 비롯된 은밀한 웃음인가? 그가 최후에 쟁취한 '예술가가 누릴 수 있는 최고의 자유와 초연함'[13]의 승리인

---

10) 「파르시팔」 이전의 바그너의 악극은 대체로 비극적인 결말을 갖는 반면에, 「파르시팔」은 결말을 행복하게 맺는다.

11) 홑따옴표(' ')는 역자가 의미를 분명히 하기 위해서 기입한 것이다.

12) 「파르시팔」에서 파르시팔은 성욕과 같은 본능적인 욕망에 무관심한 순수한 바보로서 묘사되고 있다. 그가 어리석은 바보로서 묘사되고 있다는 것을 니체는 금욕주의적인 그리스도교에 대한 패러디로 해석할 수도 있다고 보는 것이다. 물론 니체는 바그너가 「파르시팔」에서 금욕주의적인 그리스도교로 회귀하고 있다고 비판한다.

13) 홑따옴표(' ')는 역자가 의미를 분명히 하기 위해서 기입한 것이다.

가? 이미 말했듯이 사람들은 그러기를 바랄 것이다. 그러나 **진지하게 고려된** 파르시팔은 도대체 무엇일까? 사람들은 정녕 그에게서 (사람들이 나에게 반대하면서[14] 말했던 것처럼) '인식과 정신과 관능에 대한 광적인 증오의 산물'을 보아야만 하는가? 증오 서린 호흡 속에서 감성과 정신에 대한 저주를 보아야만 하는가? 그리스도교적이고 병적이며 반계몽주의적 이상으로의 개종과 전향을 보아야만 하는가? 그리고 마지막으로, 정반대의 것, 즉 **최고의 정신화와 관능화**를 그때까지 자신의 의지가 갖는 모든 힘을 기울여 실현하는 예술을 추구해왔던 예술가가 자기 자신을 부정하는 것과 자기 자신을 말살하는 것까지 보아야만 하는가? 그것도 그의 예술에 대해서뿐만 아니라 그의 삶에 대해서 말이다. 한때 바그너가 얼마나 열광적으로 철학자 포이어바흐[15]를 추종했는지를 떠올려보라. '건강한

---

14) 여기서 "나에게 반대하면서"라는 말은 위에서 언급된 "바그너에 대한 니체의 기대에 반대하면서"를 의미한다. 위에서 니체는 바그너의 「파르시팔」이 반자연적인 금욕주의적인 이상에 대한 패러디이기를 바란다는 기대를 표명하고 있다. 그러나 이어지는 문장들에서 니체는 바그너가 사실은 「파르시팔」에서 금욕주의적인 이상에 **빠져** 있다고 본다.

15) 포이어바흐(Ludwig Feuerbach, 1804~1872)에게 신은 한갓 인간의 상상물에 지나지 않으며, 존재하는 것은 구체적인 인간과 자연뿐이다. 그에 따르면 신이란 인간이 사랑, 이성 등과 같이 자신에게 본래 존재하는 위대한 본성을 투사한 것이다. 따라서 전통적인 그리스도교에서 인간은 신의 피조물인 반면에, 포이어바흐에게 인간은 신이라는 무한한 관념의 창시자이며 이러한 무한한 관념의 창시자로서 본질적으로 무한한 존재이다.

감성'이라는 포이어바흐의 말 — 이것은 1830년대와 40년대에 많은 독일인들(그들은 자신들을 '청년 독일파'[16]라고 불렀다)에게와 같이 바그너에게도 구원의 말로 들렸다. 그는 그것에 대해서 결국 **생각을 바꾼 것일까?** 왜냐하면 적어도 마지막에는 그가 달리 가르치려는 의지를 가졌던 것으로 보이기 때문이다. 무대 위에서 아래를 향해 파르시팔의 나팔을 불어대는 것에 의해서만 그렇게 한 것이 아니다. 그가 말년에 쓴 음울하고 부자유스럽고 어쩔 줄 몰라 하는 글들에는 어떤 비밀스러운 소망과 의지, 즉 위축되고 불확실하고 그 자신도 제대로 인식하지 못한 의지가 드러나는 많은 구절이 있다. 이러한 의지는 실은 전향, 개종, 부정, 그리스도교, 중세를 설교하면서 자신의 제자들에게 "지상의 삶은 무이다! 다른 곳에서 구원을 찾으라!"라고 말하고 싶어 한다. 어떤 구절에서는 심지어 '구원자의 피'까지 불러들이기도 한다.[17]

---

16) 1830년대에 독일에 프랑스의 자유주의적 · 민주주의적 사회사상을 소개한 일군의 문학가들을 가리킨다. 문학의 정치 참여를 주장하고 절대주의 국가를 부정하며 신흥 시민계급의 이해를 대변했다. 하이네와 뵈르네가 주도적 역할을 했다. 1835년에는 청년 독일파의 모든 작품에 대한 발행이 금지되었다.

17) R. Wagner, *Gesammelte Schriften und Dichtungen*(Leipzig, 1907), X, 280쪽 이하 참조.

4

여러모로 씁쓸한 그 같은 경우에 대한 — 그것은 하나의 **전형적인** 경우이다 — 나의 견해는 다음과 같다. 즉 예술가를 가능한 한 그의 작품에서 분리시켜 예술가 자신을 그의 작품에 대해서만큼 진지하게 생각하지 않는 것이 확실히 가장 바람직하다는 것이다. 예술가란 결국은 그의 작품을 위한 선행 조건이나 모태나 토양에 불과하며, 경우에 따라서는 그를 토대로 또한 그를 통해 작품이 성장하는 비료나 거름이다. 따라서 예술가란 대부분의 경우 그의 작품을 즐기고 싶다면 잊어버려야만 하는 존재이다. 어떤 작품의 기원을 통찰하는 것은 정신의 생리학자와 해부학자가 할 수 있는 일이지, 심미적인 인간이나 예술가가 할 수 있는 일이 절대로 아니다!「파르시팔」을 지은 시인이자 창작자는 중세적인 영혼의 모순에 깊고 철저하게 심지어는 끔찍할 정도로 동화되어 있고 몰입해 있으며, 정신의 모든 고귀함과 엄격함 그리고 단련에 대해 적대적인 자세를 취하면서 분리되어 있고, 일종의 지적인 **도착**(倒錯)에 빠져 있지 않을 수 없다. 이는 임신한 여성이 임신으로 인한 메스꺼움과 입덧을 느끼지 않을 수 없는 것과 마찬가지이다. 이것은 앞에서도 이야기했지만, 어린아이의 탄생을 기뻐하려면 반드시 **잊어야만** 하는 것이다. 우리는 영국인들의 용어를 빌리자면 심리적인 근접성(contiguity)으로 인해[18] 예술가가 너무나 쉽게 빠지는 혼동, 즉 예

180

술가 자신을 그가 묘사하고 고안하고 표현할 수 있는 것과 동일한 것인 양 생각하는 혼동에 빠지지 않도록 조심해야 한다. 만일 예술가 자신이 정말로 그런 존재라면 그는 결코 그것을 묘사하거나 고안하거나 표현하지 않을 것이다. 호메로스가 아킬레우스였고 괴테가 파우스트였다면, 호메로스는 아킬레우스를 창작하지 않았을 것이고 괴테는 파우스트를 창작하지 않았을 것이다. 전적으로 예술가라고 할 수 있는 완전무결한 예술가란 실재적인 것이나 현실적인 것과는 영원히 동떨어진 존재이다. 다른 한편 그가 자신의 가장 내밀한 존재가 갖는 이러한 영원한 '비실재성'과 허구성에 때로는 절망할 정도로 싫증을 느끼게 될 수 있다는 사실을, 그래서 그가 바로 그 자신에게 가장 금지되어 있는 것인 현실적인 것에 손을 뻗어 현실적인 것이 되려고 시도하는 것이 당연하다는 사실을 우리는 이해할 수 있다. 이러한 시도가 과연 성공할 수 있을까? 우리는 그것을 쉽게 헤아릴 수 있다. 그러한 시도는 예술가에게 **전형적인 무기력한 욕망**에서 비롯된다. 노년의 바그너도 이러한 욕망에 사로잡혔고, 너무나 값비싸고 치명적인 대가를 치를 수밖에 없었다(이러한 욕망으로 인해 그는 소중한 친구들을 잃어버린 것이다).[19] 그러나 결

---

18) 데이비드 흄을 암시하는 것 같다. 흄은 우리의 관념은 시간적으로 근접해 있거나 유사한 감각자료들이 결합하면서 생성된다고 보았다.

19) 바그너가 결국 그리스도교로 회귀함으로써 니체와 같은 소중한 친구들을 잃어버리게 되었다는 것을 의미한다.

국 이러한 욕망을 전적으로 도외시하더라도, 파르시팔에 의해서가 아니라 더 의기양양하게, 더 자신 있게, 더 바그너적으로,[20] 자신의 전체적인 의지에 대해서 덜 현혹되고, 덜 애매하게, 그리고 덜 쇼펜하우어적이고[21] 덜 허무주의적으로, 즉 [자신이 취했던 것과] **다른 방식으로** 작별을 고했더라면 하고 바그너 자신을 위해서 바라지 않을 사람이 누가 있겠는가?

5

그러면 금욕주의적 이상이란 무엇을 의미하는가? 점차로 알게 되겠지만, 예술가에게 그것은 **전혀 아무것도** 의미하지 않는다! 또는 그것은 너무나 많은 것을 의미해서 전혀 아무것도 의미하지 않는다![22] 우선 예술가를 따로 다루어보자. 예술가들은 그들의 가치 평가나 이것의 변화가 **그 자체로** 관심을 끌 정도로 세상 속에서

---

20) 니체는 바그너가 「파르시팔」에서는 금욕주의적 이상에 **빠졌지만** 원래는 금욕주의와는 거리가 먼 천성을 가지고 있다고 본다.

21) '덜 쇼펜하우어적이고'는 '덜 염세주의적이고'를 의미한다.

22) 이어지는 문장들에서 보겠지만, 예술가는 종교 기관이나 국가 혹은 철학자의 권위에 예속되어 있어서 그들의 요구에 따라서 금욕주의적 이상을 표현할 뿐이며 정작 예술가들은 천성적으로 금욕주의와는 거리가 먼 인간들이라는 의미이다. 성직자들은 진지하게 금욕주의를 추구하지만 예술가들에게 금욕주의는 진지한 의미를 갖지 못한다.

나 세상에 대해 오랫동안 충분히 독립적으로 존재하지 못했다! 그들은 항상 어떤 도덕이나 철학 또는 종교의 시녀였다. 유감스럽게도 그들이 매우 자주 그들의 추종자들이나 후원자에게 너무나 낯간지럽게 아부를 떨던 간신배들이었고, 구세력이나 신흥세력의 비위를 맞추는 교활한 아첨꾼들이었다는 사실은 일단 전적으로 도외시하더라도 그렇다. 그들은 항상 적어도 보호자나 후원자 또는 기성의 권위를 필요로 한다. 예술가들은 결코 독립적으로 존재하지 못하며, 홀로 선다는 것은 그들의 가장 깊은 본능에 위배된다. 예를 들어 '쇼펜하우어의 시대가 도래했을 때' 리하르트 바그너는 철학자 쇼펜하우어를 자신의 선구자이자 보호자로 삼았다. 쇼펜하우어 철학이 그에게 제공한 후원 없이, 또한 1870년대 유럽에서 우위를 차지하게 된 쇼펜하우어의 권위에 의지하지 않고, 바그너가 금욕주의적 이상을 추구할 용기를 가졌으리라고 누가 생각이나 할 수 있겠는가? (물론 이 경우 새로운 독일에서[23] 독일제국에 대한 경건한 마음을 품게 하는 우유를[24] 마시지 않은 예술가가 도대체 존재할 수 있었겠는가라는 문제는 아직 고려하지 않았다.) 이와 함께 우리는 더 심각한 문제에 봉착하게 되었다. 즉 한 사람의 진정한 철학자, 즉 진정으

---

23) 여기서 새로운 독일은 통일된 독일을 말한다. 여러 지방 영주국들로 분열되어 있던 독일은 비스마르크 체제에서 1871년에 독일제국으로 통일되었다.

24) F. Schiller, *Wilhelm Tell*, IV. 3. 2574.

로 독립적인 정신과 자신에게 충실할 수 있는 용기를 지니고 있으며, 홀로 설 수 있고, 선구자나 위로부터의 지시를 기다리지 않는 강철 같은 눈빛을 가진 남자이자 기사인 쇼펜하우어 같은 자가 금욕주의적 이상을 신봉할 경우 이것은 무엇을 의미하는가?[25] 여기에서 쇼펜하우어가 **예술**에 대해서 취하고 있는 입장, 즉 많은 부류의 사람들을 매료시키고 있는 주목할 만한 입장을 곧장 살펴보기로 보자. 왜냐하면 바로 이로 인해 리하르트 바그너는 쇼펜하우어에게 넘어갔으며(주지하듯이, 시인 헤르베크[26]에게 설득당하여),[27] 또한 그로 인해 바그너의 초기와 후기의 미학적 신념 사이에 철저한

---

25) 니체는 쇼펜하우어가 염세주의와 금욕주의를 설파했지만 정작 쇼펜하우어 자신은 염세주의자도 금욕주의자도 아니었다고 본다. 니체는 쇼펜하우어를 진정한 철학자들 중의 하나로 높이 평가하고 있으며, 이러한 철학자들에게 금욕주의라는 것은 이들이 추구한 덕이 아니라 사실은 이들이 철학자로서 생존하기 위한 조건에 불과한 것으로 보고 있다. 이에 대해서는 이 세 번째 논문 7절에서 10절까지를 참조할 것.

26) 헤르베크(Georg Herwegh, 1817~1875)는 독일의 시인이다. 1841년에 시집 『어느 살아 있는 자의 시』 제1부를 익명으로 출판했다. 이 시집은 정부에 의해서 발행금지처분을 당했음에도 불구하고 짧은 기간에 판을 거듭하여 1840년대에 가장 중요한 정치시집이 되었다. 헤르베크는 이 시집에서 자유를 찬양하고 전제정치의 타도를 노래했다. 1848년 2월 혁명이 일어나자 프랑스와 독일 노동자들의 봉기에 참여했으나 봉기가 실패로 끝나자 스위스로 도피했다. 바그너를 비롯한, 독일과 프랑스 그리고 이탈리아 등에서 스위스로 망명해온 사람들과 교류했다.

27) 바그너(R. Wagner)의 자서전 『나의 생애(*Mein Leben*)』(Munich, 1969), 521쪽 이하 참조.

이론적 모순이 생겨나는 지경에 이르렀기 때문이다. 초기의 미학적 신념은 예를 들면 『오페라와 드라마(Oper und Drama)』에 표현되어 있으며, 후기의 미학적 신념은 1870년 이후에 출간된 글에 표현되어 있다. 아마도 가장 놀랄 만한 일이지만, 바그너는 이때부터 음악 자체의 가치와 지위에 대한 자신의 판단을 가차 없이 변경했다.[28] 그전까지 바그너는 음악을 희곡을 위한 하나의 수단이나 매

---

28) 원래 바그너는 사회의 변혁을 통해서 인류를 구원할 수 있다고 보았으며 음악을 그러한 혁명운동의 일환으로 보았다. 그러나 쇼펜하우어의 『의지와 표상으로서의 세계』를 읽고 나서 인생과 세계의 진정한 비밀과 음악이 나아가야 할 방향에 대한 해답을 얻었다고 생각하게 되었다. 쇼펜하우어는 정치를 포함한 모든 사건들을 사소한 일로 치부하게 하면서, 정치가 아니라 예술 특히 음악을 인간의 모든 활동 가운데서 가장 중요한 활동으로 간주했다.

쇼펜하우어의 이러한 예술사상을 수용하면서 바그너는 오페라에서 음악의 역할을 결정적인 것으로 간주하게 된다. 쇼펜하우어의 영향을 받기 전의 바그너는 가사가 관객들에게 확실하게 전달되는 것을 중시했기 때문에 배우들이 가사를 분명히 발성해야 하는 방식으로 작곡했다. 그러나 이후 더 이상 가사에 신경을 쓰지 않게 되었고, 진행되는 사건의 내적 의미를 전달하는 역할은 연기나 가사가 아니라 음악이 맡게 된다.

바그너는 음악과 가사 사이의 관계를 동등하지도 상호보완적이지도 않다고 생각하게 되는 것이다. 이러한 사실은 동일한 멜로디에 완전히 다른 가사를 붙이더라도 그 멜로디의 성격이 조금도 변하지 않을 수 있다는 사실로 입증될 수 있다. 노래의 멜로디는 독자적인 생명을 갖지만 가사는 절대로 그럴 수 없다. 또한 어떤 노래를 배우고 난 뒤 가사는 잊어버리더라도 멜로디를 잊어버리는 경우는 거의 없지만, 멜로디는 기억하면서도 가사를 잊어버리는 경우는 흔하다. 이런 사실로부터 우리가 알 수 있는 것은 가사가 붙은 음악이 불릴 때 청중들의 심장 깊숙한 곳까지 강한 인상을 남기는 것은 음악이라는 것이다.

개체, 즉 성공하기 위해서 반드시 하나의 목표나 남자를 필요로 하는 여성으로 간주해왔지만, 이제 그런 것은 그와 상관없는 일이 되었다! 쇼펜하우어의 이론과 혁신을 통해서, 즉 음악이 예술에서 차지하는 **주권적 지위**에 대한 쇼펜하우어의 이론을 통해서 음악의 더 큰 영광을 위해 더 **많은 것을** 할 수 있다는 사실을 그는 갑자기 알게 된 것이다. 음악은 그 밖의 모든 예술과는 다른 위치에 있으며, 독립적인 예술 자체이고, 다른 예술들처럼 현상계를 모사하는 것이 아니라 의지 자체의 가장 독자적이고 근원적이며 본원적인 계시로서 의지 자체의 언어를 직접 '심연'에서 끌어내어 말하는 것이다.[29] 쇼펜하우어의 철학에서 비롯되는 것으로 보이는 음악의 이러한 엄청난 가치상승과 함께, 음악가 자신의 가치조차 갑자기 전례 없이 상승하게 되었다. 음악가는 이제 신탁을 전하는 자, 성직자, 아니 성직자 이상의 존재가 되었고, 사물 '자체'의 대변인, 피안의 전화기가 되었다. 그 후로 음악가, 즉 신의 복화술사(腹話術師)는 음악뿐 아니라 형이상학을 말하게 되었다. 그가 어느 날 마침내

---

29) 쇼펜하우어에 따르면, 음악을 제외한 다른 예술들이 우리가 지각하는 세계인 현상계의 사물들을 모방하는 반면에, 음악은 현상계의 이면에 있는 근원적 실재인 우주적인 의지 자체를 표현한다. 다른 예술은 그림자를 보여줄 뿐이지만 음악은 사물 자체를 보여준다는 것이다. 음악은 우주적 의지 자체가 끊임없이 움직이면서 내적인 갈등에 시달리고 노력하고 방황하는 모습을 보여준다. 쇼펜하우어는 음악이 바로 이러한 성격을 갖기에 모든 예술 중에서 음악이 사람들에게 가장 큰 감동을 준다고 본다.

금욕주의적 이상을 설파하게 되었다는 것이 뭐가 그리 이상한 일이 겠는가?

6

쇼펜하우어는 미학적 문제와 관련해서 칸트의 견해를 이용했다. 물론 그가 칸트의 눈으로 그 문제를 보지 않았다는 것은 매우 분명하다. 칸트는 인식을 영예로운 것으로 만드는 비개인성과 보편타당성을 미의 속성으로서 강조하고 전면에 내세울 때 예술에 경의를 표한다고 생각했다.[30] 이러한 견해가 본질적으로 잘못된 것은 아닌가 하는 문제를 여기서 다루는 것은 적절하지 않다. 내가 여기서 강조하고 싶은 것은, 칸트도 모든 철학자와 마찬가지로 예술

---

30) 칸트는 미에 대한 인식이 어떠한 욕망에도 근거하지 않는 '무관심한 관조'에 의해서 가능하다고 본다. 이러한 견해를 쇼펜하우어도 수용하고 있지만, 니체는 미에 대한 인식이 성욕을 비롯한 욕망과 불가분의 관계에 있다고 본다. 쇼펜하우어에 따르면, 예술은 사람들을 사물들을 관조하는 상태에 빠지게 하면서 성욕을 비롯한 맹목적인 삶에의 의지와 욕망에 의해서 내몰리는 상태에서 벗어나게 하는 위로 수단이다. 니체는 『우상의 황혼』에서 쇼펜하우어의 이러한 예술관을 "그리스도교를 제외하고 역사상 가장 엄청난 심리학적 날조"라고 평한다. 니체는 고전시대(17시대) 프랑스의 모든 고급 문화와 문학을 예로 들면서 그것들이 이성(異性)의 관심을 끌려는 성적인 욕망의 토양에서 성장했다고 본다. 이 점에서 니체는 예술을 성욕의 승화라고 보고 있는 프로이트의 견해를 선취하고 있다고 할 수 있다.

가(창작자)의 경험으로부터 미학적인 문제를 바라보는 대신에 오직 '관찰자'의 관점에서 예술과 미를 생각하면서 은근슬쩍 '관람자' 자신을 '미'의 개념 속으로 투입했다는 점뿐이다. 그러나 최소한 이 관람자만이라도 미를 다루는 철학자들에게 충분히 잘 알려져 있었더라면 좋았을 텐데! 즉 미의 영역에서 관람자는 하나의 커다란 개인적인 사실로 존재하게 되고, 하나의 커다란 개인적인 경험을 갖게 된다. 다시 말해 그는 가장 고유하고 강력한 체험과 욕망 그리고 경이와 황홀로 충만하게 되는 것이다! 그러나 내가 두려워하는 바와 같이, 사실은 언제나 그 반대였다. 따라서 우리는 철학자들에게서 처음부터 곧장 — 미에 관한 칸트의 유명한 정의처럼 — 섬세한 직접적인 경험의 부족으로 인해 살진 벌레와 같은 근본적인 오류를 범하고 있는 정의들을 보게 된다. 칸트는 "미라는 것은 우리가 **아무런 관심을 갖지 않는데도**[무심하게 바라볼 때] 우리에게 즐거움을 주는 것이다"[31]라고 말했다. "아무런 관심도 갖지 않는다"니! 이 정의를 진정한 관찰자이자 예술가인 스탕달이 내린 정의와 비교해보라. 스탕달은 미를 일찍이 '행복의 약속'[32]이라고 불렀다. 어쨌든 이 정의에서는 칸트가 미적 상태에서 유일하게 강조하고 있는 무관심이라는 것이 거부되고 삭제되었다. 둘 중 누가 옳은가?

---

31) 칸트의 『판단력 비판』(1790) 1~5절.
32) Stendhal, *Rome, Naples et Florence*(Paris, 1854), 30쪽.

칸트인가, 스탕달인가? 물론 우리의 미학자들이 칸트의 편을 들면서 우리가 **심지어는** 실오라기 하나 걸치지 않은 여성의 조상(彫像)을 미의 마력으로 인해 '무심하게' 볼 수 있다고 지칠 줄 모르고 주장한다면, 우리는 그들의 헛된 노력을 약간은 비웃어도 좋을 것이다. **예술가들의 경험**은 이러한 까다로운 점과 관련하여 '더 흥미롭다[더 관심을 갖는다]'. 그리고 피그말리온[33]은 어떻든 반드시 '심미적 취미가 없는 인간'은 **아니었던** 것이다. 그러한 논의들에 반영되어 있는 미학자들의 순진무구함을 좀 더 호의적으로 생각해주자! 예를 들어 칸트가 시골 목사의 순진함으로[34] 촉각의 특유한 속성에 대해서 가르칠 수 있다는 것을 칸트의 영예로 평가해주자! 여기서 우리는 쇼펜하우어로 되돌아가려고 한다. 쇼펜하우어는 칸트보다

---

33) 피그말리온(Pygmalion)은 그리스 신화에 나오는 키프로스(Kypros) 섬의 조각가이다. 그는 성적으로 문란한 키프로스 여성들에 대해 혐오감을 느껴 조각에만 몰두하다가 자신이 조각한 여성상과 사랑에 빠졌다. 아프로디테가 그를 동정하여 조각상에 생명을 불어넣어 주자 그 여성과 결혼하여 행복하게 살았다고 한다. 여기서 니체는 피그말리온을 예로 들면서 성적인 관심이 예술의 동력일 수 있다는 점을 시사하고 있다.

34) 칸트는 미와 관련해서 인간의 오감 중에서 시각과 청각을 중시한다. 시각은 아름다운 것을 볼 수 있고 청각은 아름다운 것을 들을 수 있다. 그러나 취각과 미각은 주관적인 취미의 문제이며 보편적인 미와는 관련이 없다. 촉각도 미와는 거리가 멀다.(칸트, 『판단력 비판』 제2장 「숭고의 분석론」 참조.) 여기서 니체는 촉각을 미와 아무런 관련이 없다고 보는 칸트의 견해가 육체에 대한 감각을 무시하는 순진한 시골 목사의 견해와 유사하다고 보고 있다.

는 훨씬 더 예술에 조예가 있었지만 칸트가 내린 정의의 마력에서 벗어나지 못했다. 어떻게 해서 이런 일이 일어났는가? 매우 기묘한 사정이 있었다. '아무런 관심도 갖지 않고'라는 용어를 그는 극히 개인적인 방식으로, 즉 그에게는 가장 통상적인 것에 속하는 경험에 입각하여 해석했다. 심미적 관조가 갖는 효과에 대해서만큼 쇼펜하우어가 자신 있게 말한 것은 거의 없다. 그는 심미적 관조가 루플린이나 장뇌(樟腦)와 유사하게 **성적인 관심을 억제하는 작용**을 한다고 말한다. 그는 **이렇게** '의지'에서 해방되는 것이야말로 미적 상태의 커다란 장점이자 이점이라고 지칠 줄 모르고 찬양했다. 사실 사람들은 '의지와 표상'에 대한 쇼펜하우어의 근본사상, 즉 의지로부터의 구원은 표상에 의해서만 주어질 수 있다는 사상[35]이 저 성적인 경험의 일반화에서 비롯된 것은 아닌가 하고 묻고 싶을지도 모른다. (덧붙여 말하자면, 쇼펜하우어 철학에 대해 어떠한 물음을 제기하든 우리는 그것이 26세밖에 되지 않은 청년의 생각이고[36] 따라서 그것은 쇼펜하우어의 독특한 성질뿐 아니라 그 나이 또래의 사람들이 갖는 특성을 갖고 있다는 점을 결코 잊어서는 안 된다.) 예를 들어 그가 미적 상태를 칭송하기 위해서 쓴 수많은 구절에서 가장 명료한 구절 하

---

35) 맹목적인 욕망으로부터의 구원은 심미적 관조에 의해서만 주어질 수 있다는 말.
36) 쇼펜하우어는 26세 때부터 『의지와 표상으로서의 세계』를 저술하기 시작했다.

나를 들어보자(『의지와 표상으로서의 세계』 제1권, 231쪽[37]). 그 말들
속에 깃들어 있는 어조, 고뇌, 행복, 감사에 귀를 기울여보자. "그
것은 에피쿠로스가 최고의 선이자 신들의 상태라고 찬미했던 고통
없는 상태이다. 그 순간[심미적 관조의 순간] 우리는 우리를 몰아대
는 야비한 의지에서 벗어난다. 우리는 의지에 의해 내몰려 하게 되
는 고역스러운 노동에서 벗어나 안식을 취하게 된다. 익시온(Ixion)
의 수레바퀴[38]가 조용히 멈추는 것이다." 얼마나 격렬한 말투인가!
얼마나 극심한 고통과 오랫동안 품어온 삶에 대한 싫증을 담고 있
는 말인가! '그 순간'과 그 순간 밖에 존재하는 '익시온의 수레바퀴',
'의지에 의해 내몰려 하게 되는 고역스러운 노동', '우리를 몰아대
는 야비한 의지'라는 말들은 얼마나 병적인 시간상(上)의 대립을 보
여주는가! 쇼펜하우어의 말이 그 자신에게는 백 번 타당하다고 하
더라도, 그의 말이 미의 본질에 대해서 어떤 통찰을 줄 수 있겠는
가? 쇼펜하우어는 미의 효과 중 하나, 즉 의지를 진정시키는 효과
를 묘사하고 있다. 그러나 이것이 또한 미의 통상적인 효과일까?
이미 말했듯이, 쇼펜하우어 못지않게 관능적이지만 쇼펜하우어보

---

37) Frauenstädt-Ausgabe에서 인용된 것이다.
38) 익시온은 그리스 신화에 등장하는 테사리아의 왕으로, 헤라 여신을 범하려다
    제우스의 분노를 샀다. 제우스는 익시온을 불타는 수레바퀴에 묶어 허공으로
    던져버렸으며, 익시온은 타르타로스(저승)에 가서도 불타는 수레바퀴에 묶여
    영원한 고통을 받고 있다고 한다.

다는 좀 더 행복한 천성의 소유자인 스탕달은 미의 또 다른 효과를 강조한다. "미는 행복을 약속한다." 그는 미가 의지('관심')를 자극한다는 점을 사실로 여긴다. 따라서 우리는 누구보다도 쇼펜하우어 자신에게 다음과 같이 이의를 제기할 수 있지 않을까? 즉 그가 심미적 상태와 관련하여 자신을 칸트주의자로 생각하는 것은 잘못이고, 그는 미에 대한 칸트적 정의를 전혀 칸트적으로 이해하지 않았다고 말이다. 그에게도 미는 '우리가 관심을 가지고 있기' 때문에, 심지어 극심한 고통을 받는 자가 갖는 가장 강렬하고 가장 개인적인 관심, 즉 고통에서 벗어나고 싶어 하는 관심을 충족시키기 때문에 우리를 즐겁게 하는 것이라고. 이제 다시 우리의 첫 번째 질문, 즉 "어떤 철학자가 금욕주의적 이상을 신봉한다면, 이것은 무엇을 의미하는가?"라는 우리의 질문으로 돌아간다면, 우리는 여기에서 적어도 [그 질문에 대한 답을 제공하는] 하나의 힌트를 얻게 된다. 그 철학자는 **고통에서 벗어나고 싶어** 하는 것이다.

7

'고통'이란 말을 들었다고 해서 바로 우울한 표정을 짓지 않도록 하자. 바로 이 경우[쇼펜하우어의 경우]에는 고통을 상쇄시키고 완화시킬 수 있는 것들이 충분히 남아 있다. 심지어 웃게 만드는 것도 남아 있는 것이다. 특히 우리는 다음과 같은 사실을 과소평가해서는 안 된다. 즉 성욕을(그 도구인 여성, 이 '악마의 도구(instrumentum diaboli)'[39]를 포함하여) 사실상 자신의 적으로 간주했던 쇼펜하우어가 좋은 기분을 유지하기 위해서는 적이 **필요**했다는 것, 그가 분노로 가득 찬 담즙처럼 검푸른 단어들을 사용하기 좋아했다는 사실, 또한 격정에 사로잡혀서 분노하기 위해서 분노했다는 사실, 자신의 적들이 없었다면, 즉 헤겔,[40] 여성, 관능, 생존과 영속을 향한 모든 의지가 없었다면 병들고 **염세주의자**가 되었을 것이라는 사실을(왜냐하면 그가 그렇게 되기를 아무리 소망했더라도 그는 병들거나 염세주의자는 아니었기 때문이다) 경시해서는 안 된다. 그런 것들이 없었다면 쇼펜하우어는 살아 있지 **못했을** 것이라고 내기를 해도 좋다. 그런 것들이 없었다면 쇼펜하우어는 이 세상에서 달아나 버렸을 테지만 그의 적들이 그를 꼭 붙잡고 그가 끊임없이 다시 생존하도록 유혹했다.[41] 그의 분노는 고대 견유학파의 경우에서처럼 그에

---

39) 쇼펜하우어의 『보유와 여록(*Parerga et Paralipomena*)』 제2권에 실려 있는 「여성에 대해서」라는 유명한 글을 참조할 것. 이 글은 여성 혐오로 가득 차 있다. 그리스도교가 지배했던 서양에서는 『구약성서』의 「창세기」에서 뱀의 사주를 받은 이브가 아담을 유혹하는 것을 단서로 하여 여성을 악마의 도구로 보는 생각이 널리 퍼져 있었다.
40) 쇼펜하우어는 당시 독일에서 최고의 사상가로 명성을 떨치고 있던 헤겔을 사기꾼으로 간주하면서 증오했다.
41) 분노할 대상이 없었다면 쇼펜하우어는 삶에 흥미를 잃고 싫증을 느꼈을 것이라는 의미이다.

게는 청량제이자 회복제, 보상(報償)이자 구토 치료제였으며 **행복**이었다. 쇼펜하우어의 경우에서 그에게만 해당하는 극히 개인적인 것에 대해서는 이 정도로 해두자. 다른 한편 그에게는 또한 전형적인 점이 존재한다. 여기에서 이제 우리는 다시 우리의 문제로 돌아가게 된다. 지구상에 철학자들이 존재하는 한, 철학자들이 존재했던 곳에서는 어디에서나(철학에 대한 천부적 재능이라는 점에서 양극을 들자면 인도에서 영국에 이르기까지)[42] 철학자들이 관능에 대해서 분노와 적개심을 보인다는 점은 의심할 여지가 없다.[43] 쇼펜하우어는 단지 그러한 분노와 적개심의 가장 웅변적이고 — 들을 수 있는 귀를 가진 자들에게는 — 가장 매혹스럽고 황홀하게 하는 분출일 뿐이다. 또한 철학자들이 금욕주의적 이상 전체에 대해 특유의 호의적인 편견과 애착을 갖고 있다는 것도 사실이다. 이러한 사실에 대해서 그리고 이러한 사실을 부정하면서 우리를 속이지는 말자. 이미 말했듯이 이 두 가지 사실은 모두 전형적인 것이다. 어떤 철학

---

42) 니체는 인도인들에게는 철학적인 재능이 있지만, 공리주의에 빠져 있는 영국인들은 철학적인 재능이 없다고 본다.

43) 니체는 이 세 번째 논문의 7절과 8절에서 철학자들에게 금욕주의라는 것이 어떤 의미를 갖는지에 대해서 논하고 있다. 여기서 철학자들은 니체 자신을 비롯하여 진정한 철학자라고 할 만한 사람들을 가리킨다. 니체는 이들 철학자에게 금욕주의는 성직자들의 경우에서처럼 인간이 추구하고 실현해야 하는 이상적인 덕이 아니라 진정한 철학자가 철학자로서 생존하기 위한 수단에 지나지 않는다는 논지를 전개하고 있다.

자에게 이 두 가지[44]가 없다면, 그는―그대들도 확신할 수 있으리라―항상 단지 '사이비' 철학자일 뿐이다. 이러한 사실은 무엇을 의미하는가? [우리가 이렇게 묻는 이유는] 이러한 사태를 먼저 음미해야만 하기 때문이다. 즉 이러한 사태는 모든 '물자체'와 마찬가지로 그 자체로는 영원토록 본질적으로 밝혀지기 어려운 상태로 존재한다. 모든 동물은, 따라서 철학자라는 동물도 자신의 힘을 전적으로 발휘할 수 있고 최대의 권력 감정을 달성할 수 있는 최적의 유리한 상태를 본능적으로 추구한다. 모든 동물은 본능적으로 그리고 '모든 이성보다 상위에 있는' 예민한 후각으로 최적 상태로 이끄는 길을 막거나 막을 수 있는 온갖 종류의 방해물이나 장애를 피한다(그 길은 내가 말하는 '행복'에 이르는 길이 아니라 힘, 행동, 가장 강력한 활동으로 이끄는, 그리고 대부분은 불행으로 이끄는 길이다). 이처럼 철학자는 결혼할 것을 권유하는 모든 것과 아울러 결혼을 꺼린다. 결혼은 그가 최적 상태에 도달하는 길에 놓여 있는 방해물이자 재난인 것이다. 지금까지 위대한 철학자들 가운데 결혼한 사람이 누가 있는가? 헤라클레이토스, 플라톤, 데카르트, 스피노자, 라이프니츠, 칸트, 쇼펜하우어, 그들은 결혼하지 않았다. 더 나아가 우리는 결

---

44) 이 두 가지 사실은 '철학자들이 관능에 대해서 분노와 적개심을 보인다는 것'과 '철학자들이 금욕주의적 이상 전체에 대해 특유의 호의적인 편견과 애착을 갖고 있다는 것'을 가리킨다.

혼한 그들을 상상조차 할 수 없다. 결혼한 철학자란 희극에 속한다는 것이 나의 명제이다. 소크라테스가 예외이지만, 악의적인 소크라테스는 바로 이 명제를 입증하기 위해서 아이로니컬하게 결혼한 것으로 보인다.[45] 모든 철학자는 아들이 태어났다는 이야기를 들으면, 일찍이 부처가 말한 것처럼 말할 것이다. "라훌라(Râhula)가 내게 태어났구나. 내게 굴레가 씌워졌구나."[46] (여기서 라훌라[47]는 '작은 악마'를 의미한다.) 만약에 모든 '자유로운 정신'이 이전에 사려분별 없이 시간을 보냈다면, 일찍이 부처에게 왔던 것과 같은 숙고의 시간이 그에게도 틀림없이 오게 될 것이다. 부처는 홀로 생각했다. "순수하지 못한 장소인 집에서 사는 것은 답답하다. 자유는 집을 떠나는 데 있다." "이렇게 생각했기에 그는 집을 떠났다."[48] 금욕주의적 이상에는 독립으로 이끄는 너무나 많은 다리가 암시되고 있다. 따라서 철학자들은 어느 날 모든 부자유를 부정하면서 어딘가 **황야**로 떠났던 저 단호하게 결단을 내린 자들의 이야기를 진심으로

---

45) 소크라테스는 악처 크산티페와 살면서 철학자에게 결혼은 어울리지 않는다는 사실을 보여주었다는 의미이다.

46) 니체는 이 이야기를 올덴베르크(H. Oldenberg)의 『부처: 그의 삶, 그의 가르침, 그의 공동체(*Buddha: Sein Leben, seine Lehre, seine Gemeinde*)』(Berlin, 1881), 122쪽에서 인용하고 있다.

47) 라훌라는 원래 '장애'를 의미한다. 부처는 아들을 자신이 구도의 길로 나서는 것을 방해하는 장애라고 보았다.

48) 『부처: 그의 삶, 그의 가르침, 그의 공동체』(Berlin, 1881), 124쪽.

기뻐하며 손뼉을 치면서 들었다. 심지어 이들이 단지 고집 센 나귀였고 강력한 정신과는 전혀 반대되는 존재였다고 하더라도 그렇다. 그러면 금욕주의적 이상이란 철학자에게 무엇을 의미하는가? 그대들은 오래전부터 추측할 수 있었겠지만, 나의 답변은 이렇다. 철학자는 최고의 가장 대담한 정신성을 추구할 수 있는 최적의 조건들을 바라보면서 웃음 짓는다. 따라서 그는 '생존'을 부정하지 않는다. 그는 오히려 자신의 생존을, 더 나아가 오직 자신의 생존만을 긍정한다. 아마도 그는 자신의 생존을 불경스러운 소망, 즉 "세상이 망하더라도 철학은 살고, 철학자도 살고, 나도 살아남으리라!"[49] 라는 소망을 품을 정도로 긍정하는 것이다.

8

그대들이 보는 것처럼, 이러한 철학자들은 금욕주의적 이상의 가치에 대한 공정한 증인이나 재판관이 될 수 없다! 그들은 자기 자신만을 생각한다. 그들에게 '성자'가 무슨 상관이 있다는 말인가! 그 경우 그들은 [금욕주의적 이상이라는 것으로] 자신에게 절대적으

---

49) pereat mundus, fiat philosophia, fiat philosophus, fiam! 이 말은 'Fiat justicia, pereat mundus'(세상이 망하더라도 정의가 행해지게 하라)라는 라틴어 속담을 변용한 것이다.

로 불가결한 것을 생각하고 있다. 즉 강제나 방해나 소음으로부터의 자유, 과제나 의무나 걱정으로부터의 자유, 두뇌의 명석함, 사고의 춤이나 도약이나 비상(飛翔)을 생각하는 것이다. [그들은 금욕주의적 이상으로] 모든 동물적 존재가 더 정신적이 되고 날개를 갖게 되는 고원지대의 공기처럼 희박하고 맑고 자유롭고 건조한 좋은 공기를 생각하고, 지하실 속에서의 안식을 생각하며, 얌전하게 사슬에 묶여 있는 개를 생각한다. [그들은 금욕주의적 이상으로] 적개심이나 지저분한 원한으로 가득 차서 울부짖는 것이나 상처 받은 야심을 갉아 먹는 벌레 같은 것을 염두에 두지 않고, 겸손하면서도 순종적인 심정을 가지고 있고 물레방아처럼 부지런하면서도 사람들로부터 멀리 떨어져 있는 상태를 염두에 두고 있으며, 멀리 피안과 미래 그리고 사후(死後)의 일에 파묻혀 있는 마음을 염두에 두고 있다. 요컨대 그들이 금욕주의적 이상으로 생각하는 것은 신과 같이 되고 날개를 갖게 된, 그래서 휴식을 취하기보다는 생(生)의 위로 날아다니는 동물의 유쾌한 금욕주의이다. 금욕주의적 이상의 세 가지 거창한 구호가 무엇인지는 잘 알려져 있다. 즉 청빈과 겸손 그리고 정결이다. 이제 위대하고 생산적이고 창조적인 정신을 지닌 모든 사람의 삶을 가까이에서 살펴보라. 그것에서는 이 세 가지가 어느 정도까지는 항상 발견될 것이다. 자명한 사실이지만, 이런 것들은 그들이 이룩한 덕은 **아닐 것이다**. 이런 부류의 인간이 덕과 무슨 관계가 있겠는가! 그것들은 그들이 **가장 잘** 생존하고 **가장 아름다운** 결실을 맺기 위해서 필요로 하는 가장 고유하고 자연스러운 조건일 뿐이다. 이 경우 그들의 지배적인 정신성은 먼저 민감하고 통제하기 어려운 자부심이나 자유분방한 관능을 제어해야만 했을 것이다. 또한 그들의 지배적인 정신성이 아마 사치나 세련된 것을 좋아하는 성향과 낭비적인 자유주의적 태도에 반해서 '사막'으로 향하는 의지를 온몸과 마음으로 견지한다는 것은 무척 힘든 일이었을 것이다. 그러나 이 정신은 그것을 행했다. 이는 이 정신성이 다른 모든 본능에 대해서 자신의 요구를 관철했던 **지배적인 본능**이기 때문이다. 이 정신성은 여전히 그것['사막'으로 향하는 의지를 온몸과 마음으로 견지하는 것]을 행하고 있다. 만약 이 정신성이 그렇게 하지 않았더라면 그것은 [다른 본능들을] 지배할 수 없었을 것이다. 따라서 그것은 '덕'과는 아무 관련이 없다. 그뿐만 아니라 내가 방금 언급했던 **사막**, 즉 강력하고 독립심 있는 정신이 물러나서 고독하게 머물고 있는 **사막**은 교양 있는 자들이 꿈꾸는 사막과는 전적으로 다르다. 왜냐하면 때에 따라서는 이러한 교양 있는 자들은 그들 자신이 사막이기 때문이다. 정신의 어떠한 연기자[50]도 내가 말하는 사막에서의 생활을 도저히 견딜 수 없으리라

---

50) 교양 있는 자들을 가리킨다. 이들은 정신을 결여하고 있으면서도 정신을 가지고 있는 것처럼 연기한다. 니체는 근대의 교양인들은 머리에 잡다한 지식만 가득할 뿐 삶으로 체화된 진정한 정신은 가지고 있지 않다고 보았다.

는 것은 확실하다. 그들[교양 있는 자들]에게 그것[내가 말하는 사막]은 낭만적인 것이 아니고 충분히 시리아적인 것도 아니며 무대 배경으로 사용되는 사막도 전혀 아니다! 물론 그 안에 낙타[51]가 없는 것은 아니다. 그러나 바로 그것에서 진짜 사막과의 유사성은 끝난다. 아마도 자발적인 암흑 상태, 자기 자신을 피하는 것,[52] 소음이나 명예나 신문이나 [사회에] 영향을 미치는 것에 대한 두려움, 사소한 직무, 일상, 드러내기보다는 감추는 어떤 것, 보는 것만으로도 기분 전환이 되는 무해하고 쾌활한 짐승이나 새와 틈틈이 접촉하는 것, 산과 벗하는 것, 그러나 죽은 산이 아니라 눈을 가진(말하자면 호수가 있는)[53] 산과 벗하는 것, 경우에 따라서는, 누가 누구인지를 알 수 없다는 것을 확신하면서 어느 누구하고도 무탈하게 이야기를 나눌 수 있고 모든 사람에게 완전히 열려 있는 여관에 있는 방 하나 — 이것이 여기에서 '사막'이 의미하는 것이다. 오, 그것은 너무나 고독한 곳이구나. 내 말을 믿어다오! 헤라클레이토스가 거대한 아르테미스 신전의 뜰과 주랑(柱廊) 속으로 은둔했을 때,[54] 이

---

51) 여기서 낙타는 규범에 묵묵히 순종하는 정신을 가리킨다고 할 수 있다.
52) 자신의 소명에 몰두하기 위해서 자신의 개인적인 문제들에 대해서는 생각하지 않는다는 것. 이 절에 나오는 "그의 내부에서 자라고 있는 것에 대한 은밀한 사랑으로 인해 그는 자기 자신에 대해서 덜 생각하게 된다"라는 말을 생각해보라.
53) 산속에 있는 호수를 산의 눈에 비유하고 있다.
54) 헤라클레이토스는 에페소스 사람들로부터 법률을 만들어 달라는 요청을 받았다. 그러나 그들이 타락해 있었고 국가가 그릇된 정체(政體)에 의해 지배되고

'사막'은 더 가치가 있었다는 사실을 나는 인정한다. 그러한 신전이 우리에게는 왜 **없는가**? (아마도 우리에게 없는 것은 아닐 것이다. 지금 나는 산마르코 광장[55]에 있던 나의 가장 아름다운 서재를 회상하고 있다. 계절이 봄이라면 10시에서 12시 사이의 오전 시간을.) 그러나 헤라클레이토스가 피했던 것은 **우리가** 지금 피하는 것과 동일하다. 그것은 에페소스 사람들이 떠드는 소리, 에페소스 민주주의자들의 잡담, 그들의 정치, 그들의 '제국'(알다시피 페르시아를 뜻한다)에 관한 새로운 소식들, 시장에서 일어나는 '오늘날'의 잡다한 일들이다. 왜냐하면 우리 철학자는 무엇보다도 먼저 한 가지, 즉 '오늘날'과 관계되는 모든 것에서 떠나서 휴식을 취할 필요가 있다. 우리는 정적(靜寂)과 냉정함, 고귀함과 아울러 멀리 떨어져 있는 것을, 과거의 것을 흠모한다. 그리고 마주하고 있어도 영혼이 경계하면서 자신을 방어할 필요가 없는 모든 것을 흠모한다. 즉 **큰 소리로 말하지 않고**서도 말할 수 있는 것을 흠모한다. 정신이 말할 경우에 그것의 음색에만 귀를 기울여보라. 모든 정신은 자신의 음색을 가지고 있고 자신의 음색을 사랑한다. 예를 들어 정신이 틀림없이 선동자의 음

있었기 때문에, 헤라클레이토스는 그들의 요청을 냉정하게 거절했다. 그는 이렇게 말했다고 한다. "너희들은 모두 목을 매 죽어버리고 국가는 아이들에게나 맡기는 편이 나을 것이다." 헤라클레이토스는 사람들을 멀리하면서 아르테미스 신전에서 아이들과 공기놀이를 하면서 시간을 보내는 것을 좋아했다.
55) 베네치아 중심에 있는 큰 광장이다.

색을 갖고 있는 경우가 있다.[56] 이 경우 정신은 속이 텅 빈 머리라든가 속이 텅 빈 항아리임에 틀림없다. 이 정신은 거의 항상 쉰 목소리로 말한다. 아마도 그는 [너무 큰 소리로 말하다 보니] 쉰 목소리로 **사유해왔던** 것일까? 그럴 가능성도 있다. 생리학자들에게 물어보라. 그러나 **말로** 사유하는 자는 연설가로서 사유하는 것이지 사상가로서 사유하는 것은 아니다(이것은 그가 근본적으로 사실을 사유하거나 사실에 입각하여 사유하지 않고, 사실을 참작하기는 하지만 본래는 **자신**과 그의 청중만을 사유하고 있다는 것을 드러낸다). 이 제삼자는 귀찮을 정도로 끈질기게 이야기한다. 우리에게 너무나 가까이 다가오기 때문에 우리는 그의 숨결을 느낀다. 비록 그가 책을 통해서 우리에게 말할지라도 우리는 자신도 모르게 입을 닫게 된다. 그가 사용하는 문체의 음색이 그 이유를 폭로한다. 그 이유란 그가 여유가 없으며, 자기 자신에 대한 신념을 갖지 못하여, 기필코 오

---

56) 니체는 여기서 사보나롤라나 루터, 루소, 로베스피에르와 같이 특정한 신념에 빠져 있는 광신적인 사람들을 염두에 두고 있다. 니체는 이들에 대해서 『안티크리스트』 54절에서 이렇게 말하고 있다.
"확신을 가진 사람은 병적으로 제약된 자신의 관점 때문에 사보나롤라(Savonarola), 루터, 루소, 로베스피에르, 생시몽과 같은 광신자들, 즉 강하고 **자유롭게** 된 영혼의 반대 유형이 되고 만다. 그러나 이러한 **병든** 영혼들, 즉 개념의 간질병자들의 과장된 태도가 많은 대중에게 감명을 주고 있다. ─광신자들은 근사해 보인다. 인류는 [이성적인] 근거에 귀를 기울이기보다는 몸짓을 보는 것을 더 좋아하는 것이다."

늘 말하려고 한다는 것이다. 그러나 자기 자신을 확신하고 있는 정신은 나직하게 말한다. 그는 은둔을 구하며 사람들로 하여금 기다리게 한다. 우리는 어떤 사람이 철학자라는 사실을 다음과 같은 점에서 인식할 수 있다. 즉 철학자는 세 가지의 현란하고 요란한 것, 즉 명성과 제후(諸侯)들 그리고 여자들을 피한다. 그렇다고 해서 이것들이 그에게 다가오지 않는다는 것은 아니다. 그는 너무나 밝은 빛은 싫어한다. 따라서 그는 자신의 시대와 그것의 '대낮'을 싫어한다. 이 점에서 그는 그림자와 같다. 태양이 져갈수록 그림자는 더욱더 커지는 것이다. 철학자의 '겸손'에 대해서 말하자면, 철학자는 어둠을 참아내듯이 어떠한 종류의 종속이나 무명(無名)의 상태도 참아낸다. 더욱이 그는 번개[57]에 의해서 마음이 혼란스러워지는 것을 두려워한다. 그는 너무나 고립되어 무방비 상태로 버려져 있으면서 변덕스러운 나쁜 날씨[58]에 시달리는 나무처럼 존재하는 것을 두려워 피한다. 그의 '모성' 본능으로 인해, 즉 그의 내부에서 자라고 있는 것[진리]에 대한 은밀한 사랑으로 인해 그는 자기 자신에 대해서 덜 생각하게 된다. 이것은 여성이 모성 본능으로 인해 지금까지 종속적인 지위에 처해 있는 것과 동일하다. 궁극적으로 이 철학자들은 거의 아무것도 요구하지 않는다. 그들의 표어는 '소유하는

---

57) 여기서 번개는 사람들의 주목과 관심을 받는 것을 가리킨다고 할 수 있다.
58) 여기서 변덕스러운 날씨는 변덕스러운 대중을 암시한다고 할 수 있다.

자는 [자신이 소유하는 것에 의해서] 소유당한다'라는 것이다. 내가 거듭해서 말할 수밖에 없는 것처럼, 철학자들의 이러한 태도는 덕에서, 다시 말해 자족과 소박함을 지향하는 훌륭한 의지에서 비롯되는 것이 아니다. 그것은 그들의 최상의 군주[힘에의 의지]가 이것을 그들에게 요구하기 때문에, 영리하면서도 냉혹하게 요구하고 있기 때문에 생긴 것이다. 이 최고 지배자는 오직 한 가지 일만을 염두에 두면서 오로지 그 한 가지만을 위해서 시간, 힘, 사랑, 관심과 같은 모든 것을 모으고 오직 그 일을 위해서만 저장한다. 이런 종류의 인간은 적개심으로 인해 방해받는 것을 좋아하지 않으며 우정으로 인해 방해받는 것조차 좋아하지 않는다. 그는 쉽게 잊거나 쉽게 경멸한다. 그는 순교자가 되는 것을 좋지 못한 취미라고 생각한다. '진리를 위해서 고난을 겪는다는 것'을 그는 야심가나 무대에서의 정신의 주인공이나 이들 외에 진리를 위해서 고난을 겪을 만한 충분한 시간이 있는 다른 사람들에게 맡긴다. (철학자들 자신은 진리를 위해서 해야 할 그 무엇인가가 있다). 그들은 거창한 말을 삼간다. 사람들은 그들이 '진리'라는 단어에 저항감을 느낀다고 말한다. 그것['진리'에 대해서 말하는 것]은 허풍 떠는 것처럼 들리기 때문이다. 마지막으로 철학자들의 '정결'에 대해서 말하자면, 이러한 유형의 정신은 분명히 자신의 자식을 낳는 것에 의해서가 아니라 다른 것[진리를 낳는 것]에 의해서 풍요로운 결실을 거둔다. 그들의 이름은 아마도 다른 것에 의해 존속될 것이고 불멸할 것이다. (고대 인도의 철학자들은 "자신의 영혼이 세계인 자에게 자손이 왜 필요하겠는가?"라고 한층 더 거리낌 없이 표현했다.) 운동선수나 경마기수가 여자를 멀리할 때 그것이 정결을 위해서가 아닌 것처럼, 철학자들의 정결은 어떤 금욕주의적인 가책이나 관능에 대한 증오에서 비롯되는 것이 결코 아니다. 오히려 그들이 최소한 중대한 것을 임신하고 있는 기간 동안에는 그들의 지배적인 본능이 여자를 멀리하려고 하는 것이다. 모든 예술가는 정신적으로 몹시 긴장하거나 준비상태에 있을 때 [여자와] 동침하는 것이 얼마나 해로운 결과를 초래하는지를 알고 있다. 그들 중에서 가장 거대한 힘과 가장 확실한 본능을 지닌 자들은 그러한 사실을 알기 위해서 먼저 그러한 해로운 결과를 경험할 필요가 없는 것이다. 창작을 하는 힘 외에 저장되어 있고 축적되어 있는 모든 힘과 동물적인 활력을 생성 중에 있는 작품을 위해서 가차 없이 사용하는 것은 그들의 '모성' 본능이다. 따라서 더 큰 힘[창작하는 힘]이 더 작은 힘[정력을 비롯한 모든 힘]을 소모한다. 앞에서 언급한 쇼펜하우어의 경우를 이제 이러한 견해에 입각하여 해석해보자. 그에게서는 아름다운 것에 대한 관조가 분명히 그의 본성의 **주요한 힘**(성찰력과 심원한 통찰력)을 해방시켜주는 자극으로 작용했다. 그리고 나서 이 주요한 힘은 폭발하여 단번에 의식의 주인이 되었다. 따라서 우리는 미적 상태에 고유한 저 특유의 달콤함과 풍요로움이 바로 '관능'이라는 요소로부터 유래될 수도 있다는 (사춘기를 맞은 소녀의 '이상주의'가 이러한 관능의 요소로부터 유래하는 것처럼) 가능성을 결코 배제해서는 안 된다. 그 결과 관능은 쇼펜하우어가 믿었던 것처럼, 미적 상태가 나타나면서 소멸되는 것이 아니라 단지 변형될 뿐이다. 그것은 더 이상 성적인 자극으로서 의식되지 않을 뿐이다. (이러한 관점에 대해서 나는 아직까지 다루어지지 않았고 탐구되지 않았던 미학의 생리학[59]의 더 미묘한 문제들과 연관하여 다른 기회에 다시 언급할 것이다.)

9

우리가 보았듯이, 어떤 금욕주의, 즉 최선의 의지가 수행하는 엄격하고 쾌활한 금욕은 최고의 정신성이 성장하는 데 가장 유리한 조건에 속하며, 또한 동시에 그것의 자연스러운 귀결에 속한다. 따라서 철학자들이 금욕주의적 이상을 항상 약간의 우호적인 편견을 가지고 다룬다고 해서 처음부터 놀랄 일은 아니다. 역사적으로 진지하게 검토해보면 심지어 금욕주의적 이상과 철학 사이의 유대는 훨씬 더 밀접하고 견고하다는 사실이 입증된다. 금욕주의적 이상이라는 걸음마를 가르치는 끈에 의지함으로써 비로소 철학이 자신의 최초의 발걸음을 지상에 내딛는 것을 배웠다고 말할 수 있다.

---

59) '미학의 생리학'에 대해서는 『우상의 황혼』「어느 반시대적 인간의 편력」8, 9, 10, 11절 참조.

아, 아직 서투르고, 아, 아직 찌푸린 표정을 하고, 아, 곧 고꾸라져서 넘어질 것 같은 모습을 하면서, 구부러진 다리로 겁먹은 표정으로 조금씩 아장아장 걸어나가는 이 작은 연약한 자여! 철학도 모든 좋은 것이 시작되는 방식과 동일한 방식으로 시작되었다. 즉 철학자들은 오랫동안 자기 자신에 대한 용기를 갖지 못했고, 언제나 누가 그들을 도와주러 오지 않나 하고 주변을 둘러보았으며, 더욱이 그들을 바라보는 모든 사람을 두려워했다. 철학자가 지니고 있는 충동들과 덕들을 차례로 살펴보자. 의심하려는 충동, 부정하려는 충동, 판단을 유보하려는('억제하고 싶어 하는') 충동, 분석하고 연구하며 탐색하고 평가하려는 충동, 비교하고 조정하려는 충동, 중립성과 객관성을 향한 의지. '아무런 분노도 편견도 없는 상태(sine ira et studio)'[60]를 향한 의지, 이 모든 것이 극히 오랫동안 도덕과 양심의 근본적인 요구들에 거역하는 것이었다는 사실을 사람들은 이미 잘 알고 있지 않은가? (루터가 영리한 여자, 영리한 창녀라고 불렀던 이성 일반에 대해서는 말할 필요도 없다.)[61] 어떤 철학자가 자신을 의식하게 되었다면, 그는 자신을 '금단의 것을 추구하는 욕망(nitimur in vetitum nitimur)'[62]의 생생한 화신이라고 느낄 수밖에 없었을 것이

---

60) 타키투스는 자신의 *Annals*(I, 1)에서 아무런 분노도 편견도 없이 쓰겠다는 의향을 밝히고 있다.
61) 루터는 이성이 신앙을 저해한다고 보면서 이성을 배격한다. 이에 반해 니체는 철학자는 광신이 아니라 이성적인 회의와 사유를 중시한다고 본다.

고, 결과적으로 '그 자신을 느끼게 되는 것'이나 자신을 의식하게 되는 것을 경계하게 되었을 것이다. 이미 말했듯이, 우리가 오늘날 자랑스럽게 생각하는 모든 좋은 것과 관련해서도 사정은 다르지 않다. 심지어 고대 그리스인들을 기준으로 하여 평가하더라도 우리의 현대적 존재 전체는—그것이 나약함이 아니라 힘이며 힘의 의식인 한—온전히 교만과 무신론의 모습을 취하고 있다. 왜냐하면 오늘날 우리가 숭배하는 것들과는 정반대의 것들이 극히 오랫동안 양심을 자신의 편으로 삼고 신을 자신의 경호원으로 삼아왔기 때문이다. 교만은 오늘날 우리가 자연에 대해서 취하는 태도 전체, 기계와 전문가와 기술자에 의한 거침없는 발명의 힘으로 자연에게 우리가 가하는 폭력으로 나타난다. 교만은 신에 대해서 취하는 우리의 태도, 말하자면 인과성의 거대한 거미줄 뒤에 숨어 있는 이른바 목적이나 도덕성이라는 거미에 대해서 우리가 취하는 태도로도 나타난다. 루이 11세와 전쟁을 벌였던 용감한 샤를[63]처럼 우리는 "나는 세계적인 거미와 싸운다"라고 말할 수 있으리라. 우리가 **우리 자신**에 대해서 취하는 태도가 또한 교만이다. 왜냐하면 우리는 어떤 동물에 대해서도 허용하지 않을 실험을 우리 자신에게 행

---

62) "우리는 금단의 것을 추구하고 싶어 한다." Ovid, *Amores* III. 4. 17
63) 샤를 용담공(勇膽公, Charles le Téméraire)은 부르고뉴의 공작으로 1472년에 왕에게 불만을 가졌던 귀족들을 규합하여 당시의 왕 루이 11세에 대항해 반란을 일으켰다.

하며, 영혼을 호기심에 차서 유쾌하게 해부하기 때문이다. 오늘날 영혼의 '구제'가 우리에게 무슨 의미가 있단 말인가! 우리는 우리 자신을 치유한다. 병이 우리에게 많은 가르침을 주며, 건강보다도 더 많은 가르침을 준다는 사실을 우리는 의심하지 않는다. 오늘날에는 **병들게 하는** 자가 의사나 '구원자'보다 더 필요한 것 같다. 우리가 이제 우리 자신에게 폭행을 가하고 있다는 것은 의심할 여지가 없다. 우리는 영혼이라는 호두를 까는 자들이고, 마치 인생이란 바로 호두를 까는 것일 뿐이라고 생각하면서 질문하는 자이며, 또한 [수상쩍은 존재여서] 물을 만한 가치가 있는 자이다. 따라서 우리는 날이 갈수록 물을 만한 가치가 있는 존재가 되어야만 하고, 질문을 던질 **자격을 갖춘** 자가 되어야만 한다. 이와 함께 아마도 또한 살 만한 가치가 있는 자가 되어야만 한다. 모든 좋은 것은 전에는 나쁜 것들이었다. 모든 원죄(Erbsünde)에서 원천적인 덕(Erbtugend)이 생겨났다. 예를 들어 결혼은 오랫동안 공동체의 권리에 대한 침해로 여겨졌다. 뻔뻔스럽게도 한 여자를 독차지하려고 할 경우에는 보상을 해야만 했다(예를 들어 캄보디아에서는 아직도 모든 '신성한 관습'의 수호자인 승려들의 특권으로 되어 있는 초야권[64]이 그에 해당한다). 부드럽고, 호의적이고, 관대하며, 동정적인 감정들은 갈수록 높이 평가되어 나중에는 결국 '가치 자체'가 되었지만, 그것들은 과

---

64) 결혼 첫날밤을 신부(新婦)와 보낼 수 있는 권리를 가리킨다.

거에는 아주 오랫동안 자기 자신에 대한 경멸로 간주되어 배척당했다. 사람들은 오늘날 가혹함을 부끄럽게 여기는 것처럼 온순함을 부끄럽게 여겼다.(『선악의 저편』 260절[65]을 참조할 것.) **법**에 대한 굴종도 마찬가지이다. 지구 곳곳의 고귀한 종족들은 자신이 직접 복수하는 것을 단념하고 법의 권력에 고개를 숙이는 일에 얼마나 큰 양심의 저항을 느꼈던 것일까! 오늘날 '법'으로 간주되는 것은 오랫동안 금지된 것이었고 불법적인 것이었으며 혁신적인 것이었다. 그것은 폭력으로 나타났으며 사람들은 수치스럽게 느끼면서 그것에 굴종했다. 지구상에서 가장 작은 내디딤이라도 모든 발걸음은 정신적이고 신체적인 고문을 당하는 것과 함께 쟁취되었다. 이러한 전체적 관점, 즉 "전진뿐 아니라, 모든 발걸음, 움직임, 변화는 무

---

65) 여기서 니체는 주인도덕과 노예도덕에 대해서 말하고 있다. 그 일부를 소개한다.

"지배자의 도덕은 그 원칙의 엄격함으로 인해 현대적인 취향에는 가장 낯설고 고통스럽게 받아들여진다. 그 원칙이란 오직 자신과 동등한 사람들에 대해서만 의무를 지니며, 하층민이나 낯선 자들에 대해서는 자신이 좋다고 생각하는 대로 혹은 '마음 내키는 대로' 행동해도 되고, 어떤 경우에서든 '선악에 구애받지 않고' 행동해도 된다는 것이다. [⋯] 쉽게 은혜를 잊지 않고 쉽게 복수를 단념하지 않는 — 이 두 가지는 동등한 자들 서로에 대해서만 해당된다 — 능력과 또한 반드시 그래야 한다는 의무감, 정교한 보복, 고상한 우정 개념, 적을 갖지 않을 수 없는 필연성(말하자면 시기심, 호전성, 오만함과 같은 정념들의 배출구로서, 또한 [적과] 근본적으로 좋은 친구가 될 수 있기 위해서), 이 모든 것이 고귀한 도덕의 전형적인 특징이다."

수한 순교자들을 필요로 했다"라는 관점은 오늘날 우리에게는 너무나 낯설게 들린다. 나는 이러한 관점을 『아침놀』18절에서 분명히 했다. "오늘날 우리가 긍지를 품고 있는 약간의 이성과 자유의 감정보다 더 값비싼 희생을 치르고 얻어진 것은 없다. 그러나 이러한 긍지야말로 **인류의 성격을 확립한 저 진정하고 결정적인 주요 역사**(Hauptgeschichte)였던 '저 엄청나게 긴 시간[선사시대]'에 우리가 현재 공감하는 것을 거의 불가능하게 만드는 것이다. 그러한 주요 역사는 '세계사'에 선행하는 것으로서 '풍습의 윤리'가 지배한 역사이다. 이러한 주요 역사에서는 고통과 잔혹과 위장과 복수와 이성의 부정이 덕으로 간주되었던 반면에, 만족과 지식욕과 평화와 동정은 위험으로서, 동정받는 것은 모욕으로서, 노동은 모욕으로서, 광기는 신성으로서, [풍습의] **변경**은 비윤리적이고 파멸을 잉태한 것으로 간주되었다!"

10

그 책[『아침놀』]의 42절[66]에서는 명상적 인간[67]이라는 가장 오래

---

66) 『아침놀』42절은 다음과 같다.

"**명상적인 삶의 유래.** — 인간과 세계에 대한 염세적인 판단이 지배하던 야만적인 시대에는 어떤 개인이 충만한 힘을 느낄 경우 항상 그러한 염세적인 판단에 따라 행위하려고 했다. 따라서 그는 사냥, 약탈, 습격, 학대, 살인의 방식으

된 종족이 어떤 식의 평가를 받으면서 살아야 했는지, 다시 말해 어떤 평가의 압박 아래서 살아야만 했는지를 구명하고 있다. 그들은

로 혹은 이러한 행위들을 공동체 내에서 용인되는 더 약화된 형태로 자신들의 생각을 실행에 옮기려고 했다. 그러나 그의 힘이 약해져 피로, 병, 우울, 권태를 느끼고 그 결과 때때로 의욕을 상실하게 되면, 그는 비교적 더 나은 인간, 즉 덜 유해한 인간이 된다. 그리고 그때 그의 염세적인 생각은 겨우 말과 생각으로, 예를 들면 자신의 동료들 혹은 자신의 아내 혹은 자신의 삶 혹은 자신의 신들이 갖는 가치에 대한 말과 사상으로 표출될 뿐이다.─그의 판단은 악의를 담은 판단이 될 것이다. 이러한 상태에서 그는 사상가이자 예언자가 되거나 자신이 믿는 미신을 계속해서 지어내고 새로운 관습들을 고안해내거나 자신의 적들을 비웃는다. 그러나 그가 무엇을 고안해내든, [그의 정신에서 비롯된] 모든 것들은 그의 상태를 반영하지 않을 수 없다. 즉 그것들은 공포와 피로의 증대, 행동과 향락에 대한 경멸을 반영하게 된다. 그것들의 내용은 시인이자 사상가이고 사제와 같은 이러한 자가 가졌던 기분들에 상응하지 않을 수 없으며, 그것들에서는 악의적인 판단이 지배하지 않을 수 없는 것이다. 나중에 사람들은 옛날에 어떤 개인이 그러한 상태에서 행한 것을 지속적으로 행하는 모든 사람들을, 즉 악의적으로 판단하고, 우울하고 비활동적으로 사는 모든 사람들을 시인, 혹은 사상가, 혹은 사제, 혹은 주술사라고 불렀다. 이러한 인간들은 충분히 행동적인 인간들이 아니었기 때문에, 사람들은 그들을 경멸하고 공동체에서 쫓아내고 싶어 했을 것이다. 그러나 이 경우 위험이 하나 있었다. 그러한 인간들은 미신과 신적인 힘들의 자취를 따르는 자들이었기에 사람들은 그들이 미지의 힘을 갖고 있다고 믿어 의심치 않았던 것이다. 이것이 명상적인 성격을 가졌던 가장 오랜 종족이 받았던 평가이다. 그들은 두려움의 대상이 되었던 그만큼 경멸당했다! 그렇게 위장된 모습과 애매한 명망과 함께, 악한 마음과 불안한 두뇌와 함께 명상은 지상에 나타났다. 약하지만 동시에 두려운 것이었고, 은밀히 경멸당하면서도 공적으로는 미신적인 존경을 받았다. 여느 것과 마찬가지로 그것은 수치스러운 기원을 갖는 것이다!"

67) 여기서 명상은 철학적인 사유를 가리키며 명상적인 인간도 철학자를 가리킨다.

두려움의 대상이 되었지만, 그렇지 않을 경우에는 그만큼 경멸의 대상이 되었다! 명상은 위장된 형태와 애매한 모습을 취하고 있었고, 사악한 마음과 종종 불안에 찬 머리와 함께 처음으로 이 지상에 나타났다. 이 점은 의심할 여지가 없다. 명상적 인간의 본능 속에 있는 비활동적이고 암중모색하며 비전사(戰士)적인 요소는 오랫동안 그들에 대한 깊은 불신감을 불러일으켰다. 이러한 불신에 대항하기 위해서는 자기 자신에 대한 공포를 일깨우는 것 외에는 다른 방법이 없었다. 예를 들어 고대 브라만들은 그러한 방법을 잘 알고 있었다! 이 가장 오래된 철학자들은 자신들의 존재와 출현에 하나의 의미나 근거 그리고 배경을 부여할 줄 알았으며, 이것들로 인해 사람들은 그들을 **두려워하게 되었다!** 좀 더 자세하게 살펴본다면, 훨씬 더 근본적인 욕구에서, 즉 자기 자신을 두려워하고 경외하려는 욕구에서, 그들은 사람들이 자신들을 두려워하게 될 수단이 되는 하나의 의미나 근거 그리고 배경을 자신들의 존재와 출현에 부여했던 것이다. 왜냐하면 그들은 자기 자신 속에서 그 자신에 반하는 모든 가치판단을 발견했으며, '자기 자신 속에 존재하는 철학자'에 대항하는 모든 종류의 의심과 저항을 격퇴해야만 했기 때문이다. 이런 일을 그들은 가공(可恐)할 시대의 인간으로서 가공할 방법을 통해서, 즉 자기 자신에 대한 잔인성과 자신을 거세하는 기발한 방법들을 통해서 수행했다. 권력에 굶주린 은둔자들이나 사상의 혁신자들은 그들 스스로가 자신의 혁신을 **믿을 수 있기**

위해서 자기 자신 속에서 아직 영향력을 행사하고 있는 신들과 전통을 압도할 필요가 있었다. 그들이 사용했던 자기 자신에 대한 잔인성과 자신을 거세하는 기발한 방법들은 신들과 전통을 압도하기 위해서 그들이 주로 사용하는 수단이었다. 나는 비시바미트라 (Viçvamitra) 왕[68]에 관한 유명한 이야기를 상기시키고 싶다. 그는 수천 년에 걸친 고행을 통해서 **새로운** 천국을 건설하려고 시도할 정도의 권력 감정과 자신감을 갖게 되었다. 이 새로운 천국은 지상에서 철학자들의 가장 오래된 역사이자 최근의 역사가 갖는 의미를 단적으로 보여주는 섬뜩한 상징이다. 언젠가 '새로운 천국'을 세워본 적이 있는 자들은 누구나 그렇게 할 수 있는 권력을 우선 **자신의 지옥**[혹독한 고행을 행하는 것] 속에서 발견했다. 이 모든 것을 간략한 정식(定式)으로 요약해보자. 철학적 정신이 어떠한 정도로든 **존재하기 위해서는** 그것은 항상 먼저, **이전부터 확정되어 있던** 명상적 인간의 유형들, 즉 성직자, 마술사, 예언자, 일반적으로 말해 종교인으로 자신을 가장하고 변화시켜야만 했다. **금욕주의적 이상은** 오랫동안 철학자가 취하는 현상 형식이자 그가 존재하기 위한 전제로서 기능해왔다. 철학자가 철학자로 존재할 수 있기 위해서는

---

68) 비시바미트라 왕은 인도의 서사시 「라마야나」에 나오는 인물로, 히말라야의 깊은 산속에서 천 년 동안 한 발로 선 채 비바람과 눈보라를 견뎌내거나 바위 위에 앉아서 물도 음식도 먹지 않는 등의 고행을 한 끝에 성스러운 선인이 되었다고 한다. 비시바미트라라는 말은 '우주의 친구'를 의미한다.

금욕주의적 이상을 **표명**해야만 했다. 그리고 금욕주의적 이상을 표명할 수 있기 위해서 그는 그것을 **믿어야만** 했다. 철학자들에게 특유한 세계 부정적이고 삶에 적대적이며 감각을 불신하고 관능으로부터 해방된 초탈(超脫)의 태도는 오늘날에 이르기까지 고수되어왔으며, 따라서 그것들은 거의 **철학자들의 태도 자체**로 간주되어왔다. 이러한 태도는 무엇보다도, 철학이 일반적으로 발생하고 존속하기 위해서 불가결했던 조건들의 결과이다. 왜냐하면 아주 오랫동안 철학은 금욕주의라는 가면이나 분장이 없었다면, 달리 말해 금욕주의적 자기오해가 없었다면 **지상에서 존재할 수 없었을 것이기** 때문이다. 이를 더 생생하고 명료하게 표현해보면, **금욕주의적 성직자**는 오늘날에 이르기까지 가장 역겹고 음울한 애벌레의 형태를 하고 있었는데 이러한 형태로만 철학은 살아서 기어다닐 수 있었던 것이다. 이 모든 것이 진정 **변하였는가**? 이러한 애벌레가 자신 속에 숨겨놓았던 다채롭고 위험한 나비인 저 '정신'은 더 양지바르고 따뜻하고 밝은 세계 덕분에 마침내 수도사의 옷을 벗어던지고 햇빛 속으로 나올 수 있었는가? 오늘날에는 철학자가 지구상에 존재할 수 있을 정도로 충분하게 긍지, 대담성, 용기, 자기 확신, 정신의 의지, 책임에의 의지, **의지의 자유가 존재하는가**?

11

금욕주의적 성직자를 살펴보았으므로, 이제 우리는 '금욕주의적 이상이란 무엇인가'라는 우리의 문제를 진지하게 다루어보도록 하자. 이제야 비로소 그 문제는 '진지한 것'이 되었고, 우리는 **진지함을 진정으로 대표하는 것**과 마주하게 되었다. "모든 진지함은 무엇을 의미하는가?"라는 훨씬 더 근본적인 물음이 아마도 이미 우리의 입술에서 맴돌고 있다. 이러한 물음은 당연히 생리학자들이 답해야 할 물음이지만, 우리는 당분간은 이 물음을 제기하지 않겠다. 금욕주의적 성직자는 저 이상 속에 자신의 신념뿐만 아니라 자신의 의지와 권력 그리고 관심을 쏟고 있다. 그가 존재할 권리는 이 이상에 달려 있다. 만약 우리가 그 이상에 대한 적대자라고 한다면, 의심할 바 없이 우리는 여기에서 무서운 적수, 즉 그 이상을 부정하는 자에 대항하여 자신의 생존을 위해서 투쟁하는 자를 만나고 있다. 다른 한편 우리의 문제['금욕주의적 이상이란 무엇인가'라는 문제]에 대해 [성직자들이 취하는] 그렇게 편파적인 태도가 이 문제를 해결하는 데 별로 유익할 것 같지는 않다. 여성이 '여성 자신'을 변호하려고 할 때 통상적으로 실패를 하는 것과 같은 이유로, 금욕주의적 성직자가 자신의 이상을 가장 성공적으로 변호한다는 것은 어려운 일이다. 더구나 이러한 논쟁거리에 대해서 가장 객관적인 심판관이나 재판관이 될 수 없음은 말할 필요도 없다. 따라서 우리는 우리가 그에 의해서 논박당하는 것을 두려워하기보다는 오히려 그가 우리에 대항하여 자신을 잘 변호할 수 있도록 도와야 할 것이다. 이것은 오늘날에는 이미 당연한 일이다. 여기에서 논쟁이 되는 사상은 금욕주의적 성직자가 우리의 삶에 내리는 **가치평가**이다. 그는 우리의 삶을(그 삶에 속하는 것들인, '자연', '세계', 생성하고 소멸하는 모든 영역과 함께) 전적으로 다른 종류의 존재[피안이나 신과 같은 영원한 존재]와 관련짓는다. 우리의 삶이 자신에 대해서 반대하거나 **자신을 부정하지 않는** 한, 우리의 삶은 이러한 다른 종류의 존재에 대해서 대립하며 그것을 배제한다. 그러나 이 경우, 즉 금욕주의적 삶의 경우에 삶은 저 다른 생존을 위한 하나의 다리로 간주된다. 금욕주의자는 삶을 결국에는 출발했던 지점으로 되돌아가야만 하는 미로처럼 취급하며, 또는 행동에 의해서 바로잡**아야 할**, 반드시 바로잡아야**만 하는** 오류처럼 취급한다. 이러한 사실을 우리는 금욕주의자가 사람들이 그와 함께 같은 길을 걷기를 요구하며, 할 수만 있다면 존재에 대한 자신의 가치평가를 강제한다는 데서 알 수 있다. 이러한 사실은 무엇을 의미하는가? 그렇게 기괴한 가치평가 방식은 인간의 역사에 하나의 예외나 호기심거리로서 기입되어 있는 것이 아니다. 그것은 지상에서 가장 광범위하고 가장 오래 지속되는 사실들 중의 하나이다. 멀리 떨어진 별에서 읽는다면, 지구에서의 우리의 삶을 나타내는 머리글자는 아마도 다음과 같은 결론을 내리도록 이끌 것이다. 즉 지구는 분명히 **금욕주의적 별이다.** 자신에 대해, 지구에 대해, 모든 생명에 대해 심한 메스꺼움으로 가득 차 있고, 자신에게 고통을 가하는 것을 즐기면서 — 아마도 이것이 그들의 유일한 즐거움일 것이다 — 자신에게 가능한 한 많은 고통을 주는 피조물들, 즉 불만에 가득 차 있고 오만하며 끔찍한 피조물들의 은둔처일 것이라고. 금욕주의적 성직자가 얼마나 규칙적이고 보편적으로, 즉 거의 모든 시대에 걸쳐서 나타나는지를 생각해보라. 금욕주의적 성직자는 어떤 종족에서만 나타나는 것이 아니라 모든 곳에서 번성하며 모든 계층에서 자라난다. 그는 결코 자신의 가치평가 방식을 유전을 통해 키워서 번식시키지 않는다. 실상은 그 반대이며, 대체로 어떤 깊은 본능이 오히려 그에게 번식을 금한다.[69] 삶에 적대적인 이 종족을 항상 거듭하여 성장하게 하고 번성하게 만드는 것은 최고의 필연성이다. 그러한 자기모순적인 유형이 소멸하지 않게 하는 것이 아마도 **삶 자체의 관심사임이** 틀림없다. 왜냐하면 금욕주의적 삶이란 일종의 자기모순이기 때문이다. 여기에서는 견줄 데 없는 원한이, 즉 삶에서의 어떤 것에 대해서가 아니라 삶 자체에 대해서 그리고 삶의 가장 깊고 강하며 근본적인 조건들에 대해 지배자가 되려는 탐욕스러운 본능과 권력 의지

---

69) 여기서 본능은 권력을 향한 본능적 욕구를 가리킨다고 볼 수 있다. 사람들은 독신으로 사는 성직자들을 자신들보다 더 고상한 인간으로 떠받드는 경향이 있다. 따라서 성직자들은 독신으로 사는 것을 본능적으로 택한다는 것이다.

에 사로잡힌 원한이 지배하고 있다. 여기에서는 힘의 원천[삶]을 봉쇄하기 위해서 힘을 사용하려는 시도가 행해지고 있다. 여기에서는 생리적인 성장 자체, 특히 그것의 표현인 미나 기쁨은 질시와 악의에 찬 눈총을 받게 된다. 반면에, 기형이나 발육부전의 것, 고통, 사고(事故), 추한 것이나 자발적인 희생, 자기상실, 자학, 자기희생은 호의적으로 느껴지며 추구된다. 이 모든 것은 극도로 역설적인 것이다. 우리는 여기에서 자기 자신이 [억압하는 자신과 억압당하는 자신으로] 분열되기를 바라면서, 이러한 고통 속에서 자기 자신을 즐기고, 그 자신의 전제인 생리적인 삶의 능력이 감퇴되면 될수록 더욱더 자신에 대해서 확신하게 되고 의기양양해 하는 분열 앞에 서 있는 것이다. '최후의 단말마 속에서의 승리'라는 이 최상의 깃발 아래서 옛날부터 금욕주의적 이상은 싸워왔다. 이러한 유혹의 수수께끼 속에서, 이러한 환희와 고통의 이미지 속에서 금욕주의적 이상은 자신의 가장 밝은 빛, 자신의 구원, 자신의 궁극적인 승리를 인식했던 것이다. 십자가와 호두[숨겨져 있는 삶의 핵심]와 빛, 이것들은 금욕주의적 이상에서는 하나이다.

12

모순과 반(反)자연을 향한 이러한 의지가 철학을 하게 되었다고 가정해보자. 그 의지는 자신의 가장 내밀한 자의(恣意)를 어디에 표출하게 될 것인가? 가장 확실하게 진정하고 실재적인 것으로 느껴지는 것에 표출하게 될 것이다. 그 의지는 진정한 삶의 본능이 가장 무조건적으로 진리라고 보는 바로 그것에서[70] 오류를 찾아낼 것이다. 그 의지는 예를 들어 베단타 철학[71]의 금욕주의자들처럼, 육체적인 것을 환영으로 격하시키고, 동시에 고통이나 다수성도, '주관'과 '객관'이라는 개념의 대립 전체도 격하시킬 것이다.[72] 오류이다, 오류 외의 아무것도 아니라고 할 것이다. 자신의 자아에 대한 믿음을 거부하고 스스로 자신의 실재성을 부정하는 것은[73] 감각이나 외관에 대한 승리일 뿐 아니라 좀 더 고차적인 종류의 승리이며, **이성**에 대한 잔인한 폭력이다. 얼마나 대단한 승리인가! 이성의 금욕주의적 자기 경멸이나 자기 조소가 '진리와 존재의 왕국이 있다. 그러나 이성은 그곳에서 **축출되어버렸다**'라고 선언하는 것과 함께 그 승리의 환희는 절정에 이른다. (덧붙여 말하자면, '사물의 예지적 성격'이라는 칸트의 개념에는 이성(Vernuft)을 이성에 대립시키기를 좋아하는 이러한 탐욕스러운 금욕주의자의 분열성과 같은 것이 존재한다.

---

70) 바로 아래에서 보겠지만, 육체적인 것, 고통이나 다수성과 같이 우리가 살고 있는 세계를 가리킨다.

71) 베단타 철학은 우파니샤드 철학의 별칭이다. 우파니샤드는 성전 베다의 마지막(안타)에 붙어 있기 때문에 베단타라고 불렸다.

72) 베단타 철학에서는 생성 소멸하는 개체들로 이루어진 이 세계를 환영으로 본다.

73) 베단타 철학과 불교에서는 우리의 개별적인 자아도 환영과 오류로 본다.

왜냐하면 칸트에게 '예지적 성격'이란, 지성에 의해서는 사물 자체가 전혀 파악될 수 없다는 사물의 성격을 의미하기 때문이다. 이 경우 사물이 지성(Intellekt) 자신에 의해서 파악될 수 없다는 것을 지성 자신이 파악한다.) 정신은 관례화된 관점과 가치평가를 단호하게 전도하면서 너무나 오랫동안 자기 자신에 대해서 방자하면서도 쓸데없이 분노해왔다. 그러나 인식하는 자로서의 우리는 그러한 전도에 대해서 고마움을 느껴야 한다. 그와 같은 방식으로 한 번 다르게 보는 것, 다르게 보려고 한다는 것은 지성이 장차 언젠가 자신의 '객관성'을 확보하기 위해서 필요한 훈련이며 준비인 것이다. 이러한 훈련과 준비는 사소한 것이 아니다. 이 경우 객관성을 '무심한 직관'(이것은 어처구니없고 불합리한 것이다)으로 이해해서는 안 되며, 오히려 지성의 찬성과 반대를 통제하면서 그러한 찬성과 반대를 내걸거나 거두어들일 줄 아는 능력으로 이해해야 한다. 이러한 능력을 통해서 사람들은 다양한 관점들과 정념들이 개입하는 해석들(Affekt-Interpretationen)을 인식을 위해 이용할 줄 알게 된다. 친애하는 나의 철학자들이여, 이제부터 우리는 '순수하고 의지를 결여하고 있고 고통도 갖지 않는 무시간적인 인식주관'을 상정한 저 위험하고 낡은 개념적 허구를 경계하자. 우리는 '순수이성'이나 '절대정신'이나 '인식 자체'와 같은 모순적인 개념들의 촉수(觸手)를 경계하자. 이러한 개념들은 항상 도저히 생각할 수 없는 하나의 눈을, 즉 전혀 어떠한 방향으로 치우쳐서는 안 되는 눈을 가질 것을 요구하고 있다. 이런 눈에서는 능동적으로 해석하는 힘은 억압되어야 하고 결여되어 있어야만 한다. 그러나 본다는 것이 어떤 것을 보는 것이 될 수 있는 것은 그러한 힘을 통해서이다. 따라서 그러한 개념들은 항상 불합리하고 어처구니없는 눈을 요구하는 것이다. **오직 관점적인 봄만이, 오직 관점적인 '인식'만이 존재한다. 우리가 하나의 사태에 대해서 더 많은 정념으로 하여금 말하게 할수록, 우리가 동일한 사태에 대해서 더 많은 눈과 다양한 눈을 동원할수록, 이러한 사태에 대한 우리의 '개념'이나 '객관성'은 그만큼 더 완벽하게 될 것이다.** 그러나 의지를 모두 제거하고 정념들을 남김없이 배제한다는 것을 우리가 설령 할 수 있다고 해도, 어떻게 할 수 있단 말인가? 그것은 지성을 **거세한다는** 것을 의미하는 것이 아니고 무엇이겠는가?

13

그러나 이제 우리의 문제로 되돌아가자. '삶에 반(反)하는 삶(Leben gegen Leben)'이라는 금욕주의자에게서 보이는 자기모순이란 심리학적으로가 아니라 생리학적으로 생각해볼 때 우매한 일임이 명백하다. '삶에 반하는 삶'이라는 자기모순은 단지 **외관상의** 것일 수 있다. 그것은 일종의 잠정적 표현이고 하나의 해석, 정식(定式), 정리이며, 그 진정한 본성이 오랫동안 이해될 수 없었고 오랫동안 그 자체로 표현될 수 없었던 어떤 것에 대한 심리학적 오해이며, 인간적인 인식의 오랜 틈 사이에 삽입된 하나의 단순한 말에[74] 불과한 것임에 틀림없다. 이 문제에 대해 사실을 간단히 말해보자. 금욕주의적 이상은 퇴화되고 있는 삶의 방어본능과 구원본능에서 생겨난 것이다. 그러한 삶은 모든 수단을 강구해 자신을 유지하려고 하며 자신의 생존을 위해 투쟁한다. 이는 그러한 삶이 부분적인 생리적 장애와 고갈을 겪고 있다는 사실을 시사하며, 아직 원래 그대로 남아 있는 삶의 가장 깊은 본능들은 이러한 장애와 고갈에 대항하여 끊임없이 새로운 수단과 방책을 사용하여 투쟁한다. 금욕주의적 이상은 그러한 수단인 것이다. 따라서 실제 사정은 이런 이상을 숭배하는 자들이 생각하는 것과는 정반대이며, 삶은 이 이상 속에서 그러한 이상을 통해 죽음과 싸우며 죽음에 대항한다. 금욕주의적 이상은 삶을 보존하기 위한 기교인 것이다. 이러한 이상이 인간을 지배하고 권력을 쥘 수 있었다는 것, 특히 인간의 문명화와 사육이 관철된 곳에서는 어디에서나 그랬다는 것은 역사가 가르쳐주는 바이지만, 이러한 사실에는 지금까지의 인간 유형, 즉 길들여진 인간 유형에 존재하는 **병적인** 성격과 **죽음**에 대한 인간의 생리적 투쟁(더 정확하게 말하자면 삶에 대한 염증과 피로와의 투쟁과 '종말

---

74) 인간이 그동안 참된 정체를 제대로 인식하지 못했던 것을 가리키기 위해서 사용한 단순한 말이라는 것. 금욕주의적 이상의 참된 정체는 '삶에 반하는 삶'이 아니라 사실은 생명력이 쇠퇴한 자들이 자신의 삶을 유지하기 위해서 만들어 낸 방책이라는 것이다.

[죽음]'에 대한 소망과의 투쟁)이라는 중요한 사실이 표현되고 있다. 금욕주의적 성직자는 다르게 존재하고 다른 곳[피안]에 있고 싶어 하는 갈망이 체화된 자이고, 실로 이러한 갈망이 최고도에 달한 자이며, 그러한 열렬한 갈망의 진정한 정열과 격정 자체이다. 그러나 바로 그러한 갈망의 힘이야말로 그를 지상에 붙잡아 두는 사슬이다. 바로 이와 함께 그는 지상에 존재하고 인간으로 존재하기 위한 좀 더 유리한 조건을 만들어내기 위해 작업해야만 하는 도구가 된다. 바로 그러한 갈망의 힘과 함께 그는 실패한 자들, 불만에 차있는 자들, 영락한 자들, 불행을 당한 자들, 자신으로 인해 괴로워하는 자들과 같은 무리 전체의 목자가 되어 본능적으로 그들 앞에서 나아가면서 그들을 생존에 묶어두는 것이다. 그대들은 이미 내 말을 이해하고 있겠지만, 이 금욕주의적 성직자, 겉보기에는 삶의 적대자로 나타나는 자, 이 **부정하는 자**야말로 삶을 **보존**하고 **긍정**하는 가장 거대한 힘[힘에의 의지]에 속하는 것이다. 저 병적인 상태는 무엇으로 인해 생기게 되었는가? 이는 인간이 어떠한 다른 동물보다도 더 병들어 있고 불안정하며, 변덕스럽고 확정되지 않았기 때문이다. 그는 병든 동물이다. 인간이 이렇게 된 것은 무엇 때문일까? 확실히 인간은 다른 모든 동물을 다 합친 경우보다도 대담하고 혁신적이며 과감하고 운명에 대해 도전적이었다. 자신을 가지고 시험하는 위대한 실험가이자, 궁극적인 지배권을 위해서 동물과 자연 그리고 신들과 싸우는 만족할 줄 모르고 싫증을 모르는 자

인 인간, 결코 정복당하지 않는 자이며, 스스로를 몰아대는 자신의 힘 때문에 휴식도 모르는 영원히 미래적인 존재인 인간, 따라서 그의 미래가 박차처럼 모든 현재의 살을 가차 없이 파헤치는 그러한 인간, 이처럼 용기 있고 풍요로운 자질을 지닌 동물이 어째서 또한 가장 위험에 처해 있고 모든 병든 동물 중에서 가장 오랫동안 가장 깊이 병든 존재가 아닐 수 있겠는가? 인간은 자주 삶에 질렸다. 실제로 이렇게 삶에 질려 하는 유행병이 나돈다(죽음의 무도회[75]가 벌어진 시기인 1348년처럼). 그러나 심지어 [삶에 대한] 이러한 구토, 이러한 피로, 자기 자신에 대한 혐오, 이 모든 것이 인간에게서 너무나 강력하게 터져 나오면서 즉시 [인간을 삶에 묶어두는] 하나의 새로운 쇠사슬이 되고 만다. 인간이 삶에 대해서 말하는 부정은 마치 마법에 의한 것처럼 더 부드러운 충만한 긍정을 드러낸다. 파괴의 대가, 자기 파괴의 이 대가가 자신에게 **상처를 입힐** 경우에도, 바로 이 상처 자체가 훗날 그로 하여금 살도록 강요하는 것이다.

---

75) 1346년부터 유럽에서 흑사병이 유행하면서 사람들은 시신을 매장하는 곳이나 광장 등에서 삶에 대한 절망으로 쓰러질 때까지 계속해서 춤을 추었다. 해골로 표현된 인간들이 춤을 추는 '죽음의 무도'는 당시 회화의 중요한 주제였다.

14

병적인 상태가 인간에게 점점 더 정상적인 것으로 간주되면 될 수록—우리는 이러한 병적인 상태가 정상적인 것으로 간주되고 있다는 사실을 부정할 수 없다—우리는 강력한 영혼과 육체를 가진 인간이라는 드문 경우를, 즉 인간에게 일어난 행운의 사례를 더욱 높이 존중해야만 하며, 이 탁월한 자들을 최악의 공기인 병든 자들의 공기로부터 더욱 엄격하게 보호해야만 한다. 이런 일이 과연 행해지고 있는가? 병자들은 건강한 자들에게는 가장 큰 위험이다. 강한 자들에게 일어나는 재앙은 가장 강한 자들이 **아니라** 가장 약한 자들로부터 오는 것이다. 이런 사실을 알고 있는가? 총체적으로 생각할 때, 우리는 인간에 대한 공포[76]가 감소되기를 바라서는 안 된다. 왜냐하면 이러한 공포야말로 강한 자를 강하게 만드는 것이며, 경우에 따라서는 가공할 만한 존재로 만드는 것이기 때문이다. 공포가 훌륭하게 성장한 인간의 유형을 존속시키는 것이

---

76) 여기서 '인간에 대한 공포'로 니체가 염두에 두고 있는 것은 나폴레옹과 같이 건강한 자들에 대한 공포를 말한다. 이러한 인간에 대한 공포는 외경의 성격을 갖고 있다. 이러한 외경은 사람들로 하여금 자신이 외경하는 그 인간처럼 강한 인간이 되겠다는 각오를 불러일으킨다. 이에 반해 인간에 대한 동정은 인간을 나약한 존재로 보는 태도에서 유래하며, 그러한 동정은 인간을 나약한 존재로 보는 인간 혐오와 결부되어 있다. 나폴레옹과 관련해서는 이 책, 첫 번째 논문 17절의 종결 부분을 참조할 것.

다. 우리가 두려워해야 할 것, 다른 어떤 재앙보다도 더 커다란 재앙이 되는 것은 인간에 대한 커다란 공포가 아니라 커다란 **혐오**이며 인간에 대한 커다란 **동정**이다. 이 두 가지[인간에 대한 혐오와 동정]가 어느 날 하나로 결합하면, 그것들은 틀림없이 가장 섬뜩한 어떤 것, 즉 인간의 '최후의 의지', 무를 향한 의지, 허무주의를 낳게 될 것이다. 그리고 이를 위해서 상당히 많은 준비가 이루어졌다. 냄새를 맡을 수 있는 코뿐 아니라 눈과 귀를 가지고 있는 자는 누구든지 오늘날 그가 어디를 가든 거의 모든 곳에서 정신병원이나 병원의 공기와 같은 것을 느낄 수 있다. 물론 나는 문화권, 즉 지상에 존재하는 모든 종류의 '유럽'에 대해서 말하고 있다. 악인이나 '맹수'가 아니라, **병든 자들**이야말로 인간에게 가장 큰 위험이다. 애초부터 삶에 실패한 자, 패배한 자, 좌절한 자, 다시 말해 가장 약한 자들인 이들이야말로 인간 삶의 토대를 허물어버리고, 삶과 인간 그리고 우리 자신에 대한 우리의 신뢰에 가장 위험한 독을 타고 그것을 의심하게 만드는 자들이다. 우리에게 깊은 슬픔을 전염시키는 저 은밀한 눈길에서, 타고난 불구자의 저 내향적인 눈길에서 벗어날 수 있는 곳은 없다. 탄식을 뿜어내는 그 눈길은 그러한 인간이 어떤 식으로 혼잣말을 하는지를 폭로한다. "내가 다른 사람이라면 얼마나 좋을까! 이 눈길은 이렇게 탄식한다. 그러나 그럴 가능성은 없다. 나는 나 자신인 것이다. 내가 어떻게 나 자신에게서 벗어날 수 있을 것인가? 이제 나는 나 자신에 진저리가 난다!"

늪지대 같은 자기 경멸의 이러한 토양에서 모든 잡초와 독초가 자라나며 이 모든 것은 그렇게 작게, 그렇게 숨어서, 그렇게 비열하게, 그렇게 달콤하게 자란다. 여기에는 복수심과 원한의 벌레들이 우글거린다. 여기에서는 비밀스러움과 은폐의 악취가 난다. 여기에서는 가장 악의적인 음모의 그물을, 즉 잘난 자들과 승리한 자들에 대항하여 고통받는 자들이 음모의 그물을 짜고 있다. 여기에서는 승리한 자들의 모습이 증오의 대상이 된다. 그리고 이러한 증오가 증오라는 사실을 숨기기 위해서 어떠한 기만을 행하고 있는 것인가! 얼마나 그럴듯한 말과 태도로 꾸며대고 있으며, 얼마나 '대단한' 중상의 기교가 사용되고 있는가! 이 실패한 자들의 입에서는 얼마나 고귀한 웅변이 흘러나오는가? 그들의 눈은 얼마나 달콤하고 끈적거리고 겸허한 굴종으로 젖어 있는가? 최소한 정의, 사랑, 지혜, 우월성의 대변인으로 자신을 내세우는 것 ― 이것이 '가장 저열한 자들'인 병자들의 야심이다! 그러한 야심은 사람들을 얼마나 교활하게 만드는가! 여기에서 우리는 미덕의 각인, 심지어 미덕의 울리는 소리, 미덕의 황금빛 울림까지도 모조하는 위조자들의 기술에 특히 경탄한다. 이 약하고 치유할 수 없을 정도로 병든 자들이 미덕을 지금 전적으로 독점하고 있다는 것은 의심할 여지가 없다. "우리만이 선한 자들이고 정의로운 자들이다. 우리만이 선한 의지로 가득 찬 인간(homines bonae voluntatis)[77]이다"라고 그들은 말한다. 그들은 비난의 육화로서, 우리에 대한 경고로서 우리 사이

를 걸어 다닌다. 마치 건강, 성공, 강인함, 긍지, 권력 감정 자체가
이미 그대들이 언젠가는 그 대가를, 그 쓰라린 대가를 치러야 할 사
악한 것들인 것처럼. 그들은 그대들로 하여금 대가를 치르게 하려
고 마음속 깊이 얼마나 강하게 벼르고 있고, **교수형 집행인**이 되려
고 얼마나 절실하게 갈망하고 있는가! 그들은 [공정한] 재판관으로
위장하고 있지만 실은 복수심으로 가득 차 있고, '정의'라는 말을
독기 서린 타액처럼 끊임없이 입속에 담고 있으며, 불만에 차 있는
것으로 보이지 않고 만족스러운 표정으로 길을 걸어가는 모든 자에
게 침을 뱉으려 항상 벼르고 있다. 그들 중에는 허영심 많은 저 가장
역겨운 자들, 기만적인 불구자들이 존재하며, 이들은 '아름다운 영
혼'으로[78] 자신을 내보이려고 하면서 자신들의 망가진 감성을 시와
그 외의 다른 보자기에 싸서 '심정의 순수성'으로서 시장에 내놓는
다. 이들은 도덕적인 자위행위에 빠져 있는 자들이고 스스로를 만
족시키는 자들과 같은 유형의 인간들이다. 어떠한 형태로든 우월감
을 내보이려는 약한 자들의 의지, 건강한 자들을 억압하는 것을 가
능하게 하는 은밀한 길을 걷는 그들의 본능, 가장 약한 자들이 갖
는 이러한 힘에의 의지가 발견되지 않는 곳이 있는가! 특히 지배

---

77) 「누가복음」 2장 14절.
78) Goethe의 *Wilhelm Meister*, 6권. 또한 Hegel의 *Phänomenologie des Geistes*,
VI. C. c 참조

하고 억압하고 제압하려는 간계를 꾸미는 것에서는 어떤 이도 병든 여자를 능가할 수 없다. 더 나아가 병든 여성은 살아 있는 자든 죽은 자든 어느 것도 거리낌 없이 다룬다. 그녀는 가장 깊이 파묻혀 있는 것을 다시 파헤쳐낸다.(보고스족[79]은 "여성은 파렴치한 하이에나"라고 말하고 있다.) 모든 가족, 모든 조직, 모든 공동체의 배후를 살펴보라. 도처에 건강한 자들에 대한 병든 자들의 투쟁이 존재한다. 대부분의 경우 약간의 독기와 바늘처럼 찌르는 말로, 교활하게 동정을 하소연하는 고통스러운 표정으로, 그러나 때로는 요란한 몸짓으로 '고상한 분노'를 가장 즐겨 연출하는 병든 자들의 바리새주의[80]와 같은 술책을 통해 은밀한 투쟁을 벌인다. 병든 개들이 격분에 사로잡혀 목이 쉬도록 짖어대는 소리, '고상한' 바리새인들의 물어뜯을 듯한 기만과 격노를 과학의 성역(聖域)에서까지 들을 수 있게 되는 것이다(나는 들을 귀를 갖고 있는 독자에게 다시 한 번 베를린의 복수의 사도인 오이겐 뒤링을 상기시키고 싶다. 그는 오늘날 독일

---

79) 보고스족은 에티오피아 북부 산악지대에 사는 유목 민족으로, 이슬람교와 그리스도교가 혼합된 종교를 믿는다고 한다.

80) 바리새인들은 예수가 활동하던 시대에 유대교의 주류를 형성했던 일파이다. 이들은 안식일에 이삭을 줍는 예수를 보고 '안식일에는 일하지 말라'는 하느님의 율법을 어겼다고 비난했다. 예수는 이들이 마음으로 하느님을 섬기는 것이 아니라 한낱 외적인 행동으로만 하느님을 섬기는 위선자라고 비판했다. 여기서 바리새주의는 건강한 자들에 대한 시기와 질투로 가득 차 있으면서도, 건강한 자들에 대해서 약한 자들을 억압하는 악한 자들이라고 분개하는 위선을 가리킨다.

에서 가장 꼴사납고 역겹게 도덕적 헛소리를 지껄이는 자이다. 뒤링은 오늘날 최고의 도덕적 허풍쟁이다. 심지어 그의 동료인 반유대주의자들 가운데서도 그를 능가할 자는 없다). 그들은 모두 원한에 사로잡힌 자들이고 생리적으로 실패한 자들이며, 벌레 먹은 자들이고 은밀한 복수심으로 몸을 떠는 자들이며, 행복한 자들에 대해서 복수의 감정을 분출하고 복수의 가면무도회에서나 복수를 위한 구실을 만드는 데에서도 지치거나 싫증을 모르는 자들이다. 그들이 가장 세련되고 가장 섬세한 최종적인 복수의 개가를 올릴 때는 언제인가? 의심할 여지 없이 그들이 그들 자신의 비참함, 모든 비참함을 행복한 자들의 양심 속으로 밀어 넣는 데 성공할 때이다. 그러면 이들 행복한 자들은 어느 날부터는 자신의 행복을 수치스러운 것으로 느끼기 시작할 것이고 아마도 서로 이렇게 말하리라. "행복하다는 것은 부끄러운 일이다! 세상에는 너무나 많은 비참함이 존재한다!" 그러나 이렇게 행복한 자들, 잘난 자들, 몸과 정신이 강한 자들이 **행복에 이르는 자신들의 권리**를 의심하기 시작하는 경우보다 더 크고 더 불행한 오해는 없을 것이다. 이런 '전도된 세계'는 사라져야 한다! 이렇게 치욕적으로 감정을 유약하게 만드는 사태는 사라져야 한다! 이렇게 감정을 유약하게 만드는 것이야말로 병든 자들이 건강한 자들을 병들게 하는 수법이다. 병든 자들이 건강한 자들을 병들게 해서는 안 된다는 것, 바로 이것이 지상에서 최고의 관점이 되어야 할 것이다. 그러나 이를 위해서는 무엇보다도 건강한 자들이 병든 자들로부터 **분리되어야** 하고, 심지어는 병든 자들을 보지 못하게 해야 하며, 건강한 자들이 자신을 병든 자들과 혼동하지 않게 해야 하는 그 모든 일이 필요하다. 그렇지 않으면 간호사나 의사가 되는 것이 그들의 임무일 것인가?[81] 그러나 그들이 자신들의 임무를 이보다도 더 심하게 오해하고 부정하는 일은 없을 것이다. 고귀한 자가 자신을 저열한 자의 도구로 격하시켜서는 안 되며, 거리의 파토스가 양자의 임무를 **영원토록** 분리시켜야만 한다! 고귀한 자들의 생존권, 불쾌한 소리만 내는 깨져버린 종에 대해서 완벽한 소리를 내는 종이 갖는 특권은 실로 천배나 더 크다. 오직 그들만이 우리의 미래를 **보증하고**, 오직 그들만이 인류의 미래에 대해 **책임을 지고 있는** 것이다. **그들이 할 수 있고 해야만 하는 것은 결코 병자들이 할 수 없는 것이고 해서도 안 되는 것이다.** 그러나 그들만이 해야 하는 것을 그들이 할 수 있기 위해서는, 그들은 병든 자들의 의사나 위안자 혹은 '구원자'가 되어서는 안 된다! 이 때문에 좋은 공기가 필요하다! 좋은 공기가! 그리고 어떻게 해서든 문화의 모든 정신병원과 병원에서 멀리 떨어져 있자! 그러므로 좋은 친구, 우리의 친구가 필요하다! 또한 어쩔 수 없을 때에는 고독도 필요한 것

---

81) 괴테는 1787년에 슈타인 부인에게 쓴 편지에서 "또한 나는 인간애가 결국은 승리하리라고 믿고 있지만, 단지 나는 그와 동시에 세계가 하나의 커다란 병원이 되고 각 개인이 상대방의 친절한 간호사가 될 것이라는 사실이 두렵습니다"라고 말하고 있다.

이다! 그러나 내부의 부패와 질병의 은밀한 잠식에서 나는 악취에서 우리는 어떻게 해서든 멀리 떨어져 있어야 한다! 이것은 우리가 우리 자신, 즉 나의 친구들을 최소한 잠시라도, 바로 우리에게 남겨져 있을지도 모르는 두 개의 가장 나쁜 전염병으로부터 보호하기 위해서이다. 그 두 개의 전염병이란 **인간에 대한 커다란 혐오**와 **동정**이다!

15

병든 자들을 간호하고 병든 자들을 건강하게 만드는 것이 어째서 건강한 자들의 임무가 될 수 **없는지**를 깊이 이해했다면 — 나는 사람들이 이 점을 실로 깊이 **파악하고** 이해할 것을 바란다 —, 이와 함께 또 하나의 필요성, 즉 **그들 자신이 병들어 있는** 의사나 간호인의 필요성도 이해될 것이다. 이제 우리는 금욕주의적 성직자의 의미를 분명하게 파악하게 된다. 우리는 금욕주의적 성직자를 병든 무리를 위해서 예정된 구원자, 목자, 변호인으로 간주해야만 한다. 이와 함께 비로소 우리는 그의 거대한 역사적 사명을 이해하게 된다. **고통받는 자들에 대한 지배가 이루어지는** 곳이 그의 왕국이고, 그의 본능은 그에게 고통받는 자들을 지배하도록 지시한다. 이렇게 지배하는 것에 그는 자신의 가장 특이한 기교와 뛰어난 능력을 가지고 있으며, 그렇게 지배하면서 자기 나름의 행복을 느낀다. 병든 자들을 이해하기 위해서 그리고 그들과 좋은 관계를 유지하기 위해서, 그 자신이 병들어야만 하며 병든 자들과 실패한 자들과 근본적인 근친성을 가져야만 한다. 그러나 그가 병든 자들의 신뢰와 두려움을 얻기 위해서는, 다시 말해 그들의 후원자, 보호자, 지주(支柱), 강요하는 자, 사육자, 폭군, 신이 되기 위해서는, 그는 강해야 하고 타인보다도 자기 자신을 지배하는 자가 되어야만 한다. 특히 그의 힘에의 의지가 손상되어서는 안 된다. 그는 그들을, 즉 자신의 무리를 지켜야만 한다. 누구로부터 지켜야 한다는 것인가? 건강한 자들로부터 지켜야 하는 것이고, 의심할 여지없이 또한 건강한 자들을 부러워하는 심리로부터 지켜야만 한다. 그는 온갖 거칠고 격렬하고 거리낌 없고 냉혹하고 포학한 맹수 같은 건강과 강력함의 타고난 적이며, 그것을 **경멸하는** 자임이 틀림없다. 성직자는 증오하는 것보다 경멸하는 것을 더 잘하는[82] 좀 더 **미묘한** 동물의 최초의 형태이다. 말할 것도 없이 그는 맹수와의 싸움을 감수하지 않으면 안 된다. 이 경우 그는 폭력이 아니라 교활한 지혜('정신')로 싸운다. 이를 위해 그는 경우에 따라서는 거의 새로운 유형의 맹수가 되거나 적어도 그러한 맹수로 자신을 **내보일** 필요가 있게 된다. 그러한 맹수는—북극곰과 날렵하고 냉정하고 침착한 표범, 그리

---

82) 세계를 긍정하고 인간의 자연스러운 본능과 욕망을 긍정하는 건강한 인간들을 세속적인 인간으로 경멸하는 것을 예를 들 수 있다.

고 상당 부분의 여우가 하나로 결합해 있는— 매력적이면서도 두려움을 일으키는 새로운 유형의 무서운 동물이다. 필요하다면 그는 신비로운 힘의 전령자나 대변인으로서 곰과 같은 진지함을 지니고 위엄 있고 냉정하게 뛰어난 기만적인 술책을 사용하면서, 다른 종류의 맹수들 한가운데로 들어갈 것이다. 이때 그는 자신이 할 수 있는 한, 이 땅에 고통과 분열과 자기모순의 씨를 뿌리겠다고 결심하며, 언제든지 **고통받는 자들**의 지배자가 될 수 있는 자신의 기교를 과신한다. 의심할 여지없이 그는 연고와 향유를 가져온다. 그러나 그는 의사가 되기 위해서 먼저 상처[죄책감]를 줘야만 한다. 그때 그는 상처의 고통을 진정시키는 **동시에 상처에 독을 뿌린다.** 이것이야말로 마법사이면서 맹수를 길들이는 자가 가장 잘할 수 있는 일이다. 그의 주변에서 건강한 자는 모두 반드시 병들게 되고, 병든 자들은 반드시 유순하게 된다. 기묘한 목자인 그는 사실 자신의 병든 무리를 잘 지켜준다. 그는 이러한 무리가 서로 반목하지 않게 하고, 무리 안에서 불타고 있는 좋지 못한 것, 음험함, 악의와 그 밖에 모든 중독자나 병든 자들이 지니고 있는 특징으로부터 무리를 지켜준다. 그는 **원한**이라고 하는 저 가장 위험한 폭발물을 자신 안에 계속해서 축적하는 무리 내부에서의 무정부 상태와 그 안에서 어느 때나 시작되는 자기 해체에 대해 교활하고 냉혹하게 그리고 은밀하게 싸우는 것이다. 무리나 목자가 산산조각 나지 않게 하면서 이러한 폭발물을 폭발시키는 것이야말로 그들의 진정한 기교이고, 또한 그가 갖는 최상의 효용성이다. 성직자라는 존재의 가치를 가장 간결한 정식으로 표현한다면, 성직자란 **원한의 방향을 전환하는** 자라고 말할 수 있을 것이다. 실제로, 고통받고 있는 자들은 누구든지 본능적으로 자신의 고통의 원인을 찾으려고 한다. 더 정확히 말한다면, 고통을 일으킨 행위자를, 좀 더 구체적으로 말하면 고통에 민감한 죄 있는 행위자를 찾으려고 하는 것이다. 간단히 말해서 그는 어떤 구실을 붙여서 그의 감정을 실제적으로 혹은 상상 속에서 배출할 수 있는 어떤 살아 있는 존재를 찾는다. 왜냐하면 감정을 배출하는 것이야말로 고통받는 자가 고통을 완화시키기 위해서 가장 즐겨 사용하는 방법이고, 어떤 종류의 고통이든 그 고통을 누그러뜨리는 마취제이기 때문이다. 이러한 마취제를 고통받는 자들은 무의식적으로 욕구한다. 내가 추측건대 이것만이, 즉 **감정[의 배출]을 통해서 고통을 마비**시키려는 갈망만이 원한과 복수심 같은 것의 진정한 생리적인 원인이다. 사람들은 보통 이 원인을 방어적인 성격을 갖는 반격에서 찾는데, 내 생각에 이는 큰 오류이다. 이 방어적인 반격이란 마치 머리를 잘린 개구리가 부식(腐蝕)시키는 산(酸)에서 벗어나려고 팔딱거리는 것처럼 반작용의 성격을 갖는 하나의 단순한 보호조치이며, 갑작스러운 손상이나 위험에 부딪혔을 때 일어나는 '반사운동'이다. 그러나 양자 사이에는 근본적인 차이가 있다. 후자는 더 이상의 피해를 막으려는 경우이고, 전자는 견딜 수 없는 괴롭고 은밀한 고통을 어떤 종류의 더 격렬한 감정을 통해서 **마비시키고** 적어도 잠깐이라도 의식하지 않으려는 경우이다. 이를 위해서는 하나의 감정이, 가능한 한 격렬한 감정이 필요하며, 이러한 감정을 일으키기 위해서는 무엇보다도 먼저 좋은 구실이 필요하다. "내가 불쾌하게 느끼는 것에는 그 누군가가 틀림없이 책임이 있다." 이런 식으로 추론하는 것이 모든 병든 자들의 특징이며, 이렇게 추론함으로써 그들이 느끼는 불쾌함의 참된 원인, 즉 생리학적인 원인은 그들에게 더욱더 은폐된다. (그 원인은 교감신경의 병에 있거나, 담즙의 지나친 분비나, 혈액에서의 황산칼륨이나 인산칼륨의 결핍에 있을 수 있으며, 혈액순환을 방해하는 하복부의 압박상태에 있거나, 아니면 난소나 그와 같은 기관의 퇴화에 있을 수도 있다.) 고통을 받는 자들 모두는 자신들에게 고통스러운 감정을 느끼게 하는 구실을 만들어내는 것에 무서울 정도로 열중하며 그것에서 독창성을 발휘한다. 그들은 악의적인 의심을 즐기며, 나쁜 행동과 자신들이 행했던 것처럼 보이는 도덕의 위반에 대해서 곰곰이 생각하는 일을 즐긴다. 그들은 어둡고 의심스러운 사건들을 찾기 위해서 자신의 과거와 현재의 내장을 샅샅이 파헤치면서, 괴로운 의심에 마음껏 탐닉하고 자신의 악의가 지닌 독에 취한다. 그들은 그들의 아주 오래전의 상처를 찢어서 열고, 아주 오래전에 치유된 상처로 피를 흘린다. 그들은 그들의 친구들이나 아내, 자식들, 그리고 그들에게 가장 가까운 사람이면 누구든 악인으로 만든다. "나는 괴롭다. 누군가가 이것에 대해서 틀림없이 책임이 있다." 모든 병든 양은 이렇게 생각한다. 그러나 그의 목자인 금욕주의적인 성직자는 그에게 이렇게 말한다. "그렇다, 나의 양이여! 누군가가 그것에 대해서 책임이 있음이 분명하다. 그러나 너, 너 자신이 바로 그 누구에 해당하며, 너만이 그것에 **책임이** 있다." 이것은 극히 뻔뻔스럽고 아주 잘못된 말이다. 그러나 적어도 하나는 이것에 의해서 달성되었다. 즉 원한의 방향이 **전환된** 것이다.

16

그대들은 자신을 치유하려는 삶의 본능이 금욕주의적 성직자를 통해서 최소한 무엇을 시도했는지, 그리고 왜 그러한 삶의 본능이 일시적으로 '죄의식', '죄', '죄성(罪性)', '타락', '영원한 형벌'과 같은 역설적이고 배리(背理)적인 개념들이 사람들을 포학하게 지배하는 것을 필요로 했는지에 대한 내 생각을 짐작할 수 있으리라. 그것[자신을 치유하려는 삶의 본능이 성직자들을 통해서 시도한 것]은 병자들을 어느 정도까지는 해가 **없게** 만들고, 치유할 수 없는 자들이 자신을 파괴하게 만들며, 비교적 가벼운 환자들로 하여금 엄격하게 자신에게 향하게 하고, 그들의 원한의 방향을 자신에게 향하게 하는 것("이 한 가지만이 필요하다")[83], 그리고 이러한 방식으로 모든 고

---

83) 「누가복음」 10장, 42절.

238

통받는 자의 나쁜 본능들을 자기 훈련, 자기 감시, 자기 극복을 위해서 이용하는 것이었다. 이러한 종류의 '치료', 즉 단순한 감정 치료가 생리학적 의미에서 병의 진정한 치료가 될 수 없다는 것은 자명하다. 이 경우에 삶의 본능이 어떻게든 치료를 염두에 두었으며 치료를 의도했다고는 도저히 볼 수 없다. 한쪽 편에는 병자들의 결사체와 조직('교회'라는 말이 이것에 대해 가장 많이 쓰이는 용어이다)이 있으며, 다른 쪽에는 더 건강하고 더 완전하게 형성된 자들이 잠시나마 확보되어 있었다. 이와 함께 건강한 자들과 병든 자들 사이에 틈이 크게 벌어졌다. 오랫동안 그런 상태가 세상을 지배했다. 그것은 정도가 심했다! 너무나 심했다! [알다시피, 이 논문은 내가 필요로 하는 독자들에게는 논증할 필요가 없는 전제에서 출발하고 있다. 이러한 전제란 인간의 '죄성'이란 사실이 아니라 단지 하나의 사실에 대한, 즉 생리학적인 불쾌감에 대한 해석일 뿐이라는 사실이다. 인간의 '죄성'이란 생리학적 불쾌감이 우리에게는 이제 아무런 의미를 갖지 않는 도덕적 · 종교적 관점에서 해석된 것이다. 어떤 사람이 자신에게 '책임이 있다'라거나, '죄가 있다'라고 느낀다고 해서 그가 그렇게 느끼는 것이 옳다고 증명된 것은 아니다. 이는 어떤 사람이 단지 자신이 건강하다고 느끼기 때문에 건강한 것은 아닌 것과 마찬가지이다. 저 유명한 마녀사냥을 생각해보라. 그 당시 가장 예리한 통찰력을 가지고 있었고 인자하기 그지없는 재판관들도 피고들이 죄를 지었다는 것을 의심하지 않았다. '마녀들' 자신마저도 그것을 의심하지 않았다. 그러나 어떤 죄도 없었던 것이다. 저 전제를 더 일반화하여 말해본다면, '정신적 고통'마저도 하나의 사실로서가 아니라 지금까지 정확히 파악될 수 없었던 사실에 관한 하나의 해석(인과적 해석)으로 간주하여야 한다는 것이 된다. 따라서 '정신적 고통'이란 [전혀 사실적 기반을 갖지 못하고] 공중에서 부유하고 있으며 과학적으로 볼 때 전혀 의미가 없는 어떤 것이고, 매우 야윈 의문부호를 대신하여 쓰는 살찐 용어일 뿐이다. 어떤 사람이 '정신적 고통'을 극복할 수 없을 때, 이는 그의 '영혼' 때문이 아니라 그의 배(복부, 腹部)[84] 때문일 가능성이 더 크다. (나는 여기서 거칠게 말하고 있지만, 그렇다고 해서 사람들이 거칠게 듣고 이해하기를 바라는 것은 아니다. 이 점에 대해서 나는 이미 말한 바 있다.) 강인하고 훌륭하게 성장한 인간은 거친 음식물을 삼켜야만 할 경우에도 그것을 잘 소화하듯이, 자신의 체험들을 (그의 행위와 비행을 포함하여) 잘 소화한다. 만일 그가 어떤 체험을 '처리하지' 못한다면, 이런 종류의 소화불량은 음식물을 제대로 소화하지 못하는 것과 마찬가지로 생리적인 것이고, 사실상 음식물을 제대로 소화하지 못하는 것에 따른 결과 중의 하나일 뿐이다. 우리끼리 하는 이야기지만, 이런 견해를 지니면서도 사람들은 모든 유물론에 대한 가장 완강한 적대자일 수 있다.)[85]

---

84) 여기서 복부는 문자 그대로의 의미에서 배가 아니라 힘에의 의지를 가리킨다고 할 수 있다. 니체는 힘에의 의지를 신체라고도 부르고 있다. 이런 의미에서 니체는 자신의 말을 유물론적 의미로 거칠게 이해하지 말라고 말하고 있다.
85) 〔 〕표시는 니체에 의한 것이다.

   그러나 이 금욕주의적 성직자가 정녕 의사인가? 우리는 그가 아
무리 자신을 '구원자'라고 느끼고 '구원자'로서 존경받기를 원한다
고 해도, 그를 의사라고 부르는 것이 왜 용납되지 않는지를 이미
파악했다. 그는 단지 고통 자체와 고통받는 자가 느끼는 불쾌감과
싸울 뿐이지, 고통의 원인이나 진정한 병과 싸우는 것이 아니다.
바로 이것이야말로 우리가 성직자의 치료법에 반대하는 가장 근본
적인 이유이다. 그러나 만일 그대들이 성직자만이 알고 있고 가지
고 있는 관점을 취해본다면, 이러한 관점에서 그가 보고 찾고 발
견한 모든 것에 경탄을 금할 수 없을 것이다. 고통의 **완화**, 모든 종
류의 '위로', 바로 이 점에서 그의 천재성이 입증된다. 그는 위로하
는 자라는 자신의 과제를 얼마나 창의적으로 수행했으며, 그 과제
를 수행하기 위한 수단을 얼마나 거리낌 없이 대담하게 선택했는
지! 특히 그리스도교는 가장 기발한 위로 수단들로 가득 찬 커다
란 보물창고라고 할 수 있다. 그 안에는 너무나 많은 청량제, 진정
제, 마취제가 쌓여 있다. 너무나 많은 가장 위험하고 대담한 것이
이러한 위로와 마취를 위해서 감행되었다. 그리스도교는 특히 생
리적인 장애가 있는 자들의 깊은 우울, 납덩이처럼 짓누르는 피로,
참담한 슬픔을 적어도 일시적으로라도 극복하기 위해서는 어떤 감
정이 자극되어야 하는지를 매우 세련되게, 매우 남국적으로 섬세

하게 간파하고 있었다. 왜냐하면 일반적으로 말해서 모든 거대 종교에서 주로 문제가 되었던 것은 전염병처럼 되어 버린 어떤 피로나 중압감과 싸우는 것이었기 때문이다. 우리는 때로는 지상의 어떤 곳에서 거의 필연적으로 **생리적인 장애의 감정**이 광범위한 대중을 지배할 수 있다고 처음부터 추정할 수 있다. 그러나 이러한 장애의 감정은 생리학적인 지식의 결여 때문에 그 자체로 의식되지 못하고, 따라서 그것의 '원인'과 치료법도 심리학적·도덕적인 차원에서만 탐색될 수 있을 뿐이다(바로 이것이 보통 '종교'라고 불리는 것에 대한 나의 가장 일반적인 정식이다). 그러한 장애의 감정은 극히 다양한 원인에서 생길 수 있다. 아마도 그것은 너무나 이질적인 종족들이 혼합된 결과일 수 있다. (또는 신분들 사이의 혼합의 결과일 수 있다. 신분들은 항상 혈통과 종족의 차이도 표현한다. 유럽의 '세계고(世界苦, Weltschmerz)[86]나 19세기의 '염세주의'는 본질적으로 어처구니없이 갑자기 일어난 신분 혼합의 결과[87]이다.) 또는 잘못된 이주의 결과[88]일 수 있다. 다시 말해 어떤 종족이 적응하기 힘든 기후 환경 속으

---

86) Weltschmerz를 세계고라고 번역했지만, 그것은 감상적인 염세 감정을 의미하기도 한다.

87) 민주주의의 대두와 함께 귀족계급과 평민계급이 혼인하는 경우가 많아진 결과라는 것이다.

88) 예를 들어 니체는 인도의 지배계층인 아리아인이 추운 북방지역에서 따뜻한 인도로 오면서 기후에 제대로 적응을 못한 탓에 염세주의에 빠졌다고 본다.

로 이주한 결과일 수 있다. 또는 종족의 노화와 피로의 영향일 수 있다(1850년 이후 계속되는 파리 사람들의 염세주의). 또는 잘못된 식습관에서 비롯된 것일 수 있다(중세의 알코올 중독, 물론 셰익스피어의 작품에 나오는 귀족 크리스토프[89]의 권위를 빌리는 채식주의자의 우매함). 또는 패혈증(敗血症), 말라리아, 매독 등에서 비롯된 것일 수 있다(30년 전쟁 후의 독일인들의 우울증이 바로 그런 경우이다. 이 전쟁으로 인해 독일인들의 절반이 나쁜 질병에 걸렸으며, 이와 함께 독일적인 노예근성과 독일적인 소심함의 기반이 조성되었다). 그러한 경우에는 매번 **불쾌감과의 투쟁**이 대규모로 시도된다. 그것의 가장 중요한 책략과 형태에 대해서 간략하게 살펴보자. (당연한 일이지만, 여기에서 나는 이러한 투쟁과 항상 동시에 일어나는 불쾌감에 대한 **철학자들의 본격적인 투쟁**은 전적으로 도외시할 것이다. 이러한 투쟁은 매우 흥미롭기는 하지만 너무나 터무니없고, 너무나 비현실적이며, 거미줄을 짜는 것처럼 너무나 사변적이고 계으르다. 예를 들어 그것은 고통 속에서 오류가 인식되면 그 즉시 고통이 사라져버릴 것임이 **틀림없다**는 순진한 전제 아래 고통이 하나의 오류로서 증명되어야만 한다고 주장한다.[90] 그러나 보라! 그

---

89) 니체는 셰익스피어를 슐레겔(A. W. von Schlegel)과 티크(L. Tieck)의 공역본으로 읽었다. 이 번역은 'Sir Andrew Aguecheek'를 'Junker Christoph von Bleichenwang'이라고 부르고 있는데, 그는 쇠고기를 너무 많이 먹어서 자신의 머리가 둔하게 되었다고 믿고 있다. W. Shakespeare, *Twelfth Night*, I. iii.

90) 예를 들어 인도의 베단타 철학이나 불교에서는 고통이 나라는 개인적인 자아

것은 사라지기를 거부하고 있다.) **첫째로** 사람들은 생명력 일반을 최저점으로 끌어내리는 수단들을 통해서 자신들을 지배하는 불쾌감과 투쟁한다. 가능하면 의욕도 소망도 다시는 갖지 말 것. 흥분시키거나 '피'를 끓게 하는 모든 일을 피할 것(소금을 먹지 말 것, 즉 이슬람 수도승의 위생법). 사랑하지도 미워하지도 말 것, 평정심을 유지할 것, 복수하지 말고, 부자도 되지 말며, 일하지 말 것, 구걸할 것, 가능하면 여자를 절대로 가까이하지 말거나 가능하면 적게 가까이할 것, 정신적인 면에서는 '바보가 되어야 한다'라는 파스칼의 원리를 따를 것.[91] 그 결과는 심리학적 · 도덕적으로 표현하면 '탈아(脫我)', '신성화'이며, 생리학적으로 표현하면 최면, 즉 어떤 동물종들에게는 **겨울잠**이고 많은 열대식물에는 **여름잠**과 유사한 것을 인간을 위해서 확보하려는 시도이고, 의식이 개입하지 않은 상태에서 최소한의 신진대사를 통해 삶을 유지하는 것이다. 이러한 목적을 위해서 놀랄 만한 양의 에너지가 소모되었다. 이는 헛된 일이었을까? 모든 시대에 걸쳐서 그리고 모든 민족에게서 무수하게 존재했던 이러한 '신성'한 스포츠맨들이 실로 그들이 그처럼 엄격한 훈련을 받으면서 투쟁한 것[생리적 우울증]으로부터 실제로 해방

가 존재한다는 잘못된 생각에서 생긴다고 보며, 이러한 개인적인 자아라는 것이 환상이라는 것을 깨달으면 고통이 사라진다고 본다.

91) Pascal의 *Pensées*, section III, 95.

되었다는 사실은 의심할 여지가 없다. 그들 중 헤아릴 수 없을 정도로 많은 사람이 그들의 체계적인 최면 수단의 도움으로 저 깊은 생리적 우울증에서 정말로 벗어난 것이다. 이 때문에 그들의 방법은 가장 보편적인 인종학적인 사실에 속한다. 따라서 육체와 욕망을 굶주리게 하려는 그러한 의도 자체를 (쇠고기를 먹는 '자유 정신'이나 귀족 크리스토프[92]와 같은 서툰 인간들이 즐겨 하고자 하는 것처럼) 정신이상의 징후로 간주해서는 안 된다. 좀 더 분명한 것은 이러한 것이야말로 온갖 정신 착란에 이르는 길을, 예를 들면 아토스산의 헤시카스트파(Hesychasten)[93]처럼 '내적인 광명'에의 길이나 환청과 환시에의 길을, 관능의 음탕한 충일(充溢)과 황홀경에 이르는 길(성녀 테레사의 경우)[94]을 열고 또한 열 수 있다는 것이다. 이러한 상

---

92) 크리스토프에 대해서는 이 세 번째 논문의 각주 89번을 참조할 것.

93) 12세기에서 14세기에 번성했던 신비주의 종파로서 그리스정교의 명상 운동을 주도했으며 '헤수키아(hesuchia)', 즉 정적(靜寂)을 얻고자 노력했다. 헤시카스트란 명칭은 이 헤수키아에서 비롯된 것이다. 이들은 금욕주의적인 고행을 통해서 신적인 빛을 보는 상태로 고양될 수 있다고 믿었다.

94) 성녀 테레사(1515~1582)는 스페인 아빌라에서 살았던 그리스도교 신비 사상가로, 자신의 황홀한 신비체험을 기록한 책을 남겼다. 그녀는 꿈에서 천사의 화살을 맞고 고통과 함께 격렬한 환희를 느꼈다고 한다. 바로크 시대를 대표하는 예술가인 베르니니의 조각 〈성녀 테레사의 환희〉는 성녀 테레사의 이러한 모습을 표현한 작품이다. 이 작품은 환희에 찬 성녀 테레사의 표정을 성적인 황홀경에 빠진 여성의 표정과 유사하게 표현하여 외설적이라는 비난을 받았다고 한다.

태에 사로잡힌 자들이 그것에 부여하는 해석이 항상 너무나 열광적이고 잘못된 것임은 자명하다. 그러나 우리는 그러한 종류의 해석을 부여하려는 의지에서 울려 나오는 가장 확신에 찬 감사의 어조를 간과해서는 안 된다. 최고의 상태, 즉 **구원** 자체, 저 최종적으로 도달된 최면 상태와 정적을 그들은 항상 최고의 상징으로도 표현될 수 없는 비밀 자체로 간주하고, 사물의 근거 속으로의 진입과 귀환으로서, 모든 환상으로부터 자유롭게 되는 것으로서, '인식', '진리', '존재'로서, 모든 목적과 소망 그리고 모든 행위에서 벗어나는 것으로서, 또한 선과 악을 넘어선 상태로도 간주한다. 불교도들은 "선과 악 둘 다 질곡이다. 완전한 자는 이 양자를 지배한다"라고 말한다. 베단타의 신봉자는 "행해진 것이나 행해지지 않은 것이나 그에게는 아무런 고통을 주지 못한다. 현자인 그는 선과 악을 자신으로부터 털어버린다. 어떠한 행동에 의해서도 그의 왕국은 침해받지 않는다. 그는 선과 악, 이 두 가지를 초월했다"라고 말한다. 브라만적인 것이기도 하고 불교적이기도 한 이러한 견해는 인도 전역에서 볼 수 있다. (인도의 사유 방식이나 그리스도교적 사유 방식에서 덕이 최면 수단으로서 갖는 가치를 아무리 높이 평가하고 있다고 하더라도 그 사유 방식에서는 덕이나 도덕적 개선을 통해 저 '구원'에 도달할 수 있다고 보지는 않는다. 그대들은 이 점을 명심해야 한다. 그뿐만 아니라 이 점은 사실에도 전적으로 부합한다. 이 점을 진실하게 고수한다는 점이, 다른 점들에서는 너무나 철저하게 도덕화된 3대 종교가 갖는 가장 훌륭한 현실주의적 요소로 간주될 수 있다. "깨달은 자에게는 의무란 존재하지 않는다." "덕을 쌓는 것으로는 구원을 이룰 수 없다. 왜냐하면 구원은 [이미 완전하기에] 완전성을 쌓을 수 없는 브라만과의 합일을 이루는 데 달려 있기 때문이다. 또한 구원은 [도덕적] 잘못을 고친다고 해서 이루어지지 않는다. 왜냐하면 브라만과 하나가 되는 것이야말로 구원을 이루는 것인데 브라만은 영원히 순수하기 때문이다." 이 문장은 샹카라(Çankara)[95]의 주석서에서 나온 것인데, 유럽에서 인도 철학에 관한 최초의 진정한 전문가인 내 친구 파울 도이센에게서 인용한 것이다.[96]) 따라서 우리는 위대한 종교들이 말하는 구원에 경의를 표하고자 한다. 이에 반해, 삶에 지칠 대로 지쳐서 꿈조차 꿀 수 없게 된 자들이 깊은 잠에 내린 높은 평가를 진지하게 받아들인다는 것은 쉬운 일이 아니다. 깊은 잠이란 브라만 속으로의 진입을 의미하며, 신과의 신비적 합일을 成就하는 것을 의미한다. 이에 대해 가장 오래되고 가장 숭엄한 '경전'은 이렇게 말하고 있다. "그가 완전히 잠들고 완전한 휴식의 상태에 들어가 더는 꿈속의 상을 보지 못하게 될 때, 오, 소중한 자

---

95) 샹카라(700년경~750년경)는 인도 베단타학파의 철학자로서 불교의 영향을 받고 우주에는 오직 유일무이의 브라만만이 존재한다고 주장했다.

96) 파울 도이센(Paul Deussen, 1845~1919)은 철학자로, 인도 철학을 연구했으며 니체의 친구로도 유명하다. 베단타(우파니샤드)를 독일어로 번역했으며, 베단타와 인도 철학에 대한 연구서들이 있다. 니체가 여기에서 인용한 구절은 파울 도이센의 『베단타의 체계(Das System des Vedânta)』(Leipzig, 1883)에 나온다.

여, 그는 존재자와 일체가 되며 자기 자신 속으로 몰입했다. 인식의 자아에 휘감겨 그는 이제 외적인 것도 내적인 것도 의식하지 못한다. 낮과 밤도, 늙음과 죽음도, 고통도, 선행도, 악행도 이 다리를 넘지 못한다." 따라서 3대 종교 중에서 가장 심오한 종교의 신도들은 이렇게 말한다. "깊은 잠 속에서 영혼은 육신에서 벗어나 최고의 빛으로 들어가며 이를 통해 본래의 모습으로 나타난다. 거기에서 영혼은 이리저리 거니는 최고의 정신 자체이며, 여성들이든 마차든 친구들이든 이들과 말장난하며 놀며 즐긴다. 거기에서 영혼은 [수레 끄는] 짐승이 수레에 묶여 있듯이 프라나(prâna, 생명의 숨결)를 묶고 있는 육신이라는 이 부속물을 다시는 생각하지 않는다." 그럼에도 우리는 여기에서도 '구원'의 경우에서와 마찬가지로 다음과 같은 사실을 염두에 두어야만 한다. 즉 비록 동양적인 과장으로 화려하게 표현되어 있다 할지라도, 그러한 표현과 함께 근본적으로 명석하고 냉정한, 다시 말해 그리스적으로 냉정하지만 고통받고 있는 에피쿠로스[97]의 평가와 동일한 평가가 표현되고 있을 뿐이라는 것이다. 최면에 걸린 무(無)의 느낌, 가장 깊은 잠의 휴

---

97) 에피쿠로스(Epikur, B.C. 341~B.C. 270)는 쾌락주의를 주창했던 그리스 철학자이다. 그가 말하는 쾌락은 감각적인 쾌락이 아니라 두려움과 불안 그리고 고통으로부터 자유로운 정신의 평정(ataraxia)을 가리킨다. 니체는 여기서 에피쿠로스가 이러한 쾌락을 추구한 것은 사실은 고통받고 있었기 때문이라고 말하고 있다.

식, 간단히 말해 **고통의 부재**, 이것을 고통받는 자들과 지독한 불쾌감에 사로잡힌 자들은 최고의 선으로, 즉 가치 중의 최고의 가치로 여길 것이다. 그들은 그것을 긍정적인 것으로 평가할 수밖에 없으며, 긍정적인 것 자체로 느낄 수밖에 없다. (감정의 동일한 논리에 따라서 모든 염세주의적 종교에서는 무를 신이라 한다.)

18

감수성이나 고통을 느끼는 능력을 최면을 걸어 총체적으로 약화시키는 것 — 이것은 보기 드문 힘들, 무엇보다도 사람들의 의견을 경멸하는 것과 용기 그리고 '지적인 스토아주의'를 전제하고 있다 — 보다도 흔히 볼 수 있는 것이 **기계적 활동**이다. 이것은 우울증 상태를 극복하기 위한 다른 훈련이며 최면을 통한 방법보다 더 쉽다. 기계적 활동을 통해서 고통스러운 생존이 상당한 정도로 경감된다는 것은 의심할 여지가 없다. 오늘날 이는 — 약간 솔직하지 못하게 — '노동의 축복'이라 불린다. 그러한 경감은 고통받는 자의 관심이 고통으로부터 근본적으로 전환되고 활동만이, 즉 반복되는 하나의 활동만이 의식에 들어오며 이에 따라 고통이 들어설 여지가 거의 없게 됨으로써 가능하게 된다. 왜냐하면 인간의 의식이라는 이 방은 **협소**하기 때문이다! 기계적 활동과 그에 속하는 것들 — 절대적 규칙성, 정확하면서도 생각 없이 행해지는 복종, 철저하게 고정된 생활 방식, 빡빡한 일정으로 채워진 시간, '비인격성'이나 자기 망각, '자기 무시'를 위한 어떤 허가, 그뿐만 아니라 그것을 위한 훈련 같은 것 — 금욕주의적 성직자는 고통과 투쟁하면서 얼마나 철저하고 얼마나 섬세하게 그것들을 이용할 줄 알았던가! 특히 그가 하층계급의 고통받는 자들이나 노동하는 노예 또는 죄수들(혹은 대부분이 노동하는 노예이면서 죄수였던 여성들)을 다루고 있을 때, 그는 그들로 하여금 그들이 증오했던 자신들의 삶을 앞으로 은혜나 상대적인 행복으로 볼 수 있게 만들기 위해서는 개명(改名)이나 세례라는 작은 기술을 사용하는 것 이상의 아무것도 필요로 하지 않았다. 어떻든 자신의 운명에 대한 노예들의 불만은 성직자들에 의해 고안된 것은 아니다. 우울증과 싸우는 좀 더 귀중한 수단은 쉽게 접근할 수 있고 일상적인 것이 될 수 있는 작은 기쁨을 처방하는 것이다. 이 치료법은 앞에서 언급된 치료법들과 자주 결합하여 사용된다. 기쁨이 치료제로서 처방되는 가장 흔한 형태는 사람들에게 기쁨을 줌으로써 (선행을 하고, 선물을 주고, 짐을 덜어주고, 도와주고, 격려하고, 위로하고, 칭찬하고, 상을 주는) 기쁨을 느끼는 형태를 취하는 것이다. 금욕주의적 사제는 '이웃사랑'을 치료제로서 처방함으로써 — 비록 가장 신중한 복용량만을 처방할지라도 — 근본적으로 가장 강력하고 가장 삶을 긍정하는 충동, 즉 힘에의 의지를 자극하는 치료제를 처방하는 것이다. 선행을 하고, 유용한 존재가 되고, 도와주고, 상을 주는 이 모든 행위에 수반되는 '가장 작은 우월감'이 가져다주는 행복은 생리적으로 장애를 갖는 자들이 사용하는 가장 강력한 위로 수단이다. 그들이 적절한 조언을 받을 때는 그러한 수단들을 쓰겠지만, 그렇지 않을 때 그들은 물론 동일한 근본 본능에 따르면서도 서로를 헐뜯는다. 만일 그대들이 로마 세계에서의 그리스도교의 발단을 추적해본다면, 당시 사회의 가장 밑바닥에서부터 자라난 상호 부조 모임, 빈민들의 모임, 병자들의 모임, 매장을 위한 모임을 발견하게 될 것이다. 이러한 모임들에서는 우울증에 대한 저 주요한 치유책인 조그마한 기쁨, 즉 서로에게 선행을 베푸는 데서 비롯되는 기쁨이 의식적으로 장려되었다. 이것은 아마도 그 당시에는 새로운 어떤 것, 즉 진정한 발견이었을 것이다. 이렇게 해서 생겨난 '서로 도우려는 의지', 무리를 형성하려는 의지, '공동체'를 형성하려는 의지, '집회'를 하고 싶어 하는 의지에서, 가장 미미한 정도일지라도 그것들이 불러일으켰던 힘에의 의지가 새롭고 훨씬 더 풍부한 형태로 폭발하게 되었음이 틀림없다. **무리를 형성하는 것은 우울증과의 투쟁에서 중요한 진보이며 승리이다.** 공동체가 성장함에 따라 개인에게도 새로운 관심 [무리에 속하고 싶은 관심]이 강화되고, 이러한 새로운 관심으로 인해 사람들은 자주 그 자신이 가장 사적으로 느끼는 불쾌감이나 **자기 자신에 대한 혐오**(횔링크스[98]의 자기 경멸)를 넘어서게 된다. 모든

---

98) 횔링크스(Arnold Geulincx, 1624~1699)는 네덜란드의 철학자로서 데카르트

병자나 병약자는 음울한 불쾌감이나 허약한 감정을 떨쳐버리고 싶어 하는 갈망에서 본능적으로 무리를 형성하려고 한다. 금욕주의적 성직자는 이러한 본능을 간파하고 그것을 장려한다. 무리가 존재하는 곳이면 어느 곳에서든지, 사람들은 나약함의 본능으로 인해 무리를 이루고자 했던 것이며 사제는 특유의 영리함으로 무리를 조직했다. 그대들은 다음과 같은 사실을 간과해서는 안 된다. 즉 약한 자들이 서로 뭉치려고 하는 것처럼 강한 자는 서로 흩어지려고 한다. 만약 강한 자들이 서로 뭉친다면 이는 오직 자신들의 힘에의 의지에서 비롯되는 공격적인 집단행동과 집단 만족만을 목표로 하여 일어나며, 개개인의 양심에서는 많은 저항을 수반하게 된다. 이에 반해 약한 자들은 바로 이렇게 함께 뭉치는 데서 **쾌감**을 느끼고, 이를 통해 그들의 본능은 만족한다. 이는 타고난 '주인'의 본능(말하자면, 고독하고 맹수와 같은 인간 종족)이 조직에 의해서 자신이 근본적으로 도발당한다고 느끼고 불안을 느끼는 것과 마찬가지이다. 모든 과두정치의 이면에는 — 역사 전체가 가르쳐주듯이 — 항상 **전제정치**를 향한 욕망이 숨어 있다. 모든 과두정치는 각 구성원이 이러한 욕망을 계속해서 억제하면서 느끼는 긴장 때문에

주의자였다. 신이 인간의 모든 행위의 원인이라고 보면서 신에게 자발적으로 복종하는 것이 덕이라고 주장했다. 휠링크스는 겸손의 덕을 '자기 자신에 대한 존중의 결여'라고 정의했다.

끊임없이 떨고 있다. (예를 들어 그리스에서 그러했다. 플라톤은 백여 구절에서 그러한 사실을 증언하고 있다. 그는 자신의 동료와 자기 자신을 잘 알고 있었다.)

19

지금까지 우리가 살펴본 금욕주의적 성직자들이 쓴 수단들, 즉 활력의 전체적인 약화, 기계적 활동, 자그마한 기쁨, 무엇보다도 '이웃사랑'에서 얻는 기쁨, 무리 조직, 공동체의 권력 감정을 일깨우고 그 결과 자신에 대해서 개인이 갖는 불만이 공동체의 번영에 대한 쾌감 속으로 사라지게 하는 것은 현대적 척도로 측정해보면 불쾌감과의 투쟁에서 사용된 순진한 수단들이다. 이제 더 흥미롭고 '순진하지 않은' 수단들을 살펴보자. 이러한 수단들이 겨냥하는 것은 오직 한 가지이다. 즉 그것은 **무절제한 감정 상태**[99]이다. 이것은 따분하고 마비시키는 오래된 고통을 잊게 하는 가장 효과적인 마취 수단으로 사용되었다. 이 때문에 이 하나의 질문, 즉 **"무엇을 통해서 무절제한 감정 상태를 조성할 수 있을까"**라는 하나의 질문에

---

99) 나중에 보겠지만 이러한 무절제한 감정 상태의 예로 니체는 무엇보다도 격렬한 죄의식의 형태를 띠는 양심의 가책을 들고 있지만, 열광적으로 방언을 하거나 기도를 하는 것도 들 수 있을 것이다.

대한 답을 고안하는 것에서 성직자들이 보여준 창의성은 실질적으로 무궁무진했다. 이 말은 귀에 좀 거슬릴 것이다. 그러나 만약에 내가 "금욕주의적 성직자가 항상 모든 강렬한 감정 속에 깃들어 있는 **열광**을 이용했다"라고 말한다면 이 말은 분명히 좀 더 기분 좋게 울리며 비위에 거슬리지 않을 것이다. 그러나 무엇 때문에 나약한 현대인들의 유약한 귀를 어루만져 주어야만 하는가? 무엇 때문에 **우리가** 그들의 위선적인 말에 한 걸음이라도 양보하여 물러서야 하는가? 그들의 위선적인 말이 우리 심리학자들을 메스껍게 한다는 사실을 도외시하더라도, 그것에는 이미 **행위의** 위선이 깃들어 있다. 즉 심리학자가 오늘날 **좋은 취미**(다른 사람들은 정직성이라고 말할지도 모른다)를 가지고 있다면, 그것은 인간과 사물에 대한 모든 현대적인 판단을 진흙투성이로 만들어놓은 수치스러울 정도로 **도덕화된** 말투에 저항하는 데 있다. 우리는 이 점에 대해서 자신을 기만해서는 안 된다. 현대의 영혼과 현대의 서적들에 가장 고유한 특징은 거짓이 아니라 그들의 도덕주의적인 기만 속에 깃들어 있는 체화된 **순진함**이다. 이러한 순진함을 곳곳에서 다시 발견해야만 한다는 것, 이것이 아마도 심리학자가 오늘날 부딪혀야만 하는 그 자체로 꺼림칙한 모든 일 중에서 아마도 가장 역겨운 일일 것이다. 그것은 우리가 직면하고 있는 가장 큰 위험 가운데 하나이다. 그것은 영락없이 **우리를** 심하게 구토하게 만든다. 나는 현대의 서적들이(만약 그것들이 계속해서 살아남는다면 ― 물론 우리가 이를 두려위할 필요는 없다 ─, 그리고 어느 날 더 엄격하고 더 강인하며 더 건강한 취미를 가진 후세대가 존재한다면) 그리고 현대적인 **모든 것이 어떤 식으로** 후세대에 사용되고 사용될 수 있는지를 잘 알고 있다. 그것은 구토제로 사용될 것이다. 그것이 이렇게 구토제로 사용될 수 있는 것은 도덕적인 감미로움과 허위, 자신을 '이상주의'라고 부르면서 무조건 이상주의를 신봉하는 그것의 가장 내적인 여성주의 때문이다. 오늘날의 '교양 있는 자들', 우리 '선량한 자들'은 거짓말을 하지 않는다. 이것은 정말이다. 그러나 이것이 그들의 영예가 되지는 않는다! 진정한 거짓말, 참으로 단호한 '정직한' 거짓말(이것이 얼마나 가치 있는 것인지에 대해서는 플라톤에게서[100] 듣는 것이 좋을 것이다)은 그들에게는 너무나 엄격하고 너무나 강력한 것이다. 이것은 그들에게 요구해서는 안 **되는** 것, 즉 그들이 두 눈을 부릅뜨고 자기 자신을 볼 것을, 그리고 그들 자신에게서 '참'과 '거짓'을 스스로 구별할 줄 아는 것을 요구한다. 그들에게 어울리는 것은 오직 **부정직한 거짓말뿐**이다. 오늘날 자신을 '선량한 사람'으로 생각하는 자는 누구나 부정직한 거짓말을 하고 터무니없이 거짓말을 하는 방식

---

100) Plato, 『국가론』 3권, 414a~415c 참조. 플라톤은 공동체의 평화로운 유지를 위해서는 고귀한 거짓말들이 필요하다고 본다. 그러한 거짓말의 한 예가 '금속의 신화'로서, 신이 인간을 만들 때 국가를 통치하는 철인 정치가들은 금으로, 이들 철인 정치가들을 수호하는 군인들은 은으로, 경제활동에 종사하는 일반인들은 동과 철로 만들었다는 것이다.

으로만 어떤 문제를 다룬다. 그러나 그들은 순진하고 충심에서 우러나는 방식으로 그리고 푸른 눈으로 고결하게 거짓말을 한다. 이 '선량한 사람들' 모두는 이제 철저하게 도덕화되어 있으며, 정직에 관한 한 영원히 타락하고 영원히 망가뜨려지고 만다. 그들 중의 누가 '인간에 대한' 진실을 견뎌낼 수 있겠는가? 혹은 더 구체적으로 표현해서, 그들 중에 누가 진정한 전기(傳記)를 견뎌낼 것인가! 여기에 몇 가지 예가 있다. 바이런 경[101]은 자신에 대해서 극히 사적인 몇 가지를 기록했지만, 토머스 무어[102]는 그것들을 그대로 기록하기에는 '너무 선량했다'. 그는 친구의 원고를 불살라 버렸다. 쇼펜하우어의 유언 집행자였던 그비너 박사(Dr. Gwinner)[103]도 같은 짓을 했다고 한다. 쇼펜하우어도 자신에 관해 기록했는데, 아마도 자신에게 불리한('자기 자신에 반(反)하는') 몇 가지 것도 기록했기 때문일 것이다. 베토벤의 전기 작가인 유능한 미국인 세이어(A.W.

---

101) 바이런(George Gordon Byron, 1788~1824)은 영국의 대표적인 낭만주의 시인으로, 그리스의 독립 투쟁에 참여했다가 열병과 출혈로 죽었다.

102) 무어(Thomas Moore, 1779~1852)는 아일랜드의 시인이다. 바이런의 문헌을 관리했지만 바이런의 회고록을 불태운 것으로 알려져 있다. 여기서 니체는 바이런의 회고록에 불미스러운 내용이 있어서 지나치게 선량한 무어가 회고록을 없앴다고 보고 있다.

103) 그비너(Wilhelm von Gwinner, 1825~1917)는 독일의 법학자이자 공무원이다. 쇼펜하우어가 자신에 대해서 쓴 기록을 없애고 쇼펜하우어에 대한 전기를 출간했다. *A. Schopenhauer aus persönlichen Umgange dargestellt* (Leipzig, 1862).

Thayer)[104]는 갑자기 자신의 작업을 중단했다. 이 존경할 만하고 순진한 삶의 어떤 지점에 이르렀을 때 그는 그것을 견딜 수 없었던 것이다. 우리가 배워야 할 교훈은 어떤 영리한 인간도 오늘날에는 자신에 대해서 정직하게 기록하려 하지 않을 것이라는 점이다. 만약 그런 인간이 있다면 그는 성스러운 만용(蠻勇)으로 가득 찬 교단의 일원임이 틀림없다. 우리는 리하르트 바그너의 자서전이 틀림없이 나오리라고 기대하지만, 그것이 빈틈없이 영리한 자서전이 될 것임을 누가 의심하겠는가? 마지막으로 가톨릭 사제였던 얀센[105]이 종교개혁 운동을 이루 말할 수 없이 꾸밈없고 천진난만하게 묘사함으로써 독일에서 얼마나 우스꽝스러운 공포를 불러일으켰는지를 생각해보자. 만일 어떤 사람이 이 운동을 다르게 묘사한다면, 즉 만일 어떤 진정한 심리학자가 우리에게 진정한 루터에 대해서 묘사한다면, 다시 말해 시골 목사처럼 도덕주의적으로 순진하게 묘사하거나 개신교를 믿는 역사가처럼 단순하고 달콤하며 분별 있는 수줍음과 함께 묘사하지 않고, 오히려 텐[106](Taine)에서 보는 것

---

104) A. W. Thayer, *L. van Beethoven's Leben*(Berlin, 1866).

105) Johannes Jansen, *Geschichte des deutschen Volks seit dem Mittelalter* (Freiburg, 1877). 얀센에 대해서는 1879년 10월 5일에 페터 가스트에게 보낸 니체의 편지글을 참조할 것.

106) 텐(Hippolyte Taine, 1828~1893)은 프랑스의 역사가이자 철학자로서 실증주의적인 비평을 했다.

처럼 **영혼의 강함**으로부터 — 강함에 반(反)하는 영리한 관용으로부터가 아니라 — 대담하게 묘사한다면, 무슨 일이 일어나기 시작할 것인가?(덧붙여 말하자면, 독일인들은 강함에 반(反)하는 영리한 관용의 고전적인 유형의 아름다운 예를 만들어냈다. 그들이 레오폴드 랑케[107]를 그들 자신의 일원으로 생각하면서 자랑하는 것도 당연하다. 그는 모든 강한 원인에 대한 타고난 고전적인 변호인이자[108] 모든 영리한 '현실주의자' 가운데 가장 영리한 자인 것이다.)

20

그러나 사람들은 내 말을 이미 잘 이해했을 것이다. 전체적으로 보아 우리 심리학자들이 오늘날 **자신에 대한 불신**을 떨쳐버리지 못하는 데에는 충분한 이유가 있다. 이것이 사실이 아닌가? 아마도 우리 역시 우리의 작업을 제대로 하기에는 아직 '너무나 선량하다'. 우리가 아무리 많이 이 도덕화된 시대의 취미를 경멸한다고 해도,

---

107) 랑케(Leopold von Ranke, 1795~1886)는 독일의 역사가로서 근대 역사학의 아버지라 불린다. 엄밀한 사료 비판에 기초한 객관적이고 과학적인 역사 서술을 지향했다.

108) 니체는 랑케가 객관적인 역사 서술을 표방했지만 사실은 독일과 당시의 정치 권력을 변호했다고 보고 있다. 여기서 '강한 원인'이란 역사를 형성하는 힘을 가진 정치권력을 가리킨다.

우리도 역시 그것의 희생물이고 제물이며 그것으로 인해 병든 자들일 것이다. 아마도 그 취미는 우리마저도 감염시킨 것이리라. 저 외교관[109]은 자신의 동료에게 무엇을 경고했던가? 그는 이렇게 말했다. "여러분, 우리는 무엇보다도 우리의 최초의 흥분을 믿지 맙시다! 그것들은 거의 항상 선한 것들입니다." 오늘날 모든 심리학자는 자신의 동료들에게 그렇게 말해야만 할 것이다. 이와 함께 우리는 우리의 문제로 되돌아가는데, 이 문제는 사실 우리에게 약간의 엄격함을 요구하며, 특히 '최초의 흥분들'에 대한 어떤 불신을 요구한다. 앞의 논문에서 말했던 것을 기억하는 사람은, **감정의 무절제를 야기하는 데 사용된 금욕주의적 이상**이라는 몇 마디 말에서 이제 기술할 것의 본질적 내용을 예상할 수 있을 것이다. 인간의 영혼을 망가뜨리면서, 그것이 번개의 섬광에 의한 것처럼 모든 사소한 불쾌감이나 음울함, 의기소침에서 벗어나도록 그것을 공포나 한기, 열뜬 감정과 환희 속으로 잠기게 한다는 것, **이러한 목적을 위해서 어떤 방법들이 사용될 수 있을까? 그리고 그것들 중에서 어떤 것이 가장 확실한 것일까?** 근본적으로 모든 격렬한 감정, 즉 분노, 공포, 음욕, 복수심, 희망, 승리감, 절망, 잔인함과 같은

---

109) 여기서 외교관은 탈레랑(Charles Maurice de Talleyrand, 1754~1838)을 가리킨다. 나폴레옹의 몰락 이후 유럽의 전후 처리를 위해 열렸던 빈 회의에 참석하여 프랑스의 이익을 옹호했다.

감정이 갑자기 폭발한다면, 그것들은 그러한 목적을 달성할 수 있다. 그리고 실제로 금욕주의적 성직자는 인간 안에 존재하는 모든 들개 떼 **전체**를 거리낌 없이 자신을 위해서 이용해왔다. 그는 항상 동일한 목적을 위해서 때로는 이 개를, 때로는 저 개를 풀어놓았던 바, 그 동일한 목적이란 항상 종교적인 해석이나 '정당화'를 통해서 인간을 만성적인 우울로부터 깨어나게 하고 단지 잠깐만이라도 숨 막히는 고통과 지속적인 비참함을 쫓아버리게 하는 것이었다. 그와 같은 감정의 무절제 모두가 나중에 **대가를 치르게 된다**는 것은 자명한 일이다. 그것은 병자를 더욱더 병들게 만든다. 따라서 이런 식으로 고통을 치료하는 것은 현대적인 척도로 평가한다면, '죄를 짓는(schuldig)' 것이다. 그러나 공정하게 하려면, 우리는 더욱더 다음의 사실을 주장해야만 한다. 즉 그러한 치료는 **떳떳한 양심**과 함께 사용되었으며, 금욕주의적 성직자는 때로는 자신이 초래한 비참함 때문에 거의 찢어지는 듯한 아픔을 느끼면서도 그러한 치료법의 유용성과 필수 불가결함을 깊게 확신하면서 그것을 처방했다는 것이다. 또한 아마도 그러한 과도한 조치 때문에 빚어진 격렬한 생리적 복수는 심지어 정신 착란이라는 형태로 나타나기까지 했지만, 그것이 이런 종류의 치료법이 갖는 전체적인 의의에 반하는 것은 아니다. 이 치료법은 앞에서도 말했듯이, 병을 치료하는 것을 목표로 하지 않고 우울증적인 불쾌감과 싸우고 그것을 완화하고 마비시키는 것이다. 이러한 목적은 **그런 식으로** 달성되었다. 금욕주의적 성직자가 인간의 영혼을 갈가리 찢으면서도 황홀하게 만들기 위해서 사용한 주된 방법은 주지하듯이 죄책감을 이용하는 것이었다. 이러한 감정의 기원을 우리는 앞의 논문에서 간략하게 서술했다. 다른 것이 아니라 동물 심리학의 일부로서 말이다. 거기에서 우리는 죄책감을 날 것 그대로의 상태로 다루었다. 죄책감을 다루는 진정한 예술가인 성직자의 손에서 죄책감은 비로소 형태를 얻게 되었다. 아, 그것은 어떤 형태인가! 성직자들은 동물적인 '양심의 가책(자기 자신에게 향해진 잔인성)'을 '죄악(Sünde)'이라는 것으로 재해석했다. 이러한 재해석은 병든 영혼의 역사에서 가장 큰 사건이었다. 그러한 재해석은 종교적 해석이 사용하는 가장 위험하고 치명적인 전략이다. 어떤 식으로든 괴로워하는 인간, 즉 우리 안에 갇혀 있는 동물처럼 이유와 목적을 모른 채 어떻든 생리적으로 괴로워하는 인간은 [자신의 고통에 대한] 이유를 찾고자 한다. 고통을 받아야 할 이유가 있다면 고통이 완화될 것이기 때문이다. 또한 그는 고통에 대한 치료제와 마취제를 구하며, 마침내는 비밀을 알고 있는 한 사람에게 조언을 구한다. 보라! 그는 암시를 얻는다. 그는 자신의 마법사인 금욕주의적 성직자에게서 자신의 고통의 '원인'에 대한 **최초**의 암시를 얻는 것이다. 그는 그 원인을 **자신**에게서, 즉 **죄**에서, 과거의 한 단편에서 찾아야 하며, 자신의 고통을 **벌**이라고 이해해야만 한다. 불행한 자인 그는 [자신의 고통의 원인을] 들었고 이해하게 되었다. 이제 그는 한 마리 암탉, 즉 자신을 둘러싸고 그

어진 선에 갇혀버린 암탉처럼 되어버린다. 그는 선으로 만든 이 원에서 다시 빠져나오지 못한다. 한갓 병자였던 자가 이제 죄인이 되어버렸다. 이후 2000년 동안 우리는 이 새로운 병자인 '죄인'의 모습을 보아왔다. 언젠가 그 모습을 보지 않아도 될 때가 올까? 우리가 어디를 보든 곳곳에, 항상 하나의 방향을(고통의 유일한 원인으로서 죄만을) 바라보도록 최면에 걸린 죄인의 응시가 존재한다. 어느 곳에서든지, 루터가 말하는 '소름 끼치는 동물'인 양심의 가책이 존재한다. 어느 곳에서든지, 과거를 반추하고 있고 [자신이 했던] 행위를 왜곡 해석하며, 모든 행동을 '불을 켜고 바라보는 눈'이 존재한다. 어느 곳에서든지 고통을 왜곡되게 해석하려는 의지가 삶의 내용을 이루고 있으며, 고통을 죄책감, 공포감, 벌로서 느끼는 감정으로 전환하려고 한다. 어느 곳에서든지 채찍질, 낡아빠진 셔츠, 굶주린 신체, 참회가 존재한다. 어느 곳에서든지 불안하고 병적으로 예민한 양심의 잔인한 수레바퀴 밑에 깔려 자신을 파멸시키려는 죄인이 존재한다. 어느 곳에서든지 무언의 고통, 극도의 공포, 고문당하는 마음이 겪는 단말마(斷末魔)의 고통, 알지 못할 행복의 경련, '구원'을 바라는 외침이 있다. 오랜 우울증, 중압감, 피로감은 이러한 방법들의 체계에 의해서 사실상 철저하게 극복되었고, 삶은 다시 매우 흥미로운 것이 되었다. 깨어 있는 상태로, 영원히 깨어 있는 상태로 밤을 지새우고, 작열하면서, 숯이 되도록 타고, 탈진했지만 피로하지는 않다. 이러한 신비[고통이 죄의 결과가 되는 신비]를 체험하게 된 '죄인'은 그러한 모습을 보였다. 불쾌감과 투쟁하는 이 늙은 위대한 마법사인 금욕주의적 성직자가 승리한 것이 분명했다. 그의 왕국이 도래했다. 이미 사람들은 고통에 대해서 더는 불평하지 않게 되었고 오히려 고통을 **갈망했다.** 그의 제자들과 그에게 빠져 있는 자들은 수 세기 동안 고통을 갈망하면서 "더 **많은** 고통을! 더 **많은** 고통을!"이라고 외친 것이다. 고통스러운 모든 무절제한 감정, 으깨고 뒤집어엎고 분쇄하면서도 황홀하게 하고 도취하게 하는 모든 것, 고문실의 비밀, 지옥 그 자체의 발명, 이 모든 것이 발견되었고 추측되었고 이용되었다. 모든 것이 마법사에 의해 이용되었고, 그 후로 이 모든 것이 그의 이상, 즉 금욕주의적 이상이 승리하는 데 이용되었다. "나의 왕국은 이 세계에 속하는 것이 아니다"[110]라고 그는 전과 다름없이 말했다. 그러나 그에게 진정 그렇게 말할 권리가 있는 것일까? 괴테는 오직 36가지의 비극적 상황만이 존재한다고 주장했다.[111] 우리는 여기에서 — 비록 그 외의 것은 모른다고 하더라도 — 괴테가 결코 금욕주의적 성직자가 아니었다는 사실은 추측할 수 있다. 금욕주의적 성직자는 더 많은 비극적 상황을 알고 있는 것이다.

---

110) 예수는 로마 총독인 빌라도의 심문을 받으면서 "나의 왕국은 이 세상에 속하지 않는다"(「요한복음」 18장 36절)라고 말했다.

111) 1830년 2월 14일에 에커만(J. P. Eckermann)에게 보내는 괴테의 편지 참조.

21

이런 따위의 성직자적 치료법, 즉 '죄책감을 조장하는' 치료법에 대해서는 비판할 필요도 없을 것이다. 금욕주의적 성직자가 자신의 병자들에게 처방하던(자명한 사실이지만, 가장 신성한 이름 아래, 또한 자신의 목적이 신성하다는 것을 확신하면서) 그러한 감정의 무절제가 환자에게 **효험이 있었다**고 주장하고 싶어 하는 사람이 누가 있겠는가? ['효험이 있었다'라고 주장하려면] 적어도 '효험이 있다'라는 말의 의미를 분명히 해야만 할 것이다. 그러한 치료체계가 인간을 **개선했다**는 의미로 그 말을 사용하려 한다면, 나는 이에 대해 아무런 이의가 없다. 다만 나는 이 경우 '개선되었다'라는 것이 나에게 무엇을 의미하는지를 덧붙이고 싶을 뿐이다. 그것은 나에게는 '길들었다', '약화되었다'. '용기를 잃었다', '섬약해졌다', '연약해졌다', '거세되었다'와 같은 것을 의미한다. 따라서 그 말은 **손상되었다**는 것을 의미한다. 그러나 이러한 치료법이 병자, 언짧은 자, 의기를 상실한 자에게 주로 적용될 때, 그것은 병자들을 '개선한다'고 할지라도 반드시 더 병들게 만든다. 자학적인 참회, 회한 그리고 구원의 발작이 치료법으로서 적용될 때 무슨 일이 일어나는지를 정신과 의사에게 한 번 물어보라. 또한 역사에 한 번 물어보라. 금욕주의적 성직자가 이러한 치료법을 적용한 곳에서는 어디서나 병은 놀라운 속도로 심화되었고 확산되었다. 그 '결과'는 항상 어떻게 나타났는가? 그렇지 않아도 이미 병든 상태에서 신경 체계의 파괴가 일어났다. 이는 대규모로든 소규모로든 개인과 집단 모두에게 일어났다. 우리는 참회와 구원을 위한 훈련의 결과로서 무서운 간질병이 유행하는 것을 보게 된다. 역사에 잘 알려진 가장 큰 것으로는, 중세의 성 비투스와 성 요한의 무도병(舞蹈病)[112]이다. 또한 그러한 훈련이 미친 악영향으로서 무서운 마비증과 만성적인 우울증을 보게 되는데, 이것들로 인해 때때로 한 민족이나 한 도시(제네바, 바젤)의 기질이 단번에 정반대의 것으로 변하게 된다. 몽유병과 유사한 마녀사냥의 히스테리도 그러한 악영향에 속한다(1564년에서 1605년까지만 해도 마녀사냥이 무려 여덟 번이나 크게 유행했다). 그러한 훈련의 결과로 또한 죽음을 열망하는 저 집단적인 정신착란증을 보게 된다. 이러한 정신착란증에 걸린 자들이 외치는 '죽음만세'라는 소리는 어떤 때는 음욕에, 어떤 때는 파괴욕에 사로잡힌 병적인 특이체질에 의해 중단되기도 했지만, 유럽 전역에 울려 퍼지게 되었다. 오늘날에도 금욕주의적 죄악설이 다시 큰 성공을 거둘 때는 항상 감정의 동일한 변화가 곳곳에서 동일한 간격과 반전

---

112) 성 비투스와 성 요한의 무도병(舞蹈病)은 14세기에서 17세기에 유럽에서 나타난 사회현상으로, 한 무리의 사람들이 갑자기 춤을 추는 것을 가리킨다. 때에 따라서는 수천 명이 함께 춤을 추기도 했다고 한다. 이 병은 처음에는 성비투스나 성 요한이 내린 저주로 간주되어, 성 비투스의 춤 혹은 성 요한의 춤이라고 불렸다.

(反轉)과 함께 일어나는 것을 관찰할 수 있다(종교적 신경증은 '악마'의 형태로 나타난다. 이 점은 의심할 여지가 없다. 종교적 신경증이란 무엇이냐? 그것이 바로 문제이다). 대체로 금욕주의적 이상과 그것의 숭고한 도덕적인 의례, 즉 신성한 목적이라는 이름으로 감정의 무절제를 낳는 모든 수단의 가장 교묘하고 가장 대담하며 가장 위험한 체계화는 무섭고 잊을 수 없는 방식으로 인류의 역사 전체에 기록되었다. 유감스럽게도 인류의 역사에 기록된 것에 그치는 것이 아니다. 이러한 금욕주의적 이상만큼 건강과 인종적 힘에, 특히 유럽인의 건강과 인종적 힘에 파괴적인 영향을 끼친 것을 나는 알지 못한다. 조금도 과장하지 않고, 우리는 그것을 유럽인 건강의 역사에서 **진정한 재앙**이라고 부를 수 있다. 이러한 금욕주의적 이상의 영향에 견줄 수 있는 것은 기껏해야 게르만인의 독특한 영향 정도이다. 이것으로 내가 염두에 두고 있는 것은 유럽의 알코올 중독이다. 이것은 지금까지 독일인의 정치적·인종적 우세와 정확하게 보조를 맞추면서 일어났다(게르만인은 자신의 피를 주입하는 곳에서 반드시 자신들의 악덕도 주입했다). 세 번째로는 매독을 들 수 있을 것이다. 이것은 세 번째 것이지만 앞의 둘로부터 큰 간격으로 떨어져 있다.[113]

---

113) 앞에서 언급한 둘보다는 해악이 덜 하다는 의미이다.

22

금욕주의적 성직자는 자신이 지배했던 곳에서는 항상 영혼의 건강을 파괴했다. 결과적으로 그는 예술과 문학의 취미조차도 파괴했으며 지금도 여전히 파괴하고 있다. '결과적으로'라고? '결과적으로'라는 말을 사용하는 것을 나에게 허용하기를 바란다. 금욕주의적 성직자가 문학과 예술을 파괴했다는 것은 너무나 분명한 사실이기에 나는 그것을 증명하고 싶지 않다. 단지 한 가지 지적하고 싶은 것은 그리스도교의 기본문헌이자 그것의 진정한 원전, 즉 그것의 '책 자체[성서]'에 관한 것이다. 서적의 황금시대이기도 한 그리스·로마 시대의 황금시대에서도, 즉 아직은 쇠약해지지도 붕괴하지도 않았던 고대의 문헌 세계를 앞에 두고서도, 다시 말해 오늘날의 문헌 절반 정도는 줘야 얻을 수 있는 몇 권의 책을 읽을 수 있었던 시대에서조차, 그리스도교의 단순하고 허영심 많은 선동가는 감히 이렇게 선언했다. "우리도 우리의 고전을 가지고 있다. 우리에게는 그리스인들의 고전이 필요하지 않다." 이렇게 말하면서 그들은 자랑스럽게 성도전(聖徒傳)이나 사도들의 편지나 호교용 소책자를 가리켰다. 이는 오늘날 영국의 '구세군'이 셰익스피어나 그 밖의 이교도와 싸우면서 유사한 문헌을 열거하는 것과 거의 동일하다. 이미 짐작하고 있겠지만, 나는 『신약성서』를 좋아하지 않는다. 가장 존중되고 있고 지나치게 존중되고 있는 이 책에 대한 나의 취미가 이처럼 유별나다는 사실에 불안하기까지 하다(2000년 동안을 지배한 취미가 나와 반대되기 때문이다). 그러나 어쩔 도리가 없다! "제가 여기 섰나이다. 저는 달리 어찌할 수가 없나이다."[114] 나는 나의 악취미를 견지할 용기를 가지고 있다. 그러나 『구약성서』, 그것은 실로 전적으로 다른 것이다. 『구약성서』에 전적으로 경의를 표하자! 『구약성서』에서 나는 위대한 인간들, 영웅적인 광경, 지상에서 가장 드문 어떤 것, 즉 강력한 마음이 갖는 최고의 순진성을 발견한다. 더 나아가 나는 그 속에서 하나의 민족을 발견하게 된다. 이에 반해 『신약성서』에서 나는 편협한 종파주의만을, 영혼의 로코코풍만을, 오직 요란한 허식이나 구석지고 이상한 것만을, 비밀집회의 공기만을 발견하게 된다. 잊어서는 안 되는 것은 그 안에서는 때때로 그 시대(그리고 로마의 시골)에 속하면서 유대적인 것도 아니고 헬레니즘적인 것도 아닌 목가적인 달콤함의 냄새가 난다는 것이다. 겸손과 자만이 섞여 있고, 귀를 먹게 할 정도의 감정의 법석이 있으며, 열정적으로 보일 뿐 열정은 없고, 고통스러운 요란한 몸짓이 있다. [『신약성서』를 쓴 자들이] 훌륭한 교육을 받지 못했다는 것은 분명하다. 이들 신앙심 깊은 비소(卑小)한 인간들이 하는 것처

---

114) 루터가 보름스 제국의회에서 한 말로 "하느님, 저를 도우소서, 아멘"이라는 말이 이어진다. 이 제국의회에서 신성로마제국 카를 5세와 가톨릭교회는 루터에게 자신의 저술과 종교적 입장을 부정할 것을 요구하지만 루터는 거부한다.

럼, 자신의 하찮은 부덕(不德) 때문에 그렇게 큰 소동을 피울 필요가 있을까! 누구도 그런 일에 관심을 두지 않는다. 하물며 신은 말할 나위가 없다. 이 시골의 소인배들 모두는 궁극적으로는 '영원한 생명의 관'을 갖고 싶어 한다. 그러나 무엇을 위해? 무슨 대가로? 이 이상 뻔뻔스러운 일도 없을 것이다. '불사의' 베드로,[115] 누가 그를 견뎌낼 수 있겠는가! 이 자들의 야심은 우스꽝스럽다. 그들은 자신의 가장 사적인 일, 어리석음, 슬픔 그리고 사소한 근심을 물자체[근원적인 실재]가 염려해야 할 의무를 진 것처럼 떠들어댄다. 이 자들은 신 자체도 자신들이 빠져 있는 극히 사소한 비참함 속으로 끌어넣어 얽어매 버리는 데 조금도 싫증을 내지 않는다. 신을 끊임없이 당신이라고 부를 정도로 신과 사적으로 관계하는 최악의 취미! 주둥이와 앞발로 신을 못살게 구는[116]— 유대적이지만 단순히 유대적이기만 한 것도 아닌 — 뻔뻔스러움! 동아시아에는 멸시당하는 난쟁이 '이교 민족'[117]이 있었다. 이들에게서 초기 그리스도교

---

115) "또 내가 네게 이르노니, 너는 베드로라 내가 이 반석 위에 내 교회를 세우리니 음부의 권세가 이기지 못하리라. 내가 천국 열쇠를 네게 주리니, 네가 땅에서 무엇이든지 매면 하늘에서도 매일 것이요, 네가 땅에서 무엇이든지 풀면 하늘에서도 풀리리라 하시고."(「마태복음」 16장 18~19절)

116) 여기서 '주둥이와 앞발로 신을 못살게 군다는 것'은 손을 모으고 소리 내어 신에게 간구한다는 것을 의미한다.

117) 미얀마의 카렌족을 가리키는 것 같다. 니체가 읽었던 책들 중에 '카렌족은 자신들이 믿는 신의 이름을 말하기를 꺼린다'고 주장하는 책이 있었다.

도들은 중요한 어떤 것, 즉 외경의 **기술**이라는 것을 배울 수 있었을 것이다. 그리스도교의 선교사들이 증언하는 것처럼, 이들 이교 민족은 그들의 신의 이름을 입에 올리는 것을 허용하지 않는다. 이것은 내게는 매우 사려 깊은 태도로 여겨진다. 확실한 것은 이것은 초기 그리스도교도들에게만 지나치게 사려 깊은 것은 분명히 아니다. 이것과 완전히 대조되는 것을 보기 위해서는 일례로 독일이 낳은 이 가장 '웅변적이고' 가장 불손한 농부인 루터와 그가 신과 대화할 때 가장 즐겨 사용한 루터적인 어조를 상기해야만 한다. 신과 인간 사이를 중개하는 교회의 성인들에 대한(특히 '악마의 돼지인 교황'에 대한) 루터의 저항은 의심할 여지 없이 근본적으로는 우악스러운 농부의 저항이었다. 이 우악스러운 농부는 교회의 **좋은 예법**, 즉 성직자 취미의 공손한 예법을 혐오했다. 이 예법은 더 헌신적이고 침묵하는 자만을 가장 성스러운 장소에 들게 하고, 우악스러운 자에게는 문을 닫아버린다. 여기에서 우악스러운 자는 절대로 말을 해서는 안 된다. 그러나 농부인 루터는 그것을 완전히 일변시키려고 했다. 그런 것은 그에게는 충분히 **독일적인** 것이 아니었다. 그는 무엇보다도 자신의 신과 직접 이야기하기를 원했고, 스스로 이야기하기를 원했으며, '스스럼없이' 이야기하기를 원했다.[118] 사실

---

118) 가톨릭은 신자가 교회를 통해서 신과 소통할 수 있다고 보지만, 루터는 신자가 교회를 거치지 않고 신과 직접 소통할 수 있다고 본다.

그는 그것을 해냈다. 아마도 잘 알고 있겠지만, 금욕주의적 이상은 어디에서도 결코 좋은 취미를 길러주는 학교가 아니었고, 좋은 예법을 길러주는 학교는 더더욱 아니었다. 그것은 기껏해야 성직자 예법을 길러주는 학교였다. 왜냐하면 금욕주의적 이상은 모든 좋은 예법에 대한 불구대천의 원수라고 할 수 있는 어떤 것을 자신 속에 갖고 있기 때문이다. 즉 그것은 절도가 없으며 절도에 대해서 반감을 가지고 있다. 그것은 그 자체가 '지극히 극단적인' 것이다.

23

금욕주의적 이상은 건강과 취미를 망쳤을 뿐 아니라 제3, 제4, 제5, 제6의 중요한 것도 망쳤다. 이 모든 것에 대해서 말하지는 않겠다(끝이 없기 때문이다!). 내가 여기서 밝히려고 하는 것은 이러한 금욕주의적 이상이 어떤 **영향을 끼쳤는가**가 아니다. 오히려 나는 단지 금욕주의적 이상이 무엇을 **의미하는지**, 무엇을 가리키는지, 그것의 배후에, 아래에, 그 속에 무엇이 숨어 있는지, 의문부호와 오해로 싸여서 임시로 막연히 표현하고 있는 것은 무엇인지를 밝히고자 할 뿐이다. 오직 **이러한** 목적을 위해서만 나는 독자들로 하여금 금욕주의적 이상이 끼친 영향, 더욱이 그 숙명적 영향의 무서운 모습을 보게 했다. 즉 나는 결국 금욕주의적 이상의 의미를 탐구할 때 나타나는 저 최후의 무서운 광경을 볼 수 있는 마음의 준비를 독자에게 하게끔 하고 싶었다. 저 이상의 **힘**, 그것이 갖는 무서운 힘은 무엇을 의미하는가? 저 이상은 왜 이처럼 번성하게 되었는가? 금욕주의적 이상은 왜 저항을 받지 않았는가? 금욕주의적 이상은 하나의 의지를 표현하고 있다. **그것과 대립하는 이상**을 표현하는 대립적인 의지는 어디에 있는가? 금욕주의적 이상은 하나의 **목표**를 가지고 있다. 이 목표는 너무나 보편적이어서, 인간 삶의 나머지 모든 관심은 이것을 기준으로 해서 볼 때는 왜소하고 협소한 것으로 보인다. 금욕주의적 이상은 시대, 민족, 인류를 가차 없이 이러한 하나의 목표에 비추어 해석한다. 그것은 다른 어떤 해석이나 다른 어떤 목표도 허용하지 않는다. 그것은 오직 금욕주의적 이상이라는 **유일한** 해석 기준에 따라서 거부하고 부정하며 긍정하고 시인한다(일찍이 그것보다 더 철저하게 사유된 해석체계가 있었던가?). 그것은 어떤 힘에도 굴복하지 않고 오히려 모든 힘에 대해 자신이 특권과 절대적 우위를 갖고 있다고 믿는다. 그것은 지상에 존재하는 그 어떠한 힘도 **금욕주의적 이상**의 작업을 위한 도구, 이 이상의 목표, 유일한 목표를 위한 길이자 수단으로 존재한다고 믿는다. 그리고 금욕주의적 이상이 그 모든 힘에 의미와 생존권 그리고 가치를 부여한다고 믿는다. 이와 같은 의지, 목표, 해석의 완결된 체계에 **대립하는** 것은 어디에 있는가? 왜 대립하는 것이 **없는가**? 금욕주의적 이상의 목표와는 **다른** '유일한 목표'는 어디에 있단 말인가? 그러나 사람들은 나에게 이렇게 말한다. 즉 그것은 없는 게 아니고, 저 이상과 길고도 성공적인 투쟁을 전개했을 뿐만 아니라 오히려 모든 중요한 일에서 이미 저 이상을 압도했다고. 우리의 현대 **학문** 전체가 그 증거라고. 이러한 현대 학문, 이것이야말로 현실에 대한 진정한 철학이고, 분명히 오직 자기 자신만을 믿으며, 분명히 자신에 대한 용기와 자기 자신이 되려는 의지를 가지고 있고, 지금까지 신과 피안 세계 없이도 그리고 [현세를] 부정하는 덕목 없이도 잘 헤쳐 나왔다고. 그러나 이러한 소음과 선동가의 수다로는 나를 설득하지 못한다. 현실에 대한 이러한 나팔수들은 보잘것없는 음악가들이고, 그들의 소리는 깊이가 **없으며**, 그들의 입에서 나오는 말은 과학적 양심이라는 심연에서 나오는 소리가 **아니다**. 왜냐하면 오늘날 과학적 양심은 하나의 심연이기 때문이다. 그러한 나팔수들의 주둥이에서 나오는 '과학'이라는 말은 단지 일종의 외설, 남용, 파렴치함이다. 그들이 주장하는 것과 정반대가 바로 진리이다. 과학은 오늘날 자신이 지향할 이상은 말할 것도 없고 자신에 대한 믿음도 전혀 가지지 **못하고** 있다. 과학이 아직 열정, 사랑, 열망, 고뇌인 경우에도, 그것은 금욕주의적 이상에 대립하는 것이 아니라 오히려 **그것의 가장 새롭고 가장 고귀한 형식** 자체이다. 그대들에게는 내 말이 낯설게 들리는가? 물론 오늘날의 학자 중에도 성실하고 겸손한 노동자 무리가 존재하는데, 그들은 자신들의 조그만 구석진 곳에 만족한다. 그리고 바로 이 때문에 그들은 약간 오만하게 큰 소리로 다음과 같은 요구를 제기한다. 즉 사람들은 오늘날에 만족해야 하며, 특히 과학에 만족해야 한다는 것이다. 실로 과학에는 유익한 것이 많을 것이다. 나는 그러한 사실을 부정하지는 않는다. 나는 이들 정직한 노동자들이 자신들의 일에서 느끼는 만족을 망치고 싶지 않다. 나도 그들의 일에서 기쁨을 느끼고 있으니까 말이다. 그러나 오늘날 과학에서 엄밀한 작업이 이루어지고 있고 이러한 작업에 만족해하는 노동자들이 있다고 해서, 이러한 사실이 학문 전체가 오늘날 하나의 목표, 하나의 의지, 하나의 이상, 위대한 신앙의 정열을 지니고 있다는 것을 증명하는 것은 절대로 아니다.[119] 이미 말했듯이 그 반대야말로 사실이다. 과학이 금욕

---

119) 『선악의 저편』 211절에서 니체는 진정한 철학자를 철학적 노동자나 과학적인 인간과 구별하고 있다.

"나는 사람들이 더 이상 철학자를 철학적인 노동자나 일반적인 과학적인 인간과 혼동해서는 안 된다고 강력하게 주장한다. 바로 이 점에서 우리는 엄격하게 '각자에게 각자에 걸맞은 대우'를 해주어야 한다. 말하자면 철학적 노동자나 과학적인 인간을 너무 높이 평가하거나 철학자를 너무 낮게 평가해서는 안 된다는 것이다. 진정한 철학자의 위치로 올라서려는 사람이라면 일단 그의 하인에 불과한 철학의 과학적인 노동자들이 머물고 있는 모든 단계 — 그들은 항상 그 자리에 머물러 있을 수밖에 없는 자들이다 — 를 그 역시도 한 번씩은 밟아보는 것이 필요할 것이다. 인간적인 가치들과 가치 감정들의 전 영역을 편력하고 다양한 눈과 양심으로 높은 곳으로부터 모든 먼 곳을, 낮은 곳으로부터 모든 높은 곳을, 구석으로부터 모든 드넓은 곳을 조망할 수 있기 위해서, 그는 아마도 그 스스로 비판자이자 회의주의자로, 독단론자이며 역사가로, 그 외에 시인이며 수집가로, 여행자이며 수수께끼를 푸는 자로, 도덕가이고 예견하는 자로, '자유정신'이고 거의 모든 유형의 인간으로 존재해야 했을 것이다. 그러나 이 모든 것은 그가 자신의 과업을 실현하기 위한 전제조

주의적 이상의 가장 새로운 형식으로 나타나는 것은 전체적인 판단을 바꾸기에는 너무 드물고 고귀하며 특수한 경우뿐이다. 과학이 이렇게 금욕주의적 이상의 가장 새로운 형식으로 나타나지 않을 경우에, 과학은 오늘날에는 모든 종류의 불만, 불신, 회한, 자기멸시, 양심의 가책이 숨는 은신처일 뿐이다. 그것은 이상 상실 자체의 불안이고, 위대한 사랑의 결여에서 오는 고통이며, 만족이 강요

건들일 뿐이다. 이러한 과업 자체는 다른 것을 원하는바, 그것은 그가 가치를 창조할 것을 요구한다. 칸트나 헤겔의 고상한 모범을 따르는 철학적 노동자들은 논리적인 영역이든 정치적인(도덕적인) 영역이든 예술적인 영역이든, 아무튼 어떤 영역을 다루든 간에 가치평가에 관한 막대한 자료들, 즉 한동안 '진리'라고 불리면서 이제까지 큰 영향력을 행사해온 과거의 가치평가와 가치창조에 관한 자료들을 확정하고 정식화해야만 한다. 이들 연구자가 할 일은 이제까지 일어났던 일과 이제까지 평가되어왔던 모든 것을 개관(槪觀)하거나 숙고하기 쉽게 만들고 이해하거나 다루기 쉽게 만들며, 그 방대한 것을―심지어 시간마저도―축소시킴으로써 그 모든 과거를 쉽게 처리할 수 있게 만드는 것이다. 이것은 분명히 엄청나고도 경탄할 만한 작업이며, 아무리 의지가 강하고 자부심이 강한 사람이라도 충만히 만족을 느낄 수 있는 작업이다. 그러나 진정한 철학자는 명령하는 자이며 입법자이다. 그들은 '이렇게 되어야 한다!'라고 말한다. 그들은 우선 인간이 어디로 가야 하고 어떠한 목적을 가져야 할지를 규정하는 작업을 하면서, 과거를 정리해온 모든 사람과 모든 철학적 노동자의 준비 작업을 자신의 뜻대로 사용한다. 그들은 창조적인 손으로 미래를 붙잡는다. 그리고 이제까지 존재해온 것과 또 현재 존재하는 모든 것은 그들을 위한 수단, 도구, 망치가 된다. 그들의 '인식'은 창조이며, 그들의 창조는 하나의 입법이고, 그들의 진리에의 의지는 힘에의 의지이다. 오늘날 그러한 철학자들이 존재하는가? 일찍이 이러한 철학자들이 존재했던가? 이러한 철학자들이 존재해야만 하지 않을까?"

되는 상태에 대한 불만이다. 오, 오늘날 과학은 얼마나 많은 것을 숨기고 있는 것일까! 적어도 그것은 얼마나 많은 것을 감춰야만 하는가! 우리의 가장 훌륭한 학자들의 재능, 정신없이 일하는 그들의 근면함, 밤낮을 가리지 않고 일하는 그들의 두뇌, 그들의 일에 대한 탁월한 재주 자체, 이 모든 것의 진정한 의미는 자신에게서 그 무언가를 숨기려고 한다는 점에 얼마나 많이 존재하는가! 자신을 마비시키는 수단으로서의 과학, 당신은 그것을 경험해보았는가? 학자들과 교제하는 사람은 누구나 경험하는 일이지만, 학자들은 때때로 아무렇지도 않은 말 한마디로 **뼛속까지 상처를 입는다.**[120] 그들에게 경의를 표하려고 하는 순간, 그들은 우리에게 화를 낸다. 우리가 그들이 어떤 자인지를 헤아리지 못할 정도로 너무나 조야하기 때문에 그들을 화나게 하는 것이다. 그들은 자신이 어떤 자인지를 자기 자신에게 인정하고 싶어 하지 않는 **고통받는 자들**이고, **의식을 되찾는다**는 단 한 가지만을 두려워하는 마취에 걸린 자들이자 정신을 잃어버린 자들이다.

---

120) 학자들은 상처받기 쉬운 예민한 존재여서 다른 인간들과 관계해야 하는 현실에서 학문으로 도피한다.

24

이제 내가 말한 저 한층 드문 경우, 즉 오늘날 철학자들과 학자들 사이에 존재하는 최후의 이상주의자들에 대해 살펴보자.[121] 그들 가운데 아마도 우리가 찾던 금욕주의적 이상의 **적대자**, 즉 금욕주의적 이상에 대한 **반(反)이상주의자**가 있지 않을까? 사실 그들은 자신들이 불신자들(이렇게 말하는 것은 그들은 모두 불신자들이기 때문이다)이라고 **믿고 있다**. 금욕주의적 이상의 적대자라는 신앙은 그들에게 남아 있는 마지막 신앙으로 보이기에, 그들은 그러한 신앙에 너무나 진지하고 언행에 있어서 매우 열정적이다. 그렇다고 해서 그들이 믿는 것이 이미 **진실**하다고 할 수 있을까? 우리 '인식하는 자들'은 모든 종류의 신앙인을 믿지 못하게 되었다. 우리의 불신으로 인해 우리는 점차 과거에 사람들이 추론했던 것과는 정반대로 추론하게 되었다. 즉 어떤 신앙이 우세한 곳에서는 어디서든 우리는 그 신앙이 증명되기 어렵다는 사실과 그 신앙이 **거짓**일 것이라고 추론하는 것이다. 우리 역시 신앙이 '행복하게 만든다'라는 사실을 부인하지는 않는다. 우리가 신앙이 어떤 것을 **입증**한다는 것을

---

121) 나중에 보겠지만 콩트식의 실증주의자들을 가리킨다. 이들은 긍정도 부정도 하지 않고 감각적으로 나타나는 것들 사이의 기능적인 연관만을 밝히려고 한다. 니체는 이들을 "사실적인 것, 즉 적나라한 사실 앞에 서 있으려고 하는 '작은 사실들'의 숙명주의자들"이라고 부르고 있다.

부인하는 것은 바로 신앙이 행복하게 만들기 때문이다. 행복을 가져다주는 강한 신앙은 그것이 믿는 것에 대한 의심을 불러일으킨다. 신앙은 '진리'가 아니라 기만일 가능성이 크다는 것을 입증할 뿐이다. 이제 이 경우에는 어떻게 되는가? 오늘날, 신앙을 부정하는 자들과 아웃사이더인 이들은 지적인 결백성을 요구한다는 한 가지 점에서 무조건적이다. 이들은 우리 시대의 명예인바, 준엄하고 엄격하고 절제하는 영웅적인 정신의 소유자들이다. 이들은 모두 창백한 무신론자, 반그리스도교인, 비도덕주의자, 니힐리스트, 회의주의자, 정신의 소모성 질환자이다(어떤 의미에서 이들 모두는 정신의 소모성 질환자이다). 오늘날 오직 홀로 지적 양심을 가지고 있고 이를 체현하고 있는 이들은 인식에 관한 최후의 이상주의자들이다. '자유롭고, 지극히 자유로운 정신'인 이들은 자신들이 실로 금욕주의적 이상으로부터 완전히 해방되어 있다고 믿는다. 그러나 그들 자신에게 너무나 가까이 있기 때문에 볼 수 없는 것을 그들에게 폭로한다면, 금욕주의적 이상이야말로 바로 **그들의 이상**이기도 하고 그들 자신이 그러한 이상을 표현하고 있다. 그들을 제외한 누구도 그러한 이상을 표현하고 있지 않은 것이다. 그들 자신이야말로 금욕주의적 이상의 정신화된 산물이고 최전선의 전투병이자 정찰병이며, 가장 위험하고 가장 섬세하며 가장 불가해한 유혹의 형식이다. 만일 내가 이러한 수수께끼를 푼다면, **이러한 명제로 풀고자 한다!** '그들은 결코 자유 정신이 아니다. 왜냐하면 그들은 아직 진리를 믿고 있기 때문이다.' 그리스도 십자군이 동방에서 저 무적의 암살자 교단,[122] 특히 가장 하급자마저도 어떤 교단도 미치지 못했던 규율 속에서 살았던 저 자유 정신의 교단과 마주쳤을 때, 그들은 교단의 최고위층에게만 비전(祕傳)으로 남아 있던 저 상징과 부어(符語, Kerbholz-Wort)[123]에 대해서 어쩌다가 알게 되었다. 이 부어는 '진리란 존재하지 않는다. 모든 것이 허용된다'라는 것이었다. 진실로 그것은 정신의 자유였다. 이와 함께 진리 자체에 대한 신앙마저도 파괴되었다. 유럽의 그리스도교적 자유정신이 일찍이 이미 이러한 명제와 그것의 미로 같은 결론 속에 빠진 적이 있던가? 그것은 이러한 동굴의 괴물을 경험에서 알고 있는가? 나는 그 점을 의심하며, 심지어는 다르게 알고 있다. 유럽의 그리스도교적 자유정신은 한 가지 점[진리가 존재한다는 것]에 대해서는 무조건적인 신봉자이고, 이 이른바 '자유정신'에는 '진리란 존재하지 않는다. 모든 것이 허용된다'라는 의미의 자유와 해방보다 더 낯선 것은 없다. 그들은 어떤 관점에도 강하게 구속되어 있지 않지만, 다름 아닌 진리

---

122) 암살자 교단(Assasinen-Orden)은 11~13세기에 성립된 이슬람교의 분파로, 적을 살해하는 것을 종교적 의무로 믿어 암살자 교단이라고 불린다.

123) Kerbholz는 나무에 금을 새겨 서로 주고받은 금액을 표시하고 그것을 둘로 갈라 후일의 증거로 쌍방이 하나씩 가졌던 어음 나무이다. 보관증, 물표로서 부신(符信)이라 불리며, Kerbholz-Wort는 이러한 나무에 새겨진 비밀의 말을 가리킨다고 할 수 있다.

에 대한 신앙에는 다른 누구에게서도 볼 수 없을 만큼 강하게 무조
건적으로 구속되어 있다. 나는 이 모든 것을 너무나도 친숙하게 잘
알고 있다. 이 철학자들은 그러한 신앙 때문에 존경할 만할 정도로
금욕적이다. 그들은 마침내는 부정하는 것도 긍정하는 것도 자신
에게 엄격하게 금하는 지성의 스토아주의자들이다. 그들은 사실적
인 것, 즉 적나라한 사실 앞에 서 있으려고 하는 '작은 사실들'의 숙
명주의자들(내가 부르는 바로는 작은 사실주의자들)이고, 이러한 숙명
주의를 통해서 오늘날 프랑스 학문은 독일의 학문에 대해서 일종
의 도덕적 우위를 확보하려 하고 있다. 이러한 숙명주의는 해석 일
반(폭력을 가함, 수정, 축약, 생략, 변조, 날조, 위조, 그 밖에 모든 해석의
본질에 속하는 것)을 단념하는 것이고, 대체로 말해서 관능을 부정
하는 것과 마찬가지로 덕의 금욕주의를 표현하고 있다(그것은 근본
적으로는 관능 부정의 한 양태에 지나지 않는다). 이러한 금욕주의를 강
요하는 것, 즉 진리를 향한 저 무조건적 의지야말로 **금욕주의적 이상
자체에 대한 신앙**이다. 비록 금욕주의적 이상이 이러한 신앙에 무의
식적인 명령으로서 존재한다고 하더라도 그렇다. 이 점을 분명히
알아야 한다. 이러한 신앙은 하나의 **형이상학적** 가치, 즉 **진리의 가
치 자체**에 대한 신앙이고, 이 가치는 금욕주의적 이상에서만 보증
되고 확인된다(이 가치는 금욕주의적 이상과 흥망을 같이한다). 엄격하
게 판단하자면, '무전제의' 과학이란 절대로 존재하지 않는다. 그러
한 과학은 생각할 수 없으며 터무니없는 것이다. 과학이 하나의 방

향, 하나의 의미, 하나의 한계, 하나의 방법, 하나의 생존권을 획득하기 위해서는 우선 항상 하나의 철학, 하나의 '신앙'이 존재해야 하는 것이다. (거꾸로 이해하는 자, 즉 예를 들어 철학을 '엄밀하게 과학적인 기초' 위에 세우려고 하는 자는 이를 위해서 철학뿐 아니라 진리 자체도 거꾸로 세울 필요가 있다. 이것은 존경할 만한 두 숙녀[철학과 진리]에게 가장 불쾌한 무례를 범하는 것이다!) 그렇다. 그것은 의심할 여지가 없다. 이와 관련하여 나는 나의 『즐거운 학문』 5장 344절을 인용하고자 한다. "과학에 대한 신앙이 전제하고 있는 것과 같은 저 대담하고 궁극적인 의미의 진실한 인간은 **그러한 신앙과 함께** 삶과 자연 그리고 역사의 세계와는 **다른 세계를 긍정한다.** 그가 이 '다른 세계'를 긍정하는 한, 그는 이와 함께 이 다른 세계의 정반대인 이 세계, 즉 **우리의 세계를 부정해야만** 하는 것은 아닐까? 과학에 대한 우리의 신앙이 근거하고 있는 것은 여전히 하나의 **형이상학적 신앙**이다. 오늘날의 인식하는 자이자 무신론자이며 반(反)형이상학자인 우리 역시 천 년에 걸친 신앙, 즉 그리스도교의 신앙이 불붙여 왔던 저 불길에서 여전히 우리의 불을 얻는다. 그러한 신앙은 신이 진리이고 진리는 신적인 것이라는 신앙이며, 그것은 플라톤의 신앙이기도 했다. 그러나 바로 이러한 신앙이 점점 더 믿을 수 없게 된다면, 오류나 맹목이나 거짓 외에는 아무것도 이제는 신적인 것으로서 증명되지 않는다면, 신 자체가 우리의 **가장 오래된 거짓**으로 드러난다면 어떻게 되는가?" 우리는 여기에 멈춰 서서 오랫동안 생각할 필요가 있다. 과학 자체는 이제 정당화가 **필요하다.** (그렇다고 해서 그러한 정당화가 존재한다고 말해서는 아직 안 된다.) 이 문제와 관련하여 가장 오래된 철학들과 최근의 철학들을 살펴보라! 이 모든 철학은 진리를 향한 의지 자체가 우선 정당화가 필요하다는 사실을 깨닫지 못하고 있다. 여기에 모든 철학의 결함이 존재한다. 왜 이렇게 되었는가? 이는 금욕주의적 이상이 지금까지 모든 철학을 **지배했기** 때문이고, 진리가 존재로서, 신으로서, 최고의 심급(審級) 자체로서의 위치를 차지했기 때문이며, 진리 자체를 의문시하는 것은 **허용되지** 않았기 때문이다. 금욕주의적 이상의 신에 대한 신앙이 부정되는 그 순간부터 **새로운 문제가 발생하게** 된다. 그것은 진리의 가치에 대한 문제이다. 진리를 향한 의지는 비판이 필요하다. 여기서 우리의 과제를 규정해보자. 우리의 과제는 진리의 가치를 시험 삼아 한번은 **문제 삼아 보는 것이다.** (이 문제가 너무 간략하게 언급되었다고 생각하는 독자에게 『즐거운 학문』 중 '아직도 우리는 얼마나 경건한가?'라는 제목의 344절을 읽어볼 것을 권한다. 가장 좋은 것은 그 책의 5장 전체와 『아침놀』의 서문을 읽는 것이다.)

25

안 된다! 내가 금욕주의적 이상의 천적을 찾을 때, 다시 말해 내가 "금욕주의적 이상과 **반대되는** 이상을 표현하고 있는 적대적인 의지는 어디에 있는가?"라고 물을 때, 이에 대한 답변으로 과학을 들고나오지 말라. 금욕주의적 이상의 적이 되기에는 과학은 결코 자립적이지 않다. 과학에는 모든 점에서 먼저 하나의 이상적 가치, 즉 가치를 창조하는 힘이 필요하다. 이러한 힘에 **봉사함**으로써 과학은 자기 자신을 **믿을 수 있게 된다**. 그러나 과학은 그 자체로는 결코 가치를 창조하지 못한다. 금욕주의적 이상에 대해서 과학은 아직 결코 적대적이지 않다. 오히려 과학은 대체로 금욕주의적 이상을 내적으로 형성하는 추진력을 표현한다. 더 자세하게 검토해보면 과학의 모순과 투쟁은 금욕주의적 이상 자체에 대한 것이 아니고, 그것의 외적인 현상, 의상(衣裳), 가면극, 그것의 일시적인 경화, 경직화, 교조화에 대한 것이다. 과학은 금욕주의적 이상의 외적인 것을 부정함으로써 그것의 내적인 생명을 다시 자유롭게 했다. 과학과 금욕주의적 이상, 이 두 가지는 — 내가 이미 지적한 것처럼 — 실로 동일한 지반 위에, 즉 진리에 대한 과대평가 위에 존재한다. (더욱 정확히 말하자면, 진리란 평가와 비판을 초월해 있다는 동일한 믿음 위에 존재하는 것이다.) 따라서 이들은 **필연적으로** 동맹관계에 있다. 따라서 이들은 공격당하게 되면 언제나 항상 함께 공격당하며 함께 문제시된다. 금욕주의적 이상이 갖는 가치에 대한 폄하는 불가피하게 과학이 갖는 가치에 대한 폄하조차도 수반한다. 이러한 사실에 대해서 우리는 제때 눈을 크게 뜨고 귀를 기울여야 한다! (나는 나중에 언젠가 **예술**에 대해서 길게 언급하겠지만 여기에서 미리

말해둔다. 거짓을 신성시하고 **기만에의 의지**를 자신의 양심으로 갖는 예술
이야말로 과학보다도 훨씬 더 근본적으로 금욕주의적 이상에 대립하는 것
이다. 이제까지 유럽이 낳은 예술의 최대의 적인 플라톤은 본능적으로 이
러한 사실을 감지했다. 플라톤 대 호메로스, 이것이야말로 완전하고 진정
한 적대관계이다. 플라톤은 가장 성실한 피안의 인간이자 생에 대한 위대
한 비방자이고, 호메로스는 의도치 않게 생을 찬양하는 자이자 **황금의 자**
연이다. 따라서 예술가가 금욕주의적 이상에 봉사한다는 것이야말로 예술
가의 최대 **부패**이고, 유감스럽게도 가장 흔히 볼 수 있는 부패 중의 하나
이다. 왜냐하면 예술가가 가장 부패하기 쉬운 존재이기 때문이다.) 또한
생리학적으로 검토해보면, 과학은 금욕주의적 이상과 동일한 지
반 위에 존재한다. 즉 **생의 빈곤화**가 이것들의 전제이다. 정서가 메
마르게 되고, 삶의 속도가 느려지며, 본능 대신 변증법[124]이 나타

---

124) 니체가 여기서 염두에 두고 있는 것은 소크라테스와 플라톤의 변증법이다.
니체는 『우상의 황혼』 「소크라테스 문제」에서 소크라테스의 변증법은 당시의
지배계급에 대한 시기심의 표출이고 복수의 수단이었다고 본다. 소크라테스
의 변증법은 반어법과 산파술로 이루어진다. 이 중 반어법(Ironie)은 상대방
의 주장에 내포되어 있는 모순을 드러냄으로써 상대방이 자신의 무지를 폭로
하게 하는 수법이다. 니체는 소크라테스의 반어법은 당시의 지배계급에 대해
서 천민이 갖는 원한과 반항의 표현이라고 본다.
니체에 따르면 소크라테스 이전의 훌륭한 사회에서는 변증법적 수법이 배척
되었다. 변증법은 하류의 수법으로 간주된 것이다. 자신의 진리를 논증으로
써 증명해야 하는 것은 무가치한 것으로 간주되었고, 참으로 가치 있는 것은
그 자체로 자신의 진리를 입증하는 것으로 여겨졌다. 따라서 소크라테스 이

나고, 얼굴이나 몸짓에 **진지함**이 새겨져 있다(진지함은 힘겨운 신진 대사, 투쟁하고 힘들게 노동하고 있는 삶의 명백한 징후이다). 학자가 중시되는 시대를 살펴보라. 그 시대는 피로의 시대이고 종종 황혼의 시대이며 몰락의 시대이다. 이 시대에는 넘쳐흐르는 힘, 삶과 **미래**에 대한 확신이 사라져버린다. 중국식 고관[125)]이 우세한 지위를 점한다는 것은 결코 좋은 일이 아니다. 민주주의, 전쟁 대신에 평화적인 분쟁 재판, 남녀동등권, 동정의 종교와 같은 것들의 출현, 그리고 쇠락하는 삶의 징후인 모든 것도 결코 좋은 일이 아니다. (문제로서 파악된 과학. 과학이란 무엇인가? 이에 대해서는 『비극의 탄생』 서문을 참조하라.)[126)] 이 '현대과학'은 금욕주의적 이상의 가장 무의식

전에는 논증에 입각하지 않으면서도 사람들을 사로잡는 훌륭한 권위가 지배하고 있었다. 이렇게 '논증하지 않고' 명령을 내리고 있는 곳에서 변증가라는 것은 일종의 어릿광대에 불과할 뿐이었다. 니체는 소크라테스와 플라톤은 이성으로써 본능을 압도하려고 하지만 이렇게 본능과 싸워서 이기려고 하는 것은 쇠퇴한 생명력의 공식이라고 말한다.

125) 중국의 고관(Mandarin)은 대부분이 과거에 합격한 학자들이었다.

126) 니체는 『비극의 탄생』 서문에서 "모든 학문은 어디에서 비롯되는가? 어쩌면 학문은 염세주의에 대한 두려움이자 그것으로부터의 도피에 불과한 것은 아닐까?"라고 말하고 있다. 니체는 소크라테스 이래의 그리스인들의 생명력이 해체되고 약화하였을 때 "그리스인들은 훨씬 더 낙천적이고 피상적이고 배우처럼 되면서 논리와 세계의 논리화(論理化)에 더욱 열광하게 되고, 이에 따라서 동시에 '보다 명랑하고' '학문적'이 되었다"라고 말하고 있다. 이론적으로 세계를 다 파악할 수 있다는 합리주의의 지배는 "쇠약해져 가는 힘, 다가오는 노쇠, 생리적인 피로의 징후"라는 것이다.

적이고, 가장 비자발적이며, 가장 은밀하고, 가장 지하적인 동맹자이기 때문에, 그것은 당분간은 금욕주의적 이상의 최상의 동맹자이다. 그대들은 이러한 사실을 직시해야 한다! '정신이 빈곤한 자들'[127]과 저 금욕주의적 이상의 과학적인 적대자들은 지금까지 동일한 게임을 해왔다(덧붙여 말하자면, 이 과학적인 적대자들이 정신이 빈곤한 자들의 반대, 즉 정신이 **풍요로운 자**들이라고 생각해서는 안 된다. 그들은 결코 그런 자들이 아니다. 나는 그들을 정신의 결핵환자라고 불렀다). 과학의 이 유명한 승리. 이는 의심할 바 없이 승리이지만, 무엇에 대한 승리인가? 금욕주의적 이상은 이러한 승리 때문에 전혀 정복되지 않았다. 금욕주의적 이상은 오히려 더 강력하게 되었다. 즉 더욱 파악할 수 없는 것, 더욱 정신적인 것, 더욱 위험한 것이 되었다. 이는 금욕주의적 이상 위에 세워져 이 이상의 겉모습을 **조야하게 만들었던** 성벽이나 외적인 보루가 과학의 끊임없는 공격 때문에 무자비하게 해체되고 파괴되었기 때문이다. 그대들은 실로 신학적 천문학의 패배가 금욕주의적 이상의 패배를 의미한다고 생각하는가? 오히려 신학적 천문학의 패배 이래로 사물들의 가시적인 질서 속에서 인간의 존재가 더욱더 임의적이고, 하잘것없고, 쓸모없는 것이 되었기 때문에 인간은 존재의 수수께끼에 대한 피안적인 해결을 덜 **필요로** 하게 된 것은 아닐까? 코페르니쿠스 이래로

---

127) 금욕주의자들.

인간의 왜소화와 아울러 왜소화를 향한 의지는 끊임없이 증대해온 것이 아닐까? 아, 존재의 서열에서 인간의 존엄성과 유일성 그리고 대체 불가능성에 대한 신앙은 사라져버렸다. 인간은 **동물**이 되어버렸다. 인간은 문자 그대로(한 치의 오차도 없이) 동물이 되어버렸다. 인간은 이전의 신앙에서는 거의 신('신의 아들', '신인(神人)')이었다. 코페르니쿠스 이래로 인간은 경사면에 놓인 것처럼 보인다. 그는 갈수록 빨리 중심에서 벗어나 굴러간다. 어디로? 무로? '**뼈에 사무치는 허무감**' 속으로? 그렇다! 이것이야말로 낡은 이상으로 곧장 통하는 길이 아닌가? 모든 과학(결코 천문학만이 아니라, 모든 과학이 인간의 자만심을 꺾고 인간을 비하하는 경향에 대해서 칸트는 "과학은 나의 존엄성을 파괴한다"[128]라는 주목할 만한 고백을 한 적이 있다), 자연과학이든 **비자연과학**이든 이 모든 과학은—나는 이것을 자기 비판적 인식이라고 부른다—오늘날 자신에 대해서 인간이 이제까지 품었던 존경심이 한낱 기묘한 자만에 불과한 것이었다고 인간을 설득하려 하고 있다. 과학의 고유한 긍지, 즉 스토아적인 아타락시아[부동심]의 고유하고 준엄한 형식은 이렇게 힘겹게 획득된

---

128) 과학은 모든 것이 필연적인 인과법칙 아래 존재한다고 보기 때문에 인간이 도덕적인 양심에 따라서 행동할 수 있는 자유도 부정한다. 그런데 인간의 존엄성은 인간이 도덕적인 양심에 따를 수 있는 자율적 존재라는 데 있다. 칸트는 과학에서는 인간이 갖는 이러한 도덕적 자율성이 부정되기 때문에 "과학은 나의 존엄성을 파괴한다"라고 말하고 있다.

인간의 **자기 멸시**를 인간이 자신에 대해서 갖는 존경심의 최후의, 가장 진지한 요구로 견지하는 데 있다(사실 이렇게 말하는 것이 옳다. 왜냐하면 경멸하는 자는 언제나 '존경하는 것을 잊지 않는' 자이기도 하기 때문이다). 그런데 이것이 금욕주의적 이상에 **대립하는 것**으로 작동할 수 있을까? 그대들은 신학의 독단적인 개념들('신', '영혼', '자유', '불사')에 대한 칸트의 승리가 저 금욕주의적 이상을 파괴했다고 정녕 진지하게 믿는가? 이 경우 칸트 자신이 그와 같은 것을 도대체 의도하기라도 했는가라는 문제는 우선은 우리의 관심사가 아니다. 확실한 것은 온갖 종류의 초월론자들이 칸트 이후 다시 득세하게 되었다는 것이다. 그들은 신학자로부터 해방되었다. 이 얼마나 다행스러운 일인가! 칸트는 그들이 이제부터 독자적인 힘으로 그리고 과학에 대한 최고의 존경심과 함께 '그들 마음속의 소망'대로 나아갈 수 있는 샛길을 그들에게 누설한 것이다.[129] 또한 미지의 신

---

129) 칸트는 신, 자유, 영혼이라는 개념이 이론이성을 통해서는, 곧 과학적 이성을 통해서는 증명될 수 없지만, 실천이성, 곧 도덕적인 이성을 통해서는 해명될 수 있다고 보았다. 즉 신, 자유, 영혼과 같은 개념들은 도덕적인 행위가 가능하기 위해서 우리가 필연적으로 요청할 수밖에 없는 이념들이라는 것이다. 칸트는 과학적으로 증명될 수 있는 감각적인 세계를 현상계로 보면서 그러한 세계의 이면에 이른바 물자체로서의 예지계를 상정했다. 그리고 신, 자유, 영혼을 물자체의 영역에 속하는 것으로 보면서 그것들은 과학적 인식의 대상은 될 수 없지만 신앙의 대상이 될 수는 있다고 보았다. 이와 관련하여 칸트는 "신앙에 자리를 마련해주기 위해서 인식의 영역을 제한한다"라고 말했다. 이 점에서 니체는 칸트에서 신, 자유, 영혼이라는 초감성적인 세계는 이론적으

비한 것 자체의 숭배자로서 불가지론자[130]들이 **의문부호 자체**를 이제 신으로 경배한다고 할 때, 누가 그들을 불쾌하게 생각할 수 있겠는가?(일찍이 샤베 두당[131]이 '알 수 없다고 생각하는 것에 머무는 것이 아니라 불가해한 것을 **숭배하는** 습관'이 초래한 폐해에 대해서 말한 적이 있다. 그는 고대인은 그런 것 없이도 잘 지냈다고 생각한다.) 인간이 '인식하는' 모든 것이 인간의 소망[132]을 채워줄 수 없고 오히려 그

로는 증명될 수 없을지라도 논박될 수 없는 것이 되었고, 이와 함께 초감성적인 세계에 이르는 샛길이 마련되었다고 보는 것이다. 니체는 『안티크리스트』에서 이렇게 말하고 있다.

"칸트가 출현했을 때 4분의 3이 목사와 교사의 자녀로 이루어진 독일 학계는 왜 환호했는가? 칸트와 함께 **보다 나은 상태**로의 전환이 시작되었다는 확신, 오늘날까지도 여전히 그 반향이 남아 있는 독일적인 확신은 어디서 비롯되는 것인가? 독일 학자에게 스며들어 있는 신학자 본능은 이후로 무엇이 또다시 가능하게 되었는지를 알아챈 것이다. 옛 이상에 이르는 샛길이 열리게 되었으며, 다시금 '참된 세계'라는 개념과 세계의 **본질**로서의 도덕이란 개념이(세상에서 가장 사악한 두 가지의 오류가) 영리하고 교활한 회의 덕분에 증명될 수는 없더라도 **논박될 수 없는** 것이 되어버렸다. 이성과 이성의 **권리**는 그렇게 멀리까지 미칠 수는 없다는 것이다. 사람들은 실재하는 현실을 '가상'으로 만들어버렸으며 완전히 **날조된** 세계를 실재로 만들어버렸다. 칸트의 성공은 단지 신학자의 성공에 지나지 않는다. 칸트는 루터나 라이프니츠와 마찬가지로, 원래 강하지 못한 독일적인 정직성에 제동을 거는 또 하나의 브레이크이다."(『안티크리스트』, 10절)

130) 불가지론은 신의 본질은 인식할 수 없다고 보는 철학적 입장이다.
131) 니체가 샤베 두당(Xaver Doudan)이라고 부르고 있는 사람의 본명은 지멘느 두당(Ximénès Doudan, 1800~1872)으로 프랑스의 정치가이자 비평가이며 작가이다.

러한 소망에 반(反)하고 공포를 불러일으킨다고 할 때 그 책임을 '소망'에서가 아니라 '인식'에서 찾는 것은 얼마나 훌륭한 핑계인가! '인식은 존재하지 않는다. **따라서 신은 존재한다.**' 얼마나 새롭고 우아한 추론인가? 금욕주의적 이상의 얼마나 큰 **승리**인가!

26

또는 현대의 역사 기술(記述) 전체가 삶과 이상에 대해 더 확실한 태도를 보여주었던가? 현대의 역사 기술의 가장 고귀한 이상은 거울이 되는 것이다. 그것은 모든 목적론[133]을 거부한다. 그것은 이제는 어떤 것도 '증명'하려고 하지 않는다. 그것은 재판관 역할을 하는 것을 부끄럽게 생각하며 이 점에 자신의 좋은 취미가 있다고 생각한다. 그것은 긍정도 부정도 하지 않고 단지 확정하고 '기술할' 뿐이다. 이 모든 것은 대단히 금욕주의적이다. 그러나 그것은 한층 더 **허무주의적**이다. 이 점에 대해서 자신을 기만해서는 안 된다!

---

132) 신과 불멸의 영혼, 그리고 내세에서의 영원한 행복이 있기를 소망하는 것을 가리킨다.
133) 목적론은 인간의 행위뿐 아니라 모든 사건과 자연의 현상이 목적에 규정되어 있으며 목적을 추구한다고 보는 철학적 입장이다. 플라톤이나 아리스토텔레스의 철학은 대표적인 목적론이다. 플라톤이나 아리스토텔레스는 모든 생명체는 자신의 본질적 형상을 실현하는 것을 목표한다고 본다.

우리는 슬프고 냉혹하지만 단호한 눈초리를, 고독한 북극 탐험가가 밖의 세계를 내다보는 것처럼 내다보는(아마도 자기 내면을 보지 않기 위해서? 뒤를 돌아보지 않기 위해서?) 눈[眼]을 본다. 여기에는 눈[雪]이 있을 뿐 생명은 침묵하고 있다. 여기서 시끄럽게 울고 있는 최후의 까마귀들은 "무엇을 위해?", "부질없다!", "허무!"라고 말한다. 여기에서는 이제 아무것도 자라나지 않는다. 기껏해야 페테르부르크의 초(超)정치론[134]이나 톨스토이식의 '동정'이 있을 뿐이다. 그러나 저 다른 종류의 역사가들, 아마도 더 '현대적인' 종류의 역사가, '예술가'라는 용어를 장갑처럼 사용하면서 오늘날 관조에 대한 찬사를 전적으로 독차지하고 있는 향락적이고 음탕하며 삶에도 금욕주의적 이상에도 똑같이 추파를 던지는 그런 종류의 역사가에 대해서 말해보자. 이 감미롭고 재치 있는 자들마저도 금욕주의자들과 겨울 풍경을 얼마나 갈망하게 만들고 있는가! 아니다! 이러한 '관조적인' 무리를 악마가 잡아가면 좋겠다! 나는 저 역사적 허무주의자들과 함께 가장 음울한 회색의 차가운 안개 속을 방황하는 것을 택하겠다! 만일 내가 선택을 해야 한다면, 나는 차라리 전적으로 비역사적이고 반역사적인 자들에게 귀를 기울이겠다. (예를 들면 저 뒤링에게 귀를 기울이겠다. 오늘날 독일에서는 아직도 수줍어

---

134) 19세기에 나타났던 러시아 메시아주의, 범슬라브주의를 가리키며, 이것은 러시아인들에게는 진정한 그리스도교 신앙을 통해서 인류를 구원해야 한다는 소명 의식이 존재한다고 주장한다.

하며 인정받지 못한 '아름다운 영혼'의 한 종족, 즉 교양 있는 프롤레타리아 내부의 무정부주의적인 종족이 뒤링의 목소리에 도취되고 있다.) 백배나 나쁜 것은 '관조적인 자들'이다. 나는 저 '객관적인' 안락의자형의 학자, 저 향수 냄새 풍기는 역사 도락자, 반은 성직자고 반은 호색가인 르낭이란 향수만큼 구토를 일으키는 것을 알지 못한다. 르낭은 무엇이 자신에게 결여되어 있는지, 어디에 자신의 결함이 있는지, 그리고 이 경우에 운명의 여신이 어디에 그녀의 잔인한 가위를 — 아! 너무나 훌륭한 외과 의사처럼 — 휘둘렀는지를 자신이 보내는 갈채의 높은 가성(假聲)을[135] 통해서 폭로하고 있다! 이는 내 취미에 거슬리며 또한 견디기 어렵다. 그러한 광경을 보고도 괴롭지 않은 사람은 참고 보라. 그러한 광경은 나의 분노를 일으킨다. [르낭과 같은] 관객들이 나를 '구경거리'에 대해 분노하게 한다. 그리고 구경거리(알고 있다시피 역사 그 자체) 이상으로 관객에 대해서 더욱 분노하게 한다. 그때 나는 아나크레온[136]식의 기분에 빠져든다.

---

135) 르낭(Ernest Renan, 1823~1892)이 자신이 높이 평가하는 자들이나 사건들에 대해서 갈채를 보낸다는 것. 그리고 이러한 갈채로 자신이 어떤 점에서 결점이 있는지를 스스로 폭로한다는 뜻이다. 르낭은 『예수의 생애』라는 책으로 한때 문명(文名)을 떨쳤다. 이 책에서 르낭은 그리스도교의 교설과 예수의 생애에 대한 실증주의적이고 역사학적인 설명을 서로 결합하려고 했다. 르낭은 여호와 신이 유대민족의 신이라는 성격을 넘어서 모든 인류의 신이라는 성격을 띠게 되는 것을 신 개념에서의 진보라고 보고 있다. 니체는 『안티크리스트』에서 르낭이 예수를 천재이자 영웅으로 만들었다고 비판하고 있다.

황소에게는 뿔을, 사자에게는 '크게 벌린 입'을[137] 준 이 자연이 나에게 발을 준 이유는 무엇인가? 신성한 아나크레온에게 그것은 단지 도망치기 위해서가 아니라 밟기 위해서 주어진 것이었다. 저 썩은 안락의자, 비겁한 관조, 역사에 대한 음탕한 내시 근성, 금욕주의적 이상에 대한 추파, 성적인 불능이 정의인 척하는 위선을 짓밟기 위해서였다! 금욕주의적 이상이 정직한 한에서, 다시 말해 그것이 자기 자신을 믿고 우리에게 못된 장난을 하지 않는 한에서, 나는 그것에게 나의 모든 경의를 표한다! 그러나 무한한 것의 냄새를 탐지하려고 하면서 마침내는 무한한 것이 빈대 냄새를 풍길 때까지[138] 탐지하려는 지칠 줄 모르는 야심을 가진 이 교태 부리는 빈대를 나는 좋아하지 않는다. 나는 인생을 구경거리로 만드는 회칠한 무덤[139]들을 좋아하지 않는다. 나는 지혜에 휘말려 들어가 '객

---

136) 아나크레온(Anakreon, B.C. 583?~B.C. 485)은 그리스의 위대한 서정시인으로, 사랑과 포도주 그리고 삶의 기쁨을 찬미하는 시들의 단편이 남아 있다. 여기서 아나크레온식의 기분은 도덕적 위선을 짓밟고 삶의 기쁨을 누리고 싶어 하는 기분을 가리킨다.

137) 아나크레온의 시 「여성의 아름다움에 대해서」에 나오는 구절이다. 이 시에서 아나크레온은 황소의 무기가 뿔인 것처럼 여성의 무기는 아름다움이라고 말하면서 여성을 찬미한다.

138) 무한한 것에 대해서 말하지만 결국은 무한한 것을 빈대 같은 자신처럼 만들어버린다는 의미이다.

139) 회칠한 무덤은 외관만을 아름답게 보이려는 위선자를 가리킨다. 원래 『신약성서』에 나오는 말로 예수가 바리새인들을 비롯한 위선자들을 가리킬 때 사

관적으로' 관조하는 저 피로하고 지쳐 빠진 자들을 싫어한다. 나는 지푸라기로 만든 머리[140] 위에 이상이라는 요술 두건을 쓰고 영웅으로 분장한 선동가들을 좋아하지 않는다. 금욕주의자나 성직자로 알려지고 싶어 하지만 근본적으로는 단지 비극적인 어릿광대일 뿐인 야심에 찬 예술가들을 나는 좋아하지 않는다. 또한 나는 이상주의를 믿는 저 최근의 투기꾼들인 반유대주의자들을 좋아하지 않는다. 이들은 오늘날 저 그리스도적 · 아리아적 · 속물적인 태도로 자신들의 눈을 희번덕이면서, 가장 값싼 수단인 도덕적 태도를 참을 수 없을 정도로 남용하면서 민중 속에 있는 모든 멍청이들을 자극하려고 한다. (오늘날 독일에서 **모든 종류의** 정신적 사기가 성공을 거두고 있다는 것은 독일 정신이 부정할 수 없을 정도로 명백하게 **황폐하게 되었다는** 사실과 관련되어 있다. 이러한 황폐화의 원인은 신문과 정치와 맥주와 바그너의 음악만을 너무 지나치게 섭취한 데 있으며, 덧붙여서 이러한 섭생법의 전제가 되는 것, 즉 첫째는 민족적인 강박과 허영, "독일이여! 독일이여! 만방에 빛나는 독일이여!"라는 저 강력하면서도 편협한 원리이

용한 말이지만, 여기서 니체는 금욕주의자들에 사용하고 있다.
"화 있을진저, 외식(外飾)하는 서기관들과 바리새인들이여, 회칠한 무덤 같으니 겉으로는 아름답게 보이나 그 안에는 죽은 사람의 뼈와 모든 더러운 것이 가득하도다."(「마태복음」 23장 27절)

140) 지푸라기로 만든 머리라는 것은 머리에 든 것이 아무것도 없는 바보라는 의미이다.

고, 둘째로는 '현대적 이념'이라는 진전마비(震顫痲痺)[141]이다.) 유럽은 오늘날 무엇보다도 흥분제가 넘쳐나고 그것을 발명하는 데 뛰어난 재능을 보이고 있다. 오늘날 자극제와 브랜디보다 더 필요한 것은 아무것도 없는 것 같다. 따라서 이상의 어마어마한 위조라는 저 가장 강력한 정신적 브랜디도 필요하게 되고, 또한 모든 곳에 만연해 있는 역겹고 악취를 풍기는 기만적인 사이비 알코올 냄새도 필요하게 된다. 이 유럽의 공기가 다시 맑은 공기가 되기 위해서는, 얼마나 많은 사이비 이상주의나 영웅의 복장이나 호언장담의 법석이, 얼마나 많은 달콤한 알코올성의 동정(상표는 고통의 종교이다)이, 얼마나 많은 정신적 편평족(扁平足) 환자를 돕기 위한 '고귀한 분노'라는 의족(義足)이, 그리스도교적 도덕적 이상의 코미디언들이 오늘날 유럽에서 수출되어야만 하는지를 알고 싶다. 이러한 과잉생산과 관련해서는 새로운 무역의 가능성이 분명히 열려 있다. 이상이라는 왜소한 우상들과 이것들의 부속품인 '이상주의자들'로 새로운 '사업'을 할 수 있는 가능성이 분명히 열려 있다. 이러한 기회를 놓치지 말라! 이러한 사업을 할 수 있는 용기를 누가 가지고 있는가? 우리는 전 세계를 '이상화'할 수 있는 수단을 수중에 지니고 있다! 용기 같은 것은 상관없다. 여기에서 필요한 것은 오직 하나,

---

141) 진전마비(Paralysis agitans)는 파킨슨병을 가리킨다. 운동능력을 조절하는 뇌
부위 신경의 퇴화로 점차 운동장애가 일어나는 병이다.

즉 손뿐이다. 하나의 공평무사한, 매우 공평무사한 손뿐인 것이다.

27

이것으로 충분하다! 충분해! 우스꽝스럽고 불쾌하기도 한 가장 현대적인 정신이 갖는 이러한 기묘함과 복잡함에 대해서는 그만 이야기하자. 그것들에 대해서 이야기하지 않고서도 우리는 우리의 문제, 즉 금욕주의적 이상의 의미라는 문제를 충분히 다룰 수 있다. 이 문제는 어제와 오늘에 관련된 것이 아니다! 가장 현대적인 정신의 기묘함과 복잡함에 관해서는 다른 기회에 더욱 철저하면서도 엄격하게 다룰 것이다('유럽 니힐리즘의 역사에 대해서'라는 제목으로 말이다. 이것에 대해서는 내가 준비 중인 『힘에의 의지, 모든 가치를 전환하려는 시도(*Der Wille zur Macht, Versuch einer Umwerthung aller Werthe*)』[142]라는 저서를 참고하기 바란다). 여기에서 지적해둘 필요가 있는 한 가지는 다음과 같은 사실이다. 즉 금욕주의적 이상은 가장 정신적 영역에서도 우선은 언제나 단지 한 종류의 실제적인 적들과 가해자들을 가지고 있다는 것이다. 이들은 이러한 이상의 코미

---

142) 니체는 이 책을 완성하지 못했다. 그러나 이 책을 위한 메모들이 그의 제자 페터 가스트와 여동생 엘리자베트에 의해서 『힘에의 의지』라는 제목으로 간행되었다. 이 책 2장에 '유럽 니힐리즘의 역사에 대해서'라는 제목이 붙어 있다.

디언들이다. 왜냐하면 이들은 [금욕주의적 이상에 대한] 불신을 불러일으키기 때문이다. 오늘날 정신이 엄격하면서도 강력하게 그리고 정직하게 작동하고 있는 다른 모든 곳에서 **진리를 향한 의지를 제외하고는** 정신은 금욕주의적 이상을 도대체 필요로 하지 않는다. 이러한 절제를 나타내는 통속적인 표현이 무신론이다. 그러나 이러한 진리를 향한 의지, 즉 금욕주의적 이상의 이 잔여물은—바라건대 나를 믿어주길—가장 엄격하고 가장 정신적으로 정식화된 금욕주의적 이상 자체이고, 모든 외적인 것을 제거한 극히 신비로운 것이며, 따라서 금욕주의적 이상의 잔여물이 아니라 **핵심이다**. 따라서 무조건적으로 성실한 무신론(이 공기만을 우리, 즉 이 시대의 더 정신적인 인간인 우리가 호흡하고 있는 것이다!)은 겉보기처럼 저 금욕주의적 이상에 대립하는 것이 **아니다**. 그것은 오히려 금욕주의적 이상의 마지막 발전 국면의 하나이고, 그것의 최종형식들과 내적인 결론 중의 하나일 뿐이다. 이것은 2000년에 걸친 진리를 향한 훈련이 맞게 되는 파국이고, 이러한 파국은 우리의 경외심을 불러일으킨다. 진리를 향한 훈련은 결국은 **신에 대한 신앙이란 허위**를 금한다. (이와 같은 발전 과정은 인도에서도 발견되지만 이는 완전히 독립적으로 전개된 것이며, 따라서 이러한 사실은 그 무엇인가를 입증하는 성격을 갖고 있다. 이 경우에도 동일한 이상[금욕주의적 이상]은 동일한 귀결에 이르게 된다. 이 발전 과정이 결정적인 국면에 도달하게 되었을 때는 유럽의 시간 계산으로[서기로] 따져서 기원전 500년 전이며, 이 시기

는 부처의 시기였다. 더 정확하게 말하자면, 그것은 이미 삼키아 철학[143]
과 함께 이루어졌는데, 이것이 부처에 의해서 대중화되고 종교로 만들어
진 것이다.) 아주 엄밀하게 말해서 그리스도교의 신에 대해서 진정
으로 **승리를 거둔 것은 무엇이었는가?** 이러한 물음에 대한 답은 나
의 책『즐거운 학문』357절에 있다. "그리스도교적 도덕성 자체, 갈
수록 더 엄격하게 해석된 진실성의 개념, 고해신부에게서 보는 것
과 같은 그리스도교적 양심의 예민함이 그것이다. 그것들이 과학
적 양심으로 번역되고 승화되었으며 어떤 대가를 치르더라도 지적
인 결백성으로 번역되고 승화된 것이다. 자연을 마치 신의 선의(善
意)와 보호를 증명하는 것으로 보는 것, 역사를 신적 이성에 경의
를 표하기 위해 인륜적 세계질서와 인륜적 궁극목적의 영원한 증
인으로 해석하는 것, 경건한 사람들이 오랫동안 해석해왔듯이, 자
신의 체험을 마치 모든 것이 섭리이고 암시이며 영혼의 구원을 위
해 고안되고 주어진 것처럼 해석하는 것, 이것들은 이제 과거의 것
이 되었으며 양심에 반하는 것이다. 그것들은 모든 섬세한 양심에
는 점잖지 못한 것, 정직하지 못한 것, 기만적인 것, 여성적인 것,
나약함, 비겁함으로 간주된다. 우리를 **훌륭한 유럽인**이자 유럽의

---

143) 삼키아 철학(Sāmkhya-Philosophie)은 수론학파라고 불리며, 모든 고통에서
    벗어나기 위해서는 참된 실재에 대한 인식이 필요하다고 주장했다. 일원론의
    입장에 서 있는 유신론적 수론학파와 정신과 물질이라는 두 종류의 실재가
    존재한다고 보는 무신론적인 수론학파로 나뉜다.

가장 오래되고 가장 용기 있는 자기 극복의 계승자로 만드는 것이 있다면 그것은 이러한 엄격함이다." 모든 위대한 것은 자기 자신에 의해서, 자신을 지양하는 행위 때문에 몰락한다. 생명의 법칙이, 생명의 본질 속에 있는 **필연적인** '자기 극복'의 법칙이 이러한 것을 원한다. "그대 스스로 제정한 법에 복종하라"라는 외침은 언제나 결국은 입법자 자신을 향하게 된다. 이와 같은 방식으로 **교의로서**의 그리스도교는 자기 자신의 **도덕**에 의해 몰락했다. 똑같은 방식으로 **도덕으로서의** 그리스도교도 몰락할 수밖에 없다. 우리는 이런 사건의 문턱에 서 있다. 그리스도교적 진실성은 하나씩 결론을 끌어낸 후, 최후에는 자신의 **가장 강력한 결론**을, 즉 자기 자신에 반하는 결론을 끌어내게 된다. 그러나 이런 사건이 일어나는 것은 이 진실성이 "**진리를 향한 모든 의지는 무엇을 의미하는가?**"라는 물음을 던질 때이다. 우리 안에서 저 진리를 향한 의지 자체가 문제로 의식되는 것이 의미가 없다면, 우리의 존재 전체는 어떤 의미를 갖게 되는 것일까? 여기서 우리는 다시 나의 문제, 아니 우리의 문제를 언급하겠다. 나의 알지 못하는 벗들이여! (왜냐하면 나는 아직 친구가 없기 때문이다.) 우리 내면에서 저 진리를 향한 의지가 자기 자신에게 문제로서 의식되지 않는다면, 도대체 우리의 존재 전체는 어떤 의미를 갖게 될 것인가? 진리를 향한 의지가 이처럼 자신을 의식하게 될 때 도덕은 점차 **몰락**하게 된다. 나는 이 점을 조금도 의심하지 않는다. 이것이야말로 유럽의 다음 200년을 위해서 아껴둔

저 100막의 위대한 연극, 모든 연극 중에서도 가장 가공할 만하고 가장 의문스러우며 아마도 가장 희망에 차 있기도 한 연극이다.

28

금욕주의적 이상을 제외하면, 인간, 다시 말해 인간이라는 동물은 지금까지 아무런 의미도 갖지 못했다. 지상에서의 그의 생존에는 아무런 목표도 없었다. "인간은 무엇을 위해 생존하는가?"라는 물음에 대한 답이 없었던 것이다. 인간과 대지를 위한 **의지**가 결여되어 있었다. 인간이 겪는 모든 거대한 운명의 배후에는 더욱더 거대하게 "헛되다!"라는 후렴이 울리고 있었다. 무엇인가가 **결여되어 있었다는** 것, 무서운 **공허**가 인간을 둘러싸고 있었다는 것, 바로 이것이 금욕주의적 이상이 염두에 두고 있었던 것이다. 인간은 자기 자신을 정당화하고 설명하고 긍정하는 법을 알지 못했다. 인간은 삶의 의미라는 문제로 **괴로워했다.** 인간은 대체로 보아 하나의 **병든** 동물이었다. 그러나 인간에게 문제가 되었던 것은 고통 자체가 아니라 '무엇을 위해서 괴로워하는가?'라는 물음에 대한 답이 결여되어 있다는 것이었다. 가장 용감하고 고통에 익숙한 동물인 인간은 고통 그 자체를 부정하지는 않는다. 아니 고통의 **의미**나 고통의 **목적**이 밝혀져 있기만 하다면, 인간은 고통을 **바라고** 고통 자체를 찾기까지 한다. 고통 자체가 **아니라** 고통의 무의미가 바로 이제까지 인류에게 내려진 저주였다. 그런데 금욕주의적 이상은 인간에게 하나의 의미를 준 것이다! 그것은 지금까지 주어진 유일한 의미였다. 어떤 의미가 있다는 것은 아무런 의미도 없다는 것보다는 낫다. 금욕주의적인 이상은 어떤 점에서 보더라도 최상의 '어쩔 수 없는 것[인간이 부득이하게 받아들여야만 했던 것]'이었다. 금욕주의적 이상에 의해 고통이 해석되었으며, 무서운 공허가 채워진 것으로 보였다. 자살을 부르는 모든 허무주의로 통하는 문이 폐쇄되었다. 이러한 해석은 의심할 여지 없이 새로운 고통을 가져왔다. 그것은 더 깊은, 더 내면적인, 더 유독한, 더욱 삶을 갉아먹는 고통이었다. 이 금욕주의적 이상은 죄라는 관점에서 모든 고통을 해석했다. 그러나 이 모든 것에도 불구하고, 인간은 그것에 의해서 **구원을 받았고**, 의미를 갖게 되었으며, 이제 더는 바람에 휘날리는 나뭇잎이나 무의미한 장난감이 아니었다. 이제 인간은 무엇인가를 **의욕**할 수 있게 되었다. 어디를 향해서, 무엇을 위해, 무엇에 의해서 의욕했는가는 중요하지 않다. **의지 자체는 구원된 것이다.** 금욕주의적 이상에 의해서 방향이 정해진 저 모든 의지가 도대체 **무엇**을 표현하고 있는지는 은폐할 수 없다. 인간적인 것에 대한 증오, 동물적인 것에 대한 더 심한 증오, 물질적인 것에 대해서는 더욱더 심한 증오, 이성과 관능에 대한 공포, 행복과 아름다움에 대한 공포, 모든 가상, 변화, 생성, 죽음, 소망, 욕망 그 자체로부터 도망치려는 갈망, 이 모든 것이 의미하는 바는 ─ 우리가 감히 그것을 파악하려고 시도한다면 ― **무를 향한 의지**이고 삶에 대한 혐오이며 삶의 가장 근본적인 전제들에 대한 반역이다. 그러나 이것은 하나의 **의지**이고 의지로서 남아 있다! 그래서 처음에 말했던 것을 결론적으로 다시 한번 말한다면, 인간은 아무것도 의욕하지 **않기**보다는 오히려 무를 의욕하기를 원한다.

역자 해제

1. 『도덕의 계보』— 전통 도덕을 파괴하는 다이너마이트

『도덕의 계보』는 전통 도덕을 향해 니체가 던지는 다이너마이트 이다. 니체는 『이 사람을 보라』에서 『도덕의 계보』에 대해 "그 표현 과 의도 그리고 경악하게 하는 기술 면에서 지금까지 쓰인 것 중에 서 가장 섬뜩한 것"이라고 자평하고 있다. 니체가 말하는 것처럼 이 책은 니체의 책 중에서도 폭발성이 가장 강한 책이고, 니체 사 상의 파격적이고 도발적인 성격이 가장 잘 드러나는 책이다.

하이데거는 니체를 플라톤 이래 전통 형이상학의 극단이라고 해 석했지만, 나는 오히려 니체를 플라톤으로부터 하이데거에 이르는 서양철학에 대한 철저한 비판자요 적대자라고 생각한다. 그리고 니체 철학의 이러한 성격이 가장 분명하게 드러나 있는 책이 바로 이 『도덕의 계보』라고 본다.

이 책에서 니체는 전통 도덕을 노예도덕이라고 규정하면서 이것과 연관된 죄와 양심의 가책, 그리고 금욕주의적 이상이라는 현상들의 기원을 밝히는 방식으로 그것들의 기만성과 병적인 성격을 폭로하고 있다. 니체는 전통 도덕의 기원을 밝히는 책이라는 의미에서 이 책의 제목을 '도덕의 계보'라고 했다.

이 책은 세 개의 논문으로 이루어져 있다. 첫 번째 논문 「선과 악', '좋음[탁월함]과 나쁨[저열함]'」은 선과 악이라는 도덕관념의 기원을, 두 번째 논문 「'죄' · '양심의 가책' 및 기타」는 죄와 양심의 가책의 기원을 밝히고 있으며, 세 번째 논문 「금욕주의적 이상이란 무엇을 의미하는가?」는 금욕주의적인 이상의 기원을 파헤치고 있다.

오늘날 사람들은 다른 사람들에게 친절하고 도움을 주며 다른 사람의 아픔에 동정하는 것을 선하다고 본다. 그리고 이것과 반대로 남에게 해를 끼치고 고통을 주고 남을 억압하고 착취하는 것은 악하다고 본다. 그래서 다른 사람에게 해를 끼쳤을 경우에는 자신이 죄를 지었다고 생각하면서 양심의 가책을 느낀다.

선악에 대한 이러한 관념과 죄와 양심의 가책이라는 현상은 오늘날 우리에게는 너무나 당연하게만 느껴진다. 따라서 우리는 보통 이러한 관념이나 현상들이 어디서 비롯되었는지를 따져볼 생각도 하지 않는다. 설령 그것들의 기원을 묻게 되더라도 그리스도교와 같은 종교를 믿는 사람은 그러한 선악 관념이나 양심이 하느님 에게서 주어진 것으로 생각할 것이다. 그리고 종교를 믿지 않는 사 람들은 양심이 우리에게 원래부터 존재하는 것이고, 이러한 양심 으로부터 선악 관념과 양심의 가책이 비롯된다고 볼 것이다.

우리에게는 너무도 당연하게만 생각되는 이러한 선악 관념과 현 상들을 니체는 결코 당연한 것으로 보지 않았다. 니체는 그러한 선 악 관념의 배후에는 특정한 세력이 그것을 이용하여 권력을 장악 하려는 음험한 동기가 작용하고 있지 않나 의심했고, 이러한 동기 야말로 사실 선악 관념의 기원이라고 보았다. 이와 함께 그는 우리 가 죄를 지으면 양심의 가책을 느껴야 한다는 생각도 자명하고 당 연한 것으로 보지 않았다.

아울러 니체는 유럽의 역사를 금욕주의가 지배해온 역사로 보았 다. 금욕주의란 우리의 자연스러운 욕망이나 본능을 악한 것으로 보면서 근절해야 한다고 보는 태도이다. 니체는 이러한 금욕주의 가 플라톤과 그리스도교 이래 거의 2500년 동안 서양의 역사를 지 배했다고 보고 있을 뿐만 아니라 당시의 유럽도 이러한 금욕주의 의 지배 아래 있다고 보았다. 니체는 이러한 금욕주의를 일종의 정 신병으로 보면서 당시의 유럽을 거대한 정신병원이라고 불렀다.

번역을 위한 텍스트로는 *Friedrich Nietzsche, Zur Genealogie der Moral, Nietzsche Werke*. Kritische Gesamtausgabe VI 2, (Hrsg.) G. Colli & M. Montinari(Walter de Gruyter, Berlin/New

York, 1968)를 사용하였다. 이 해제에서는 독자들이 『도덕의 계보』를 읽는 데 도움이 되도록 『도덕의 계보』의 핵심 내용을 최대한 평이하게 소개할 것이다.[1]

2. 첫 번째 논문: '선과 악', '좋음과 나쁨'
― 전통적인 선악 관념은 기만적인 관념이다

1) 카이사르나 나폴레옹은 악당인가, 위인인가?

우선 니체가 왜 우리의 통상적인 선악 관념을 당연한 것으로 생각하지 않고 그것의 기원을 따져 묻는 것이 필요하다고 생각하는지를 카이사르와 나폴레옹을 예로 들어 살펴보자.

카이사르나 나폴레옹과 같은 군사적·정치적 영웅을 평가하는 데는 두 가지 관점이 있을 수 있다. 주지하듯이 카이사르(Caesar, Gaius Julius, 기원전 100~44)는 많은 전쟁을 통해서 로마의 영토를 넓힌 장군이면서, 서민층에 유리한 정책으로 민중의 지지를 받아 종신 독재권을 확보했던 정치가이기도 했다. 카이사르는 정적(政

---

[1] 아래 내용은 2006년에 삼성출판사에서 출간되었지만 절판된 『전통도덕에 도전하다: 니체의 도덕계보학』을 수정 정리한 것이다.

敵)이었던 사람들까지 포용했던 '관대한 사람'으로도 알려져 있다. 뛰어난 웅변술과 인간적 매력을 소유하고 있었으며, 탁월한 지략과 지도력의 소유자이기도 했다. 또한 카이사르는 제1급의 문인으로도 알려져 있으며, 그가 쓴 『갈리아 전쟁기』, 『내란기』는 간결한 문체와 정확한 사실 파악 등으로 로마 문학의 걸작으로 평가되고 있다.

나폴레옹(1769~1821)은 숱한 전쟁을 통해서 프랑스의 영토를 크게 넓혔으며 민중의 인기를 등에 업고 국민투표를 통해서 황제가 되었다. 그가 시도한 많은 사회개혁은 유럽 전역에 크게 영향을 미쳤다. 솔직하고 담백한 인간성으로 사병들로부터 신뢰를 받았으며 광대한 구상과 야심, 냉철한 현실 파악, 과감한 행동력은 인간의 경지를 넘어선다고 할 정도였다. 3,000권 이상의 책을 읽고 요약을 하거나 감상을 적었다고 한다. "내 사전에는 불가능은 없다"라는 말은 나폴레옹의 가장 유명한 말이다.

위의 간략한 소개에서 보듯이 카이사르나 나폴레옹은 세계를 정복하려는 엄청난 야망을 품었던 사람들이다. 이들은 이러한 야망을 위해 다른 나라들을 침략하고 수많은 전쟁을 일으켰다. 이들은 선한 사람들인가? 일반적인 선악 관념에 따르면 이들은 결코 선한 사람들이라고 할 수 없다. 이들은 자신의 부하들로 하여금 전쟁터에서 무수히 많은 사람을 살육하게 했을 것이고, 전쟁물자의 조달을 위하여 수많은 사람을 노예처럼 혹사시켰을 것이다. 이들의 찬

란한 명성의 이면에는 전쟁터에서 죽어가는 수많은 이름 없는 병사들의 비명이 진동하고, 그 병사를 잃은 어머니와 아내 그리고 자식들의 피눈물이 흐른다.

카이사르나 나폴레옹은 이렇게 비참한 전쟁을 막기는커녕 오히려 전쟁을 일으켜서 자신들의 용맹과 지혜를 과시하고 명예를 떨칠 기회로 삼은 자들이다. 일반적인 선악 기준에 따르면 이들은 단연코 '악한' 자들이다. 그리스도교를 비롯한 많은 종교에서 이야기하는 천당과 지옥이 참으로 존재한다면, 이들은 자신들이 지은 그 엄청난 죄로 인해 지옥에 떨어져야 마땅한 자들이다.

다른 사람들에게 해를 끼치지 않고 친절과 동정을 베푸는 것이 선이고 그 반대는 악이라는 관념이 니체는 그리스도교에서 비롯되었다고 보지만, 이러한 관념은 현대의 민주주의나 사회주의를 지배하는 관념이기도 하다. 이러한 관념에 따라서 민주주의와 사회주의는 모든 사람이 평등하다고 주장한다. 민주주의는 모든 사람에게 동등한 권리를 인정하는 것과 함께 사회적인 약자를 위해서 사회보장제도 등을 실시할 것을 주장하고 있다. 나아가 사회주의는 모든 사람이 형제처럼 서로 돕고 사랑하는 사회를 이상으로 여기고 있다. 그런데 이러한 민주주의나 사회주의 이념에 근거해서 볼 때도 카이사르나 나폴레옹은 악당들이다. 카이사르 같은 사람은 고대 로마의 노예제 사회를 유지하려 했고, 나폴레옹도 민주주의를 짓밟고 황제가 되었기 때문이다.

그런데 오늘날에도 많은 역사책이나 위인전 등에서 카이사르나 나폴레옹을 악한이 아니라 위인으로 추앙하고 있다. 많은 청소년이 카이사르나 나폴레옹을 위대한 인물로 묘사한 전기를 읽으면서 자신도 그들처럼 되고 싶다는 꿈을 꾸고 있을 것이다.

그런데 우리는 카이사르나 나폴레옹을 왜 위대한 인간으로 보는가? 이들이 보통 사람들과 달랐기 때문이다. 이들은 남다른 지적인 탁월함과 강인한 의지, 그리고 커다란 포용력의 소유자였다. 우리는 이런 사람들을 카리스마가 있다고 말한다. 그들은 남들이 흉내 낼 수 없는 지혜와 용기 그리고 지도력으로 우리의 외경심과 복종심을 자연스럽게 끌어내는 힘을 가지고 있는 것이다. 카이사르나 나폴레옹을 따라 전쟁터에 나갔다가 죽은 사람들은 우리가 생각하는 것처럼 비참하지만은 않았을 수도 있다. 오히려 이들은 카이사르나 나폴레옹과 함께했다는 데서 무한한 자부심을 느꼈을 수도 있다.

2) 노예도덕과 주인도덕

카이사르와 나폴레옹을 어떻게 평가할 것인지와 관련해서 우리는 이렇게 상반되는 두 개의 가치관을 접하게 된다. 하나는 카이사르나 나폴레옹을 악한으로 간주하는 가치관이고, 다른 하나는 그들을 위대한 인간으로 간주하는 가치관이다. 카이사르나 나폴레옹을 악한으로 간주하는 가치관은 사람들을 선인과 악인으로 나눈다. 이와 반대로 그들을 위대한 인간으로 간주하는 가치관은 사람들을 위대한 인간과 열등한 인간으로 나눈다. 하나는 선악을 평가 기준으로 하는 가치관이고, 하나는 위대함과 열등함을 평가 기준으로 하는 가치관이다.

첫 번째 가치관을 니체는 노예도덕이라고 부르고, 두 번째 가치관은 주인도덕이라고 부른다. 첫 번째 가치관을 노예도덕이라고 부르는 이유는 그것이 고대사회의 노예들에게서 비롯되었고, 노예들의 계급적 이익을 반영하는 가치관이기 때문이다. 그리고 두 번째 가치관을 주인도덕이라고 부르는 것은 그것이 고대사회의 지배계급인 군주나 귀족들의 생각을 반영하고 있기 때문이다.

니체에게 노예라는 말은 신분상의 노예를 가리키기도 하지만 '비겁하고 연약한 사람'들을 가리키기도 한다. 니체는 노예계급을 비겁하고 연약한 사람들이었다고 보고 있다. 사실상 고대사회에서 노예 대부분은 전쟁 포로 출신이었고 전쟁을 하다가 죽음이 두려워 항복을 한 자들이다. 이에 반해 귀족계급은 노예로 사느니 차라리 죽음을 택하겠다는 강한 긍지를 가진 자들이었다.

니체는 신분제도가 철폐된 근대사회에는 신분상의 노예는 없지만, 여전히 비겁하고 연약한 자들이 있으며 이들은 노예도덕을 추종하고 있다고 보았다. 이와 함께 니체는 군주와 귀족이라는 용어를 신분상의 의미로만 사용하지 않고 위대하고 강한 인간들을 가리키는 의미로도 사용하고 있다.

노예도덕에서는 인간은 누구나 동등한 존엄성을 갖고 있다고 주장한다. 니체는 이러한 평등사상이 그리스도교에서 가장 강력한 형태로 나타났다고 본다. 그리스도교에서 모든 인간은 신 앞에서 평등한 존재로 간주된다. 귀족으로 태어난 사람이든 노예로 태어난 사람이든 신과 동일한 형상으로 지음을 받았으니 모두 다 존귀하다는 것이다. 아울러 노예도덕에 따르면 모든 사람은 이렇게 존엄한 존재이니, 연약하고 고통받는 자가 있으면 힘써 도와줘야 한다. 노예도덕에서는 남에 대한 친절한 배려, 따뜻한 동정, 남에게 상처나 해를 주지 않으려는 선량함이 중요한 덕목으로 권장된다.

언뜻 보기에는 성스럽게만 보이는 이러한 가치관이 사실은 연약하고 열등한 존재인 노예들이 자신들의 계급적인 이익을 위해서 만들어낸 것이라고 니체는 주장하고 있다. 니체의 이러한 주장은 오늘날에는 이미 상식이 된 민주주의적인 가치관에 대한 엄청난 도발이지만, 터무니없는 궤변으로만 볼 수는 없을 것이다.

니체가 노예도덕의 대표적인 전형으로 보는 그리스도교만 해도 처음에는 베드로처럼 배우지 못하고 사회적으로 멸시받던 어부들을 비롯하여 노예들이나 여성과 같은 사회적인 약자들이 믿었고 이들을 중심으로 전파되었기 때문이다. 또한 노예도덕이 사회 전체를 지배할 때는, 힘도 능력도 없는 사람이 유리한 것은 사실이다. 이는 자신이 설령 힘도 능력도 없어서 비참한 상태에 빠지더라도 다른 사람들이 따뜻한 동정심으로 도와줄 것이기 때문이다. 이런 점을 고려하면 노예도덕은 힘도 능력도 없는 자들이 자신들의 이익을 위해서 만들어낸 것이라는 니체의 생각을 마냥 근거 없는 주장으로만 볼 수는 없다.

노예도덕에 반해서 주인도덕은 모든 인간이 평등하다고 보지 않는다. 주인도덕은 사람 중에는 고귀한 자가 있는가 하면, 저열한 자도 있다고 본다. 고귀한 자는 죽음 앞에서도 자신의 명예와 자존심을 소중히 하는 인간인 반면에, 저열한 자는 눈앞의 이익과 안락에 급급해하고 죽음에 직면해서는 목숨을 구걸하는 비겁한 인간이다. 주인도덕은 고귀한 자가 저열한 자들을 지배해야 한다고 본다. 그리고 고귀한 자들은 드물기 때문에, 이 드문 소수가 다수를 지배하는 귀족정치가 바람직한 정치형태라고 본다. 민주주의에서처럼 모든 사람이 평등하다는 이유로 모두가 한 표씩 똑같이 투표권을 행사한다는 것은 주인도덕의 입장에서는 어불성설이다.

니체는 선이나 좋음을 의미하는 독일어 gut에는 두 가지 의미가 있다고 본다. 노예들과 같은 민중이 사용하는 경우 gut라는 말에는 '남에게 해를 끼치지 않는', '겸손한', '친절한'이라는 의미가 있다. 이와 반대로 군주와 귀족들이 사용하는 경우 gut라는 말에는 '강한', '용감한', '호전적인', '신과 같은'이라는 의미가 있다.

그리고 독일어 gut에 대립하는 단어도 gut가 갖는 두 가지 의미에 상응하는 두 개가 있다. 그 하나는 노예도덕에서 말하는 '악'을 의미하는 böse이며, 다른 하나는 주인도덕에서 말하는 저열함을 의미하는 schlecht이다. schlecht라는 말은 귀족계급이 민중을 가리킬 때 사용했던 말인데, 원래는 '평범한', '보통의'라는 신분적인 의미를 가졌지만, 나중에는 '저열한'이라는 정신적인 의미를 갖게 되었다. 이와 반대로 악을 의미하는 böse라는 말은 민중이 귀족계급을 가리킬 때 사용했던 말로, 원래는 '위험한', '해로운', '낯선'이란 의미를 갖고 있었다. 카이사르나 나폴레옹 같은 사람은 보통 사람들에게는 이런 의미에서 böse한 인간이라고 할 수 있을 것이다. 카이사르나 나폴레옹 같은 예외적인 개인들 앞에서 사람들은 위험과 두려움 그리고 범접하기 어려운 낯섦을 느끼는 것이다.

3) 선악 관념과 천국과 지옥이라는 관념의 기원

니체는 노예도덕이 약한 자들의 자기기만과 강한 자들을 향한 원한에서 비롯된다고 본다. 약한 자들이 강한 자들에 의해서 지배당할 때, 약한 자들은 강한 자들에게 목숨을 걸고 저항하지 못하는 자신들의 비겁함과 약함 때문에 자신들이 지배당한다고 생각하지 않는다. 오히려 약한 자들은 자신들은 평화를 사랑하고 남을 지배하는 것을 싫어하는 선한 사람들인 데 반해, 강한 자들은 전쟁을 좋아하고 남을 지배하고 싶어 하는 악한 자들이기 때문에 자신들을 지배한다고 생각한다. 약한 자들은 자신들의 무력함과 비겁함을 솔직하게 시인하지 않고 자신들이 선하기 때문에 지배당한다고 스스로를 기만하는 것이다.

강하고 탁월한 자는 자신이 겪는 고통과 불행의 책임을 자신에게 돌리는 반면에, 약하고 열등한 자는 자신의 고통과 불행의 책임을 타인에게 돌린다. 약하고 열등한 자는 자신의 약함과 열등함을 탓하는 것이 아니라 남이 자신에게 부당하게 해를 끼친다고 생각하는 것이다. 약한 자는 자신의 힘을 키워서 자신의 힘으로 자신의 불행을 타개하기보다는 강한 자들이 자비와 동정을 베풀기를 바란다. 그리고 그 강한 자들이 자비와 동정을 베풀지 않으면 그들을 무자비한 악한이라고 비난한다.

이런 의미에서 니체는 선악을 기준으로 사람들을 평가하는 노예도덕은 약하고 비겁한 자들이 강한 자들에 대해서 갖는 원한과 시기 그리고 증오심에서 비롯된 것이라고 본다. 약하고 비겁한 자들은 실력으로는 복수하지 못하기 때문에 상상 속에서 복수한다. 다시 말해서 약한 자들은 강한 자들을 악인으로 규정하고 자신은 선인으로 규정하여 자신의 자존심과 우월의식을 확보한다. 또한 약한 자들은 강한 자들이 지옥에 떨어질 것이지만 선한 자신들은 천국에 가서 그들이 지옥에서 고통을 당하는 것을 볼 수 있으리라 상상하면서 쾌감을 느낀다. 이런 의미에서 니체는 노예도덕이나 천국과 지옥과 같은 관념들은 노예들이 강자에게 품었던 원한에서 비롯되었다고 말하고 있다. 니체는 이렇게 말한다.

"도덕에서 일어난 노예반란은 원한 자체가 창조적인 것이 되고 가치를 낳게 되는 것과 함께 시작된다. 여기서 원한이라고 하는 것은 본래적인 반작용, 즉 행위상의 반작용은 금해지고 있으므로 단지 상상의 복수를 함으로써 자신들이 입은 손해를 보상하려는 자들의 원한이다."

니체는 노예도덕의 대표적인 전형인 그리스도교에 원한 감정이 얼마나 깊이 스며들어 있는지를 교부 테르툴리아누스의 말을 빌려서 보여주고 있다. 테르툴리아누스는 이렇게 말하고 있다.

"그리고 그날[그리스도가 재림하는 날]이 오면 또 다른 구경거리가 있다. 저 최후의 영원한 심판의 날, 이교도들이 예기치 않게 자신들이 조롱거리가 되는 것을 보게 될 그날에는, 그처럼 오랜 낡은 세계와 그 세계의 수많은 산물이 불길 속에서 타버릴 것이다! 그날이 오면 얼마나 엄청난 장관이 눈앞에 펼쳐지겠는가? 얼마나 탄복할 것인가! 얼마나 웃어야 할 것인가! 얼마나 기뻐할 것인가! 얼마나 승리감으로 충만하여 춤출 것인가! 천국에 영접되었다고 알려진 그렇게 많은 왕이 위대한 주피터와 그들의 승천을 목격한 증인들과 함께 어두운 지옥에서 신음하는 꼴을 볼 때! 그리고 주의 거룩한 이름을 능욕한 총독들이 그리스도를 따르는 자들을 불태워 죽였던 능욕의 불길보다 더 흉포한 불길 속에서 불타 없어지는 것을 볼 때!"

4) "자신에게 진실하라" — 니체의 최고의 도덕적 명령

니체는 약한 자들이 약하다는 것을 비난하는 것이 아니다. 양이 맹수에 비해서 약한 것이 도덕적으로 비난받을 일이 아닌 것처럼, 약한 자들이 약한 것은 도덕적으로 비난받을 일이 아니다. 그것은 자연의 사실이다. 니체가 비난하는 것은 이들이 자신뿐 아니라 다른 사람들을 기만한다는 것이다.

이들은 무엇보다도 자신에게 진실하지 못하고 자신을 기만한다. 이들은 자신이 약하다는 것을 솔직하게 인정하지 않는다. 그 대신에 자신들이 강자들에게 보복하지 않고 복종하는 것은 자신들이 천성적으로 선량하고 겸허하기 때문이라고 주장한다. 니체는 이러한 기만적이고 교활한 술책을 통해서 약한 자들이 강한 자들에 대한 지배를 획책해왔다고 본다.

니체는 평생 자신에 대한 진실과 성실함을 최고의 덕목으로 삼았다. 니체가 자신에 대한 진실성을 중시한 것은, 자신에 대해서 솔직하고 진실한 사람만이 자신의 부족한 점을 인정하면서 자신을 더 위대한 인간으로 도야할 수 있기 때문이다. 이에 반해 니체가 비판하는 노예 정신의 소유자들처럼 자신들의 약함과 비겁함을 솔직하게 인정하지 않고 오히려 자신들을 선량한 인간으로 미화하고 합리화한다면, 자신들의 연약함과 비겁함을 극복할 여지는 없게 된다. 그리고 이러한 노예도덕이 세상을 지배하게 되면 자신과 타인들을 기만하는 비겁하고 약한 자들이 사회에 만연하게 된다.

3. 두 번째 논문: '죄' · '양심의 가책' 및 기타
　— 양심의 가책은 인간의 공격성이 내면을 향해서 분출된 것
　이다

1) 인간은 어떻게 해서 '약속을 지킬 수 있는 동물'이 되었는가?

니체는 인간을 '약속을 지킬 수 있는 동물'이라고 말하고 있다. 인간이 약속을 지킬 수 있다는 것은 자신을 통제할 수 있다는 것을 의미한다. 우리에게는 약속을 지키는 것이 자신에게 불리할 것 같으면 약속을 지키고 싶어 하지 않는 심리가 있다. 남에게서 큰돈을 빌렸지만 막상 갚아야 할 기한이 다가왔을 때는 갚고 싶지 않은 마음이 생길 수 있는 것이다. 따라서 약속을 지킨다는 것은 약속을 지키고 싶어 하지 않는 자신의 변덕스러운 마음을 제압할 수 있는 것을 의미한다.

이렇게 어떠한 상황에서도 자신을 통제하면서 약속을 지킬 수 있는 자를 니체는 강한 자라고 하거나 '주권적인 인간'이라고 한다. 강한 자는 자신을 기준으로 하여 타인을 존경하기도 하고 경멸하기도 한다. 그는 자신과 동등한 자들, 즉 어떠한 상황에서도 자신

의 약속을 지킬 수 있는 자들을 존경한다. 이에 반해 그는 지키지도 못할 약속을 하는 허풍쟁이들과 입술에 침이 마르기도 전에 약속을 저버리는 거짓말쟁이들을 경멸한다.

니체는 인간이 원래부터 약속을 지킬 수 있는 동물로 태어난 것은 아니고 '이러한 동물로 길러졌다'고 본다. 니체는 원래 인간은 순간적인 감정과 욕망의 노예이기 때문에 자신이 한 약속을 기억하지 못하는 존재였다고 본다. 이런 인간이 자신이 한 약속을 기억하게 만들기 위해서는 역사적으로 온갖 잔인한 조치가 필요했다. 약속을 지키지 않은 인간, 예를 들어서 빚을 갚기로 약속하고서도 갚지 않은 인간에게는 팔다리를 절단하거나 말뚝으로 가슴을 꿰뚫는 것과 같은 고문이 가해졌다. 사람들은 이러한 고통을 겪고서 혹은 타인들이 그런 고통을 당하는 것을 보고 두려움에 떨면서 자신이 한 약속을 가슴 깊이 새기게 되었다는 것이다.

인간의 역사는 온갖 야만적인 방법들을 동원하여 인간을 '약속을 지킬 수 있는 동물'로 만들어온 훈육의 과정이었다는 것이 니체의 생각이다. 인간이 인간만의 특성으로 자랑하는 이성, 진지함, 감정의 통제, 사려분별은 사실은 사회가 인간을 '약속을 지킬 수 있는 동물'로 만들기 위해서 개인들에게 가했던 잔인한 형벌의 산물이라는 것이다. 이런 의미에서 니체는 "모든 '좋은 것'의 근저에는 엄청난 피와 잔혹함이 있었다"라고 말하고 있다. 이러한 훈육 과정에서 성숙한 최고의 열매가 나폴레옹과 같은 주권자적인 개인으로서의 강한 자이다. 그런데 이러한 훈육 과정에서는 여러 가지 설익고 비뚤어진 열매들도 생겨났다. 이렇게 왜곡된 열매 중에서 가장 왜곡된 열매를 니체는 죄의식과 양심의 가책으로 괴로워하는 인간으로 보았다.

2) 죄와 '양심의 가책'의 기원

니체는 죄와 양심의 가책이라는 현상이 어떻게 해서 생겨났는지를 추적한다. 니체는 죄를 의미하는 독일어 Schuld가 빚을 의미한다는 사실이 시사하는 것처럼, 죄, 양심, 의무와 같은 개념들이 원래는 채권·채무 관계에서 생겨났다고 본다.

옛날에 채무자는 빚을 갚겠다는 자신의 약속을 보증하기 위해서 자신이 소유하고 있는 것들을 저당잡혔다. 이러한 저당들은 자신의 신체나 아내, 자신의 자유나 생명이기도 했다. 채무자가 자신의 신체를 저당잡혀 빚을 냈으면서도 갚지 못하게 될 때, 채권자는 빚에 상응하는 정도로 채무자의 신체에 고통과 모욕을 가할 수 있었다. 예를 들어 채권자는 빚의 액수에 상당하는 정도만큼 채무자의 살을 잘라낼 수 있었다. 이 경우 채권자는 자신의 손해를 금전이나 토지를 통해서 배상받는 대신, 채무자에게 폭력을 행사하면서 맛보게 되는 우월감으로 배상을 받았다.

니체는 선사시대에는 공동체와 그 구성원의 관계도 채권자와 채무자의 관계와 같았다고 본다. 사람들은 공동체에서 살면서 공동체가 제공하는 많은 편익을 누리고 있다. 이러한 사실은 선사시대에 공동체에서 추방되어 황야에서 홀로 살게 된 사람을 생각해보면 쉽게 이해할 수 있다. 그 사람이 느끼는 감정은 이제 네다섯 살밖에 먹지 않은 어린애가 집에서 쫓겨나 거리를 헤맬 때 느끼는 감정과 비슷했을 것이다. 사람들은 공동체에서 받는 보호와 배려의 대가로 공동체에 여러 가지 의무를 지게 된다. 만약에 이러한 의무를 지키지 못했을 경우 공동체는 그 사람에게 제공하던 보호를 철회하고 그에게 잔인한 보복을 가하게 된다. 니체는 사회적 의무라는 개념의 기원도 이렇듯 공동체에 대한 채무 관계에서 비롯된다고 본다.

이와 같이 니체는 죄라는 개념이 원래는 단순히 채무의 의미를 가졌을 뿐이라고 본다. 이러한 채무는 신체에 대한 학대나 공동체로부터의 추방을 통해서 갚으면 되는 것이며, 사람들에게 죄책감과 양심의 가책을 심어주는 것은 아니었다. 인간이 죄책감과 양심의 가책에 시달리게 된 것은 국가가 형성되고 나서부터이다. 그리고 인간이 자신을 구제 불능의 죄인이라고 느끼게 된 것은 그리스도교가 나타나게 되면서부터이다.

니체는 국가가 강한 종족이 약한 종족을 정복하고 지배하게 되는 것과 함께 형성되었다고 본다. 정복자 종족은 강한 조직력을 가지고 있었기 때문에, 수적으로는 압도적으로 우세하지만 질서도 규율도 없던 약한 종족을 정복해서 노예로 만들었고 이들에게 질서와 법을 강요함으로써 국가를 형성했다. 그런데 약한 종족에게도 원래는 잔인한 공격성이나 파괴욕과 같은 본능이 있지만, 국가의 압박으로 외부로 분출되지 못하면서 이들 각자의 내면을 향하게 된다.

이렇게 인간 본래의 원시적인 공격 충동이 외부로 발산되지 못하고 자기 내부를 향하게 되는 것이 양심의 가책이다. 국가가 본능의 발산을 억누르기 때문에 자신의 공격적인 본능을 외부로 발산할 수 없게 된 인간은 자기 자신을 찢고 책망하고 물어뜯고 괴롭히고 학대하게 되는 것이다. 따라서 양심의 가책이란 인간이 자신의 동물적인 과거로부터 억지로 분리되면서 자신의 본능을 억압하게 된 결과로 생긴 것이다.

따라서 니체는 양심의 가책은 강한 인간들이 아니라 이들이 지배한 연약한 노예들에게서 비롯되었다고 본다. 이들이 강한 자들의 철퇴질과 폭력에 의해서 엄청난 양의 자유를 상실하지 않았다면 양심의 가책도 생겨나지 않았으리라는 것이다. 강한 자들은 잔인한 폭력을 통해서 대규모로 국가를 건설하면서 자신들의 능동적이고 공격적인 힘을 발산한다. 그러나 연약한 인간들은 자신들의 공격적인 충동을 외부로 발산할 용기가 없기에, 그것을 자신의 내부로 향하게 된다.

내부를 향한 이러한 공격은 약한 자들이 자기 자신을 감시하고 자기 자신에게 형벌을 가하는 양심을 통해서 자신을 학대하는 방식으로 이루어진다. 이에 따라서 연약한 인간의 내면세계는 자신을 감시하는 양심과 감시당하는 본능과 욕망으로의 자기분열이 일어난다. 그리고 연약한 인간은 자신의 양심이 자신의 본능과 욕망을 잔인하게 억누르고 학대하는 데서 쾌감을 느끼게 된다. 니체는 인간에게는 다른 인간의 고통을 보면서 쾌감을 느끼는 잔인함이 존재한다고 보고 있다. 그런데 이러한 잔인함은 유약한 인간에게서는 양심의 가책이라는 자기 학대와 그러한 학대를 스스로 즐기는 마조히즘으로 나타난다는 것이다.

3) 그리스도교적인 죄의식의 기원

그리스도교에서는 양심의 가책과 신에 대한 무한한 부채 의식이 함께 결합함으로써, 인간을 구제 불능의 죄인으로 보는 가장 무서운 종류의 죄의식이 생겨나게 된다. 그리스도교적인 죄의식의 기원을 파악하기 위해서, 니체는 우선 신이라는 관념의 기원을 역사적으로 고찰한다. 니체는 신이라는 관념이 원래는 조상숭배에서 비롯된다고 본다.

원래 태곳적의 종족 공동체는 자신들이 조상의 희생과 업적 덕분에 존재한다고 확신했다. 따라서 조상에게 제사를 지냄으로써 그러한 은혜에 보답하려고 했다. 그런데 조상과 그의 힘에 대한 두려움, 조상에 대한 부채 의식은 종족의 힘이 커갈수록 더욱더 커지게 된다. 후손들이 느끼는 두려움이 점점 더 커지는 것과 함께 가장 힘이 센 종족의 조상은 신적인 신비로운 존재가 되고, 결국 신 자체가 된다. 니체는 바로 이것이 신이라는 관념의 기원이라고 보고 있다.

그런데 신에게 부채를 지고 있다는 의식은 혈연 공동체가 사라진 후에도 사라지지 않는다. 오히려 신에 대한 부채 의식은 수천 년에 걸쳐서 계속 성장하다가 그리스도교에서 정점에 달하게 된다. 그리스도교에서는 신에 대한 무한한 부채 의식, 즉 자신이 신에게 범한 죄를 도저히 갚을 수 없을 정도로 죄인이라는 사상이 생기게 되는 것이다. 인간은 자신이 선악과를 따먹는 원죄를 지었고, 이러한 원죄에서 도저히 벗어날 수 없는 구제 불능의 죄인이라고 생각하면서 자신을 잔인하게 학대하게 된다.

니체는 그리스도교인이 신에 대해서 갖는 이러한 죄의식이야말로 인류의 역사에서 창궐했던 병 중에서 가장 무서운 병이라고 말하고 있다. 니체는 인간이 이렇게 자신을 저주받아 마땅한 구제 불능의 죄인으로 간주하는 것을 일종의 정신 착란이라고 본다. 이러한 정신 착란에서 인간을 죄로부터 구할 수 있는 것은 인간에 대한 채권자인 신뿐이라는 사상이 생겨난다.

물론 그렇다고 해서 니체는 모든 신이 인간을 이렇게 병적인 존재로 전락시키는 것은 아니라고 본다. 그리스인들은 신들이 자신과 동일한 욕망과 본능을 갖는 것으로 봄으로써 인간의 욕망과 본능을 신성한 것으로 긍정했다. 더 나아가 그리스인들은 양심의 가책에서 벗어나 영혼의 자유를 즐기기 위해서 신을 이용하기까지 했다. 그리스인들은 재앙을 당했을 경우 자신들의 죄 때문이 아니라 어리석음 때문에 재앙을 당했다고 생각했지만, 이러한 어리석음마저도 신들에게 책임을 돌렸다. 그들은 인간이 어리석은 짓을 하는 것은 신들이 인간을 기만했기 때문이라고 본 것이다. 그리스인들에게 신들은 인간에게 형벌을 내리는 존재가 아니라 오히려 인간의 죄를 떠맡는 존재였다.

4. 세 번째 논문: 금욕주의적 이상이란 무엇을 의미하는가?
─ 유럽은 거대한 정신병원이다

1) 금욕주의란?

금욕주의란 성욕이나 소유욕 그리고 정복욕과 같은 본능적인 욕망을 죄악시하면서 그것들의 충족을 금하는 정신적 태도를 의미한다. 금욕주의는 욕망을 억압하는 삶을 이상적인 삶이라고 보면서 욕망을 분출하면서 사는 삶을 타락한 삶으로 본다. 그런데 이렇게 금욕적인 삶을 살 뿐 아니라 그것을 이상적인 삶으로 생각할 수 있는 동물은 오직 인간뿐이다. 금욕주의자들은 바로 이 때문에 금욕주의적 삶이야말로 인간다운 삶이고 금욕하지 않는 삶은 동물적인 삶으로 본다.

니체는 이러한 금욕주의에는 삶 자체에 대한 원한이 지배하고 있다고 본다. 금욕주의자는 삶의 즐거움과 아름다움을 만끽하는 것을 천박하고 타락한 것으로 비난한다. 금욕주의자는 이렇게 자신을 학대하면서 쾌감을 느낀다는 점에서 마조히스트이다.

금욕주의는 플라톤 이래의 서양 형이상학과 그리스도교를 규정해온 이원론과 밀접한 연관이 있다. 금욕주의자는 육체적인 욕망을 거짓되고 불순한 것으로 간주하면서 육체에서 벗어난 순수한 영혼이 되려고 한다. 또한 육체와 아울러 지상의 삶을 경멸하면서, 지상의 삶을 천상으로 가기 위해 건너야 하는 다리 정도로밖에 생각하지 않는다. 금욕주의자는 진정한 즐거움이란 천상에만 존재한다고 생각하고, 이러한 천상의 즐거움을 누리기 위해서는 지상의 기쁨과 즐거움을 거부해야 한다고 생각한다. 지상의 기쁨과 즐거움을 자신에게 금할수록 천상에서 더 큰 보답을 받으리라 생각하는 것이다.

2) 금욕주의의 원인

금욕주의자의 삶이란 참으로 우울한 것이다. 그런데도 인간은 왜 이러한 금욕주의의 삶을 택하는가? 니체는 금욕주의는 삶에 대한 불쾌하고 괴로운 느낌을 극복하기 위한 병적인 방식이라고 본다. 이러한 느낌은 많은 경우 생리적인 데 원인이 있다고 니체는 생각한다.

> "그 원인은 교감신경의 병에 있거나, 담즙의 지나친 분비나, 혈액에서의 황산칼륨이나 인산칼륨의 결핍에 있을 수 있으며, 혈액순환을 방해하는 하복부의 압박상태에 있거나, 아니면 난소나 그와 같은 기관의 퇴화에 있을 수도 있다."

불쾌감과 고통을 느낄 때 우리는 이러한 감정의 원인을 찾아내는 데 무서울 정도의 독창성을 발휘한다. 우리는 보통은 친구나 아내, 자식이나 자신과 가까운 누군가를 이러한 불쾌감과 고통을 유발하는 원인으로 만든다. 우리는 이렇게 생각한다.

> "나는 괴롭다. 누군가가 이것에 대해서 틀림없이 책임이 있다."

그러나 금욕주의자들은 불쾌감과 고통의 원인을 자기 자신에게서 찾는다. 금욕주의자는 이렇게 생각한다.

> "나 자신이 내가 느끼고 있는 불쾌감과 고통의 원인이고, 그것에 대해서

책임을 져야 한다."

그래서 금욕주의자들은 이러한 불쾌감과 고통을 제거하거나 완화하기 위해서 여러 가지 방법을 강구한다. 이러한 방법들을 통해서 불쾌감과 고통이 완화되기는 하지만, 그 대가로 금욕주의자들의 삶은 약화되고 무력하게 되며 병들게 된다.

3) 고통을 완화하는 금욕주의적 방법들

(1) 첫 번째 방법 — 의지와 욕망을 제거하라

금욕주의자들이 불쾌감과 고통을 완화하는 방법으로 택하는 첫 번째 방법은 의지나 욕망 자체를 제거하는 방법이다. 그것은 사랑하지도 미워하지도 않으며, 매사에 무관심하고, 복수도 하지 않고, 부자도 되지 않고, 일도 하지 않는 것이다. 이러한 조치를 니체는 많은 열대식물이 여름잠을 자는 것과 유사한 상태를 추구하는 것으로 보고 있다.

불교나 그리스도교에서 말하는 깨달음이나 신과 하나가 되는 황홀경의 상태는 이렇게 감정과 의지를 제거함으로써 도달하게 되는 일종의 최면 상태이다. 이러한 상태는 최면적인 무(無)의 상태이고, 가장 깊은 잠의 휴식이며, 고통이 사라진 상태이다. 고통으로 힘들어하고 삶의 의지가 약화되어 있는 자는 이러한 최면적인 휴식 상태를 최상의 선이자 신적인 것으로 여긴다. 따라서 이들은 무를 신이라고 부르고 신을 무라고 부른다.

이런 종류의 금욕주의는 감각이나 육체를 경멸할 뿐 아니라 이성조차도 경멸할 수 있다. 그런데 바로 이때야말로 금욕주의적인 자기 경멸과 이에 따른 마조히즘적인 쾌락은 최고조에 달한다. 이때 이성은 자신이 궁극적인 진리를 파악할 수 없고 오직 신의 은총에 의해서만 진리가 알려진다고 생각하게 된다. 이와 함께 인간은 자신의 육체뿐 아니라 이성마저도 경멸하고 부정하게 된다. 니체는 이러한 방법 역시 우리가 삶에서 느끼는 고통을 최면을 통해서 약화하는 것이라고 보면서 그것을 금욕주의의 지적(知的)인 형태라고 부르고 있다.

(2) 두 번째 방법 — 기계적인 활동에 몰두하라

고통을 완화하는 방법으로서 이러한 지적인 방법보다 더 흔히 볼 수 있고 더 쉽게 사용되는 방법은 기계적인 활동이다. 이러한 활동은 오늘날 노동의 축복으로 불린다. 이것은 고통을 받는 사람의 관심을 고통에서 노동으로 향하게 한다. 이러한 기계적인 활동에 엄격한 규칙성, 꼼꼼하면서도 생각이 없는 복종, 철저하게 짜인 시간과 같은 것이 수반될 때, 그것은 고통을 완화하는 데 도움이 된다. 노동이 신성시되고 있는 오늘날에는 이러한 방법이 특히 많이 사용되고 있다. 오늘날 많은 사람이 가정보다도 일, 자신의 행복보다도 일의 성취를 중시하는 일 중독증에 빠져 있다. 니체는 이러한 일 중독증도 사실은 고통을 완화하기 위해서 금욕주의가 택하는 주요한 방법 중의 하나로 보고 있다.

(3) 세 번째 방법 — 남에게 친절을 베풀고 선을 행하라

고통과 불쾌감과 싸우는 방법 중 기계적인 활동보다도 더 고귀해 보이는 방법은 이른바 이웃사랑을 통해서 소소한 만족과 즐거움을 얻는 것이다. 이웃에게 선을 행하고, 친절을 베풀고, 보답을 해주고, 이웃을 도와주고, 격려해주고, 걱정해주고, 위로해주고, 칭찬해주는 것은 상대방에 대한 조그마한 우월감과 그렇게 도움을 줄 수 있는 자신에 대한 자부심을 제공한다.

(4) 네 번째 방법 — 무리를 형성하고 자기를 없애버려라

고통과 불쾌감과 싸우는 또 하나의 방법은 집단을 형성하는 것이다. 사람들은 집단에 복종하고 집단의 성공을 자신의 성공으로 생각하면서 집단 속에서 자신을 망각해버린다. 만약 자신이 속한 집단이 마음대로 짓밟을 수 있는 소수집단이 있으면 더욱더 좋다. 이러한 소수집단의 예로 우리는 그리스도교가 지배하던 서양 중세 시대에 마녀로 몰려 화형에 처해진 사람들이나 나치 시대에 더러운 피를 가진 민족으로 몰려서 학살당한 유대인들을 들 수 있다. 나약한 인간들은 집단의 힘을 자신의 힘과 동일시하면서 의기소침

과 좌절에서 벗어나게 된다. 이에 반해 진정으로 강한 사람은 집단과 무리를 싫어한다. 오히려 그는 집단과 무리에 의해서 자신의 독립성이 상실될까 두려워한다.

(5) 다섯 번째 방법 — 고통을 자신이 지은 죄의 결과로 보라

금욕주의가 사용하는 또 하나의 주요한 방법은 죄책감을 이용하는 것이다. 이 경우 사람들은 자신이 삶에서 느끼는 생리적인 고통과 불쾌감의 원인을 자신이 지은 죄에서 찾으면서, 자신이 느끼는 고통과 불쾌감을 죄에 대한 벌로 이해한다. 더 나아가서 사람들은 자신을 죄인으로 단죄하고 학대하면서 자신을 더욱 괴롭히게 된다. 이렇게 자신을 괴롭히는 방식으로 능동성과 공격성을 회복하면서 이전에 자신을 누르고 있던 의기소침과 피로감 그리고 중압감을 극복한다.

이러한 방법은 그리스도교에서뿐 아니라 많은 종교에서 발견된다. 그리스도교에서는 인간이 지상에서 겪는 고통은 아담이 지은 원죄 때문이고, 이 지상에서 고통을 당하면 당할수록 더 많은 죄를 갚는 것으로 생각한다. 힌두교나 불교에서도 이 지상에서 당하는 고통은 전생에 지은 죄의 결과라고 본다. 따라서 사람들은 아무런 불만 없이 고통을 받아들여야 한다고 보고, 고통이 심하면 심할수록 그 전에 지은 더 큰 죄가 소멸한다고 본다.

4) 유럽은 거대한 정신병원이다

니체는 금욕주의가 사용하는 이러한 다양한 방법에 의해서 고통과 불쾌감은 완화되었을지도 모르지만, 인간은 향상된 것이 아니라 길들여지고, 연약하게 되었으며, 용기를 잃고, 섬약하게 되었다고 말하고 있다. 이를 통해 인류는 심한 손상을 입었고, 그 결과 많은 부정적인 현상이 나타나게 되었다. 무서운 간질병이나 끊임없이 춤을 추는 무도병, 무서운 마비 증세와 만성 우울증, 죽음을 열망하는 집단적인 증후군 등이 금욕주의의 결과라는 것이다. 따라서 니체는 금욕주의야말로 유럽인의 건강과 인종적인 힘에 가장 파괴적인 영향을 끼쳤다고 본다.

니체는 널리 퍼져 있는 금욕주의의 영향력을 이렇게 표현했다.

"멀리 떨어진 별에서 읽는다면, 지구에서의 우리의 삶을 나타내는 머리글자는 아마도 다음과 같은 결론을 내리도록 이끌 것이다. 즉 지구는 분명히 **금욕주의적 별**이다. 자신에 대해, 지구에 대해, 모든 생명에 대해 심한 메스꺼움으로 가득 차 있고, 자신에게 고통을 가하는 것을 즐기면서—아마도 이것이 그들의 유일한 즐거움일 것이다—자신에게 가능한 한 많은 고통을 주는 피조물들, 즉 불만에 가득 차 있고 오만하며 끔찍한 피조물들의 은둔처일 것이라고."

'유럽은 거대한 정신병원이다.' 이것이 당시의 유럽에 대해서 니체가 내린 진단이다.

5) 금욕주의는 '무를 열망하는 의지'이다

인간은 삶의 의미를 추구하면서 삶의 의미를 발견하지 못하면 괴로워하는 유일한 동물이다. 다른 동물들은 본능적인 욕구만 충족되면 자신의 삶에 만족하면서 건강하게 살아가는 반면에, 인간은 본능적인 욕구가 충족되어도 삶의 의미가 없으면 우울증에 빠지거나 자살을 택할 수도 있다.

의미 있는 일이라면, 인간은 그 일을 하면서 아무리 큰 고통을 겪게 되더라도 그것을 얼마든지 감수할 수 있다. 수많은 사람이 그리스도교를 삶의 의미로 삼으면서 순교의 고통을 달게 받았다. 니체는 이와 관련하여 인간은 용감하고 괴로움에 익숙한 동물이기에 고통 자체를 거부하지 않는다고 말하고 있다. 그 고통이 의미 있는 고통이라면 인간은 심지어 고통을 바라고 고통을 찾아 나서기까지 한다는 것이다.

금욕주의적 이상은 인간의 삶에 의미를 부여했다. 더 나아가 니체는 금욕주의적 이상인 천상의 세계나 이데아의 세계, 그리고 그것들로부터 규정된 도덕 규범을 제외하고는 사람들이 이제까지 어떠한 삶의 의미도 지니지 못했다고 보고 있다. 금욕주의적 이상은 지금까지 인간의 삶에 주어진 유일한 의미였지만, 삶을 갉아먹는 고통을 초래했다.

그런데도 사람들은 무의미의 공허에서 벗어났기에 자신들의 삶이 구원받았다고 느꼈다. 금욕주의는 인간적인 것에 대한 증오, 동물적인 것이나 물질적인 것에 대해서는 더욱 극심한 증오, 이성과 관능에 대한 공포, 행복과 아름다움에 대한 공포, 모든 가상과 변화와 생성과 죽음과 욕망 자체로부터 도망하려는 열망이다. 이 모든 것이 의미하는 것은 허무에의 열망이며, 삶에 대한 혐오이다. 단적으로 말해서 그것은 '허무를 열망하는 의지'이다. 그러나 인간의 의지는 의미를 바라기에 이렇게 허무한 의미라도 붙잡으려고 한다.

6) 금욕주의는 전염병이다

니체는 금욕주의라는 병이 전염성을 가지고 있다고 본다. 금욕주의는 병들고 연약한 자들에게서 비롯되는 것이지만 강한 자들까지도 병들고 연약하게 만든다. 이런 의미에서 니체는 강한 자들에게 재앙을 초래하는 것은 약한 자들이고, 병든 자들은 건강한 자들에게 가장 큰 위험이라고 말하고 있다. 악인도 맹수도 인간에게 가장 큰 위험이 되지 못한다. 오히려 삶에 실패하고 좌절한 약한 자들이야말로 삶과 인간에 대한 우리의 믿음에 의심과 독을 집어넣는다. 금욕주의자는 영혼과 육체가 행복하고 건강한 자들이 자신들의 행복과 건강을 수치스러운 죄로 여기게 하려고 한다.

금욕주의는 우리에게 인간과 삶에 대한 혐오를 불어넣는 반면에, 니체는 우리가 고취할 필요가 있는 것은 인간에 대한 두려움이라고 한다. 카이사르나 나폴레옹 같은 사람 앞에 서 있으면 우리는 두려움을 느끼게 될 것이다. 그러나 이러한 두려움은 우리에게 그들을 본받으려는 욕망을 불러일으키면서 우리 자신을 강화하고 단련하도록 자극할 수 있다. 강하고 위대한 인간에 대한 두려움은 인간을 더 강하고 건강하게 만들 수 있는 것이다. 이에 반해 인간과 삶에 대한 혐오는 우리 자신과 삶을 보잘것없는 것으로 보게 한다. 그것은 우리가 자신을 고양하도록 자극하는 것이 아니라 자신을 죄인으로 단죄하게 하면서 학대하도록 부추긴다.

7) 욕망과 본능을 승화시켜야 한다

금욕주의에 반대한다고 해서 니체가 본능과 욕망을 마음 내키는 대로 분출하는 방종을 주장하는 것은 아니다. 방종과 방탕은 본능과 욕망의 근절을 추구하는 금욕주의와 마찬가지로 하나의 극단이다. 니체는 욕망과 본능의 승화 그리고 절도를 가르친다. 성욕을 예로 하여 니체는 이렇게 말하고 있다.

"그리스도교는 에로스에 독을 먹였다. ― 에로스는 그것 때문에 죽지는 않았지만, 그 성격이 음란하게 변했다."

정신이 관능적인 욕정을 제거하고자 하면 그것은 더욱 음란하게 된다. 관능적인 행위를 하지 않더라도 우리의 머릿속은 온갖 음탕한 생각으로 가득 차게 되는 것이다. 따라서 관능적 욕구를 제거하려 하지 말고 남녀 간의 사랑으로 승화해야만 한다. 그러나 그리스도교는 관능적인 욕구를 근절하려고 하면서, 관능적 욕구의 승화에서 비롯되는 삶의 풍요로움과 기쁨도 죄악시한다.

5. 『도덕의 계보』의 의의에 대해서

니체의 『도덕의 계보』만큼 우리의 전통적인 도덕관념에 대해서 근본적인 의문을 제기한 책은 없을 것이다. 전통 도덕에 대한 니체의 이러한 과격한 문제 제기는 서양의 정신사에 지대한 영향을 끼쳤다.

유럽을 거대한 정신병원으로 보는 니체의 문제의식은 20세기 후반에 미셸 푸코와 같은 사상가들에 의해서 계승되었다고 할 수 있다. 그 자신이 동성애자였던 푸코는 동성애자나 죄수, 정신병자 등 사회적 소수자들을 비정상적인 존재로 보는 사회적 편견에 대항하여 싸웠다. 푸코는 『광기의 역사』, 『감시와 처벌』, 『성의 역사』 등의 저서에서 선과 악, 정상과 비정상, 이성과 비이성을 가르는 우리의 통상적인 도덕 규범이 우리가 흔히 생각하는 것처럼 객관적이고 엄밀한 것이 아니라는 사실을 보여주었다.

푸코는 그러한 도덕 규범이 자의적일 뿐 아니라 그 이면에는 특정한 사람들을 배제하고 차별하려는 권력 의식이 작용하고 있다고 본다. 푸코는 이러한 자의적인 기준을 사회에 강요하는 사회적 권력은 인간을 단순히 억압하는 것이 아니라 특정한 육체와 정신을 갖는 인간으로 주조해낸다는 사실을 폭로했다. 푸코가 보기에 유럽이 육성해온 인간은 니체식으로 말해서 '길들고 병들게 된' 인간이다.

찾아보기

박찬국

서울대학교 철학과 교수.

서울대학교 철학과를 졸업하고 동 대학원에서 석사학위를, 독일 뷔르츠부르크 대학교에서
철학 박사학위를 받았다. 니체와 하이데거의 철학을 비롯한 실존철학이 주요 연구 분야이
며, 최근에는 불교와 서양철학 비교를 중요한 연구과제 중 하나로 삼고 있다. 2011년에 「원
효와 하이데거의 비교연구」로 제5회 '청송학술상', 2014년에 「니체와 불교」로 제5회 '원효
학술상', 2015년에 「내재적 목적론」으로 제6회 운제철학상, 2016년에 논문 「유식불교의 삼
성설과 하이데거의 실존방식 분석의 비교」로 제6회 반야학술상을 받았으며, 「초인수업」은
중국어로 번역되어 대만과 홍콩 및 마카오에서 출간되었다. 저서로는 위의 책들 외에 「그
대 자신이 되어라 — 해체와 창조의 철학자 니체」, 「들길의 사상가, 하이데거」, 「하이데거
는 나치였는가」, 「하이데거의 《존재와 시간》 강독」, 「니체와 하이데거」 등이 있고, 주요 역
서로는 「니체 I, II」, 「근본개념들」, 「아침놀」, 「비극의 탄생」, 「안티크리스트」, 「우상의 황혼」,
「선악의 저편」, 「도덕의 계보」, 「상징형식의 철학 I, II, III」 등 다수가 있다.

도덕의 계보

니체 선집

1판 1쇄 펴냄 | 2021년 6월 30일
1판 11쇄 펴냄 | 2024년 8월 22일

지은이 | 프리드리히 니체
옮긴이 | 박찬국
펴낸이 | 김정호

책임편집 | 박수용
디자인 | 이대응

펴낸곳 | 아카넷
출판등록 2000년 1월 24일(제406-2000-000012호)
주소 10881 경기도 파주시 회동길 445-3
전화 031-955-9511(편집) · 031-955-9514(주문) | 팩스 031-955-9519
www.acanet.co.kr

ISBN 978-89-5733-735-6 03160

이 연구는 서울대학교 미래기초학문분야 기반조성사업으로 지원되는 연구비에 의하여 수행되었음.